人工智能与出口
高质量发展研究

綦建红 等著

清华大学出版社
北京

内 容 简 介

本书围绕推进中国出口高质量发展的主题，以人工智能重塑贸易新竞争优势为目标，采用理论框架—应用原因—多维影响—总体判断—配套支撑—政策建议的思路进行研究与写作。全书共十章，在建立总体分析框架的基础上，从五个层面考察人工智能对出口高质量发展的影响，包括出口规模增长、出口产品质量、出口产品范围、出口的国内附加值和出口企业绿色减排，并提出助力人工智能发展的配套措施。

本书适合作为普通高等院校国际贸易学专业研究生的学习用书，也可为制造业出口企业培训人员提供参考。

图书在版编目（CIP）数据

人工智能与出口高质量发展研究 / 綦建红等著.

北京 ：清华大学出版社，2025. 2.

ISBN 978-7-302-68361-2

Ⅰ. F752.62

中国国家版本馆 CIP 数据核字第 2025MD5057 号

责任编辑：杜春杰
封面设计：刘　超
版式设计：楠竹文化
责任校对：范文芳
责任印制：刘海龙

出版发行：清华大学出版社
　　网　　　址：https://www.tup.com.cn，https://www.wqxuetang.com
　　地　　　址：北京清华大学学研大厦A座　邮　　编：100084
　　社 总 机：010-83470000　　　　　　　邮　　购：010-62786544
　　投稿与读者服务：010-62776969，c-service@tup.tsinghua.edu.cn
　　质量反馈：010-62772015，zhiliang@tup.tsinghua.edu.cn
印 装 者：河北鹏润印刷有限公司
经　　销：全国新华书店
开　　本：165mm×238mm　　印　　张：18.25　　字　　数：309 千字
版　　次：2025 年 4 月第 1 版　　　　　　印　　次：2025 年 4 月第 1 次印刷
定　　价：159.00 元

产品编号：107085-01

前　　言

　　推进贸易高质量发展，是中国面对"百年未有之大变局"作出的重大决策部署，也是实现中国经济高质量发展的必然选择。与中国贸易高质量发展形成历史性交汇的是，以人工智能技术为代表的新一轮科技革命正在进入加速期，正在以史无前例的速度和方式成为重塑全球竞争格局的主要力量。本书以推进中国出口高质量发展为主题，以人工智能重塑贸易新竞争优势为目标，沿着理论框架—应用原因—多种维度—总体判断—配套支撑—政策建议的思路进行研究与写作。

　　其一，本书建立总体分析框架，以期从理论上厘清三个问题：一是人工智能促进出口高质量发展的微观基础和力量载体在于出口企业，出口企业采用人工智能的根本原因何在，尤其是联系中国国情，重点从劳动力市场和产业政策视角讨论企业加快应用人工智能的现实原因；二是出口高质量发展是一个含义非常宽泛的概念，具体到中国出口企业而言，出口高质量发展可以体现在哪些具体维度；三是人工智能促进出口高质量发展的作用机理是什么。对这三个问题的分析，为研究人工智能应用对出口高质量发展不同维度的影响及其作用机制奠定了必要的理论基础。

　　其二，本书选择从劳动力市场的最低工资制度入手，讨论出口企业加快应用人工智能的原因。研究结果发现，最低工资政策增加了企业用工成本，加强了政策遵从力度，显著促进了工业机器人在中国企业的应用，为人工智能促进出口高质量发展奠定了一定的现实基础。同时，大规模企业和平均工资较低的企业，自动化程度高和劳动密集型的行业，以及南方城市和超大特大城市更容易成为工业机器人应用的主战场，是人工智能推动出口高质量发展的良好观测样本。

　　其三，本书根据《中共中央　国务院关于推进贸易高质量发展的指导意见》，重点考察了方兴未艾的人工智能对中国出口高质量发展各个维度和综合指数的影响及其作用机制，并得出如下主要结论：

　　在出口高质量发展的重要基础——出口规模增长方面，工业机器人应用对企业出口规模具有显著的正向效应，且在外资企业、加工贸易企业和资本密集型企业中更为显著；工业机器人应用可以通过提高生产率和降低可变成本实现企业出口规模的增长。

在出口高质量发展的直接体现——出口产品质量方面，观察行业质量阶梯，可以发现以工业机器人为代表的人工智能，通过增加中间品使用、提高生产率和改变资本密集度等渠道，缩短了行业质量阶梯，提升了行业产品质量。但是，侵蚀性竞争在工业机器人影响行业质量阶梯的过程中发挥了负向的调节作用，即随着侵蚀性竞争的加剧，工业机器人的提质效应不断减弱。观察出口企业的产品质量，可以发现工业机器人的使用显著提升了中国企业的出口产品质量，且这一提升作用主要是通过提升全要素生产率和降低边际成本的途径来实现的。在此基础上，基于动态视角的拓展研究进一步发现，工业机器人的使用还会带来贸易拓展效应、产品竞争效应和先发优势效应。

在出口高质量发展的资源配置——出口产品范围方面，工业机器人应用显著促进了多产品企业出口产品范围的扩大，且这种促进作用在劳动密集型产品出口企业、资源集中型企业和非国有企业中尤为突出；与已有文献不同，本书还发现工业机器人应用对出口产品范围的调整，不仅通过生产率提高效应和成本节约效应实现了效率提升，而且通过绿色减排效应和产品质量效应实现了质量提升，后者在长质量阶梯企业中十分明显；工业机器人应用的新增产品范围既来自旧产品，也来自同行业的新产品，面对如此激烈的同业竞争，工业机器人应用企业更加偏好质量竞争策略，进一步推动了出口产品范围的扩大。

在出口高质量发展的贸易利得——出口的国内附加值方面，首先，从国家层面看，人工智能有利于各国各行业全球价值链分工位置的攀升，既存在"独善其身"的促进效应，也存在"兼济天下"的溢出效应，为人工智能提高出口贸易利得奠定了基础。其次，从行业层面看，在工业机器人应用初期，得益于生产率提高效应，人工智能显著扩大了出口增加值规模，但对出口国内附加值率无益；随着工业机器人的普及，其成本降低效应和质量提升效应逐渐显现，出口国内附加值率不断提高。同时，上游行业的工业机器人投入还对下游行业的出口增加值产生了"涟漪效应"，但这种正向作用在现阶段仍依赖于成本降低型竞争，而非质量提升型竞争。最后，从企业层面看，工业机器人应用通过降低进口中间品占比和提高成本加成，提升了中国企业的出口国内附加值率，且对非加工贸易企业和外资企业而言，提升效果更为显著；尽管同行业内其他企业使用工业机器人会产生同业竞争效应，给部分低竞争力企业带来明显的个体负面效应，但是放眼整个行业，工业机器人应用可以通过集约边际效应和再配置效应提升整个行业的出口国内附加值率。

在出口高质量发展的可持续性——出口企业绿色减排方面，工业机器人应用通过提高企业研发创新、提升治污能力和降低污染产品范围等渠道，显著降低了出口企业以二氧化硫为代表的污染物排放数量与排放密度，有利于出口可持续发展。值得强调的是，尽管工业机器人应用初期，囿于其高昂的进口价格与购置成本，出口企业利润出现了下降的情形，但是随着工业机器人的成本分摊和优势显现，从长期看企业利润将由负转正，并获得长期的持续性增加。

其四，本书以上述五个维度为一级指标，采用熵权-TOPSIS法测算中国企业出口高质量发展综合指数，并据此进行检验，得出了人工智能能够促进中国出口高质量发展的总体判断。在此基础上，强调人工智能对出口高质量发展的助力，需要一系列配套保障。在软件配套方面，出口企业所在省份的数字经济发展水平越高，进口的数字技术产品越多，可供给的技能性员工越多，人工智能对中国企业出口高质量发展的促进作用就越明显，彰显出人工智能技术不能"单打独斗"、亟须软件配套的重要性。在硬件配套方面，人工智能在生产中的运用主要是通过工业机器人实现的，故中国企业要有能力自主提供价格适宜、功能强大的国产工业机器人，这一点对于中小出口企业而言尤为重要。

其五，围绕上述主要结论，本书提出各级应注重政策设计，强调"早应用，早受益"、"注调控，保溢出"和"重配套，重协同"；出口企业应准确定位，根据自身的规模实力、技术水平、市场势力和行业特征，制订适宜的智能推广计划；工业机器人生产企业应加大研发投入力度，着力解决关键技术"卡脖子"难题，力争完成从依赖进口到自主生产转变，从硬件上充分助力人工智能对出口高质量发展的促进作用。

　　　　　　　　　　　　　　　　　　　　　　　作　者

目　　录

图表目录

第一章 绪 论

第一节 本书的选题背景

一、贸易高质量发展与人工智能技术的历史交汇

推进贸易高质量发展，培育贸易竞争新优势，是中国面对"百年未有之大变局"作出的重大决策部署，也是实现中国经济高质量发展的必然选择。2019年11月，《中共中央 国务院关于推进贸易高质量发展的指导意见》（以下简称《指导意见》）正式批准发布，以期实现"贸易结构更加优化，贸易效益显著提升，贸易实力进一步增强"的发展目标。2021年11月，商务部印发《"十四五"对外贸易高质量发展规划》，再次强调"以推进贸易高质量发展为主题，以贸易创新发展为动力"。

与中国贸易高质量发展形成历史性交汇的是，以人工智能技术为代表的新一轮科技革命正在进入加速期，不仅以史无前例的速度和方式影响着经济发展的方方面面，而且成为重塑全球竞争格局的主要力量。正如习近平总书记在十九届中央政治局第九次集体学习时的讲话中所指出的，"人工智能是引领这一轮科技革命和产业变革的战略性技术，是新一轮科技革命和产业变革的重要驱动力量，具有溢出带动性很强的'头雁'效应"。因此，能否实现人工智能与贸易发展的有机融合，能否推动出口产品从"传统制造"向"智能制造"转型，关系到中国能否实现贸易高质量发展，也关系到中国能否在全球竞争中培育贸易新优势的战略新动能。

从现实经济生活来看，工业机器人不仅是最早应用人工智能的领域之一，而且迄今为止，人工智能在生产中的运用也主要是通过工业机器人实现的（Graetz，Michaels，2018；Bessen et al.，2023；王永钦，董雯，2020）。根据国际机器人联合会（International Federation of Robotics，IFR[①]）公布的《2020年世界机器人报告》，目前世界运行的工业机器人已达270万台。与早期机器人不同的是，工业机器人是一种完全自主的机器，不仅可以在一些单

---

① IFR始建于1987年，其旗下世界级机器人供应商超过50家，遍布20多个国家，是全球范围内工业机器人数据的最主要提供者，也是各国各行业机器人使用的唯一数据来源。

调、繁杂、高时长的工作中替代人力劳动,而且具有可自动控制、重复编程、完成多目标任务的特征。正因如此,无论是美国的制造业复兴计划和"工业互联网"战略、德国的工业 4.0 战略,还是中国制造 2025 计划等,均将工业机器人定位于战略性的核心位置,并将其作为人工智能普及的重要一环。

已有研究发现,如果工业机器人能够实现"机器学习",就可以在更大范围、更大程度上实现技术红利对人口红利的替代(陈彦斌等,2019),有助于缓解人口老龄化程度加重和劳动力成本持续攀升对出口高质量发展产生的不利影响(铁瑛等,2019)。与此同时,工业机器人在从事标准化、机械化和重复性的劳动中,稳定性和准确性更高,在推动"制造"向"智造"转变的过程中,有助于实现生产环节高效化和生产标准统一化(Dauvergne,2020)。正如 Bessen(2018)所指出的,人工智能的意义不是仅仅以机器替代劳动,而是在更具竞争性的市场上降低产品价格,提高产品竞争力。这也意味着,在新一轮科技革命的历史交汇期,人工智能有可能增强出口企业的竞争优势,并成为中国贸易高质量发展的推动力,而这正是本书试图关注和考察的重点内容。

二、重塑出口新竞争优势与人工智能在中国的兴起

改革开放 40 多年来,中国的出口贸易发展十分迅猛,2009 年超越德国,一跃成为世界第一大出口国;2013 年又跻身全球货物贸易第一大国,实现了从"贸易小国"到"贸易大国"的飞跃。但是自 2008 年国际金融危机以来,中国人口红利带来的劳动力成本优势逐渐消失,在传统劳动密集型行业的比较优势难以为继,寻找和培育国际分工中的竞争优势已迫在眉睫。在这种现实背景下,将人工智能引入更多的行业与企业,实现"机器换人",已成为中国许多出口企业的必然选择(McKinsey,2017)。

在安装规模方面,图 1-1 展示了 1993—2018 年每年工业机器人的全球安装流量和三大主要工业机器人市场(亚洲、欧洲、美洲)的分地区安装流量。可以看出,尽管个别年份存在波动,但是世界各国和三大主要市场每年安装的工业机器人数量整体呈明显的上升态势,其中亚洲市场的工业机器人安装数量远高于其他市场,近年来已占据世界安装总量的 2/3;欧洲和美洲市场的安装数量紧随其后。需要强调的是,亚洲市场的工业机器人安装之所以"成绩亮眼",在很大程度上归因于人工智能在中国的兴起。如图 1-2 所示,自 2000 年以来,中国工业机器人的安装总量不断增加,并自 2013 年起成为世界上工业机器人安装最多、增速最快的国家,连续 8 年稳居全球第一。中国

的工业机器人安装数量已经从 2000 年的 380 台激增至 2018 年的 154 032台，一方面，年均增长率高达 39.6%，清晰地呈现了工业机器人在中国不断兴起与普及的现实；另一方面，2018 年工业机器人在中国的安装数量不仅超过了同期北美（55 212 台）和欧洲（75 560 台）的总和，而且在全球工业机器人安装总量（422 271 台）的占比达到了 36.5%。

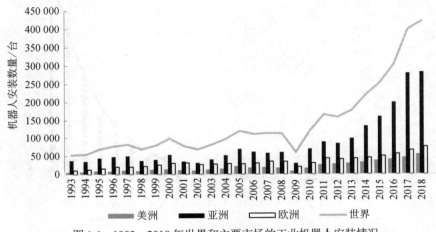

图 1-1　1993—2018 年世界和主要市场的工业机器人安装情况

资料来源：IFR 工业机器人安装数据库，作者整理所得。

在安装密度方面，尽管中国已经成为全球工业机器人安装最大的市场，但是工业机器人的安装密度相对较低。根据 IFR 的统计，2019 年新加坡成为工业机器人安装密度最高的国家，每万人工业机器人保有量已经达到 918台，其次为韩国（855 台/万人）、日本（364 台/万人）和德国（346 台/万人），同期中国的安装密度仅为 187 台/万人，明显低于以新加坡为代表的发展中国家，也低于以韩国、日本、德国为代表的发达国家，在一定程度上表明中国工业机器人市场存在巨大的提升空间。

在行业普及方面，工业机器人在中国各行业的赫芬达尔（HHI）指数已从 16% 下降到 10%，说明工业机器人在中国更多行业中得到了广泛使用（Cheng et al., 2019），并与世界趋势保持一致。图 1-3（a）表明，从全球范围来看，工业机器人安装数量位居前 5 位的行业，从多到少依次是汽车、电气和电子、金属、塑料和化工产品、食品和饮料，均属于制造业范畴。IFR 数据显示，制造业安装机器人的数量已经占到总数量的 80% 以上。各行业机器人安装数量在整体走高的同时，汽车、电气和电子行业的安装机器人数量尤为突出，明显高于其他行业。图 1-3（b）则表明，在中国已有的 27 个安装了机器人的行业中，机器人安装密度最高的五个行业为机动车辆（C20）、电气设备（C18）、计算机、电子和光学产品（C17）、橡胶塑料制品（C13）、其他运输设备（C21）。

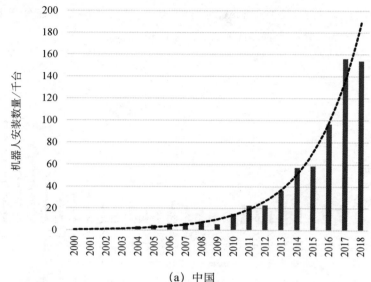

（a）中国

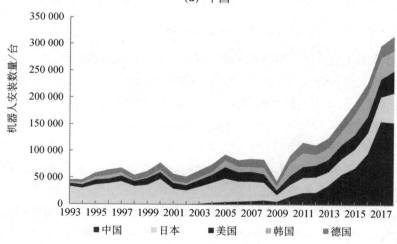

（b）前五位国家比较

图1-2　主要国家工业机器人安装数量

数据来源：IFR 工业机器人安装数据库。

以工业机器人为代表的人工智能在中国的兴起，为研究人工智能是否促进了中国的出口高质量发展，提供了具有说服力的现实样本。

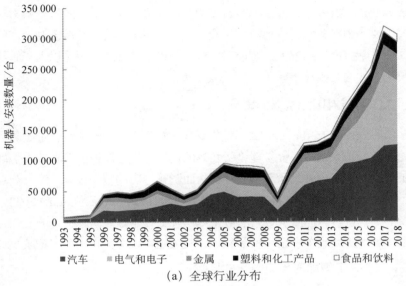

（a）全球行业分布

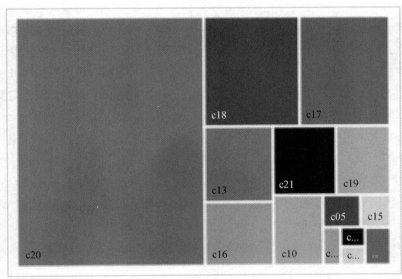

（b）中国行业分布

图 1-3　2014 年各行业工业机器人的安装密度（台/千人）

数据来源：IFR 工业机器人安装数据库。

第二节　人工智能影响国际贸易的文献综述

以工业机器人为代表的人工智能，自诞生之日起就备受经济学家的关注，但在过去一段时间内，囿于企业层面数据的缺乏（Felten et al.，2018；

Cheng et al.，2019；Czarnitzki et al.，2023），围绕工业机器人经济绩效影响的研究主要集中在就业、劳动收入份额、技术进步与经济增长等宏观层面。尽管这些文献有助于研究人工智能对一国出口的影响机制，但是以人工智能与出口为主题的文献凤毛麟角。

一、人工智能对国际贸易的影响

Goldfarb 和 Trefler（2018）率先提出，人工智能的出现将会给国际贸易理论与政策带来挑战，贸易理论所强调的规模经济、知识创造和知识扩散在人工智能时代将会被赋予新的内涵，从而影响一国的贸易模式，这一观点得到了 Meltzer（2018）、Korinek 和 Stiglitz（2021）、Trefler 和 Sun（2022）等学者的一致认可。但囿于数据的可得性，人工智能影响国际贸易的文献迄今屈指可数，主要集中在出口贸易领域，且大致可以分为以下三条研究脉络。

（一）人工智能对出口数量的影响

世界银行经济学家 Artuc et al.（2018）率先采用工业机器人数据来反映人工智能的应用，并通过拓展中间品和最终产品生产与贸易的两阶段李嘉图模型，考察了工业机器人对各国贸易模式、工资和福利的影响。结果发现，工业机器人应用的增加能够降低生产成本，因此对于那些更多应用工业机器人的国家来说，不仅相同行业中来自欠发达国家的进口会增加，而且自身的出口也会进一步增加。无独有偶，Ndubuisi 和 Avenyo（2018）同样基于双边贸易数据采用引力模型，考察了工业机器人应用对出口总量及其不同出口利润率的影响，结果发现工业机器人应用显著提高了出口总量与出口利润率，且这一效应主要体现在出口产品种类增加、出口产品价格上升、出口目的国数量增加等集约边际与拓展边际方面。Marí et al.（2020）、Stapleton 和 Webb（2020）、Alguacil et al.（2022）均采用西班牙制造业数据，发现应用工业机器人后，企业不仅显著提高了出口概率、出口强度和出口绩效，而且提高了从欠发达国家进口中间品的概率和规模。

与采用工业机器人数据的做法不同，Brynjolfsson et al.（2019a）运用 eBay 数字平台数据，研究了人工智能的关键运用之一——机器翻译对贸易的影响。结果表明，机器翻译系统的引进大大促进了平台国际贸易，其出口增加了 17.5%，且与翻译相关的搜寻成本得到了有效降低；Barbero 和 Rodriguez-Crespo（2018）聚焦于与人工智能紧密相关的通信技术，也发现其显著促进了出口规模；Freund et al.（2022）以助听器行业为例，聚焦于智能化的 3D 技术，同样发现这一智能新技术将助听器的出口规模提高了 80%。Żukrowska（2021）则从欧盟与外部合作伙伴的贸易关系出发，发现人工智能的普及可以扩大贸易规模，消除新冠疫情下贸易疲软的负面影响。

在针对中国情形的研究中，学者们均发现人工智能不仅实现了"扩出口"和"稳出口"的目标（金祥义，张文菲，2022，2023），而且促进了出口模式转换，提高了直接出口模式的选择概率（毛其淋，石步超，2022）。

（二）人工智能对出口质量的影响

Destefano 和 Timmis（2021）首次聚焦于人工智能的出口质量效应，采用 IFR 提供的行业数据，发现工业机器人应用可以降低生产过程中的出错概率，促进出口产品质量的提升；与之相类似，綦建红和周洺竹（2022）同样采用 IFR 提供的工业机器人跨国跨行业安装数据，考察了人工智能对行业质量阶梯的影响与作用机制，结果发现人工智能通过增加中间品使用、提高生产率和改变资本密集度，显著缩短了行业质量阶梯，提升了产品质量。Hong et al. （2022）则使用中国省份层面的工业机器人数据，发现工业机器人的应用对产品质量产生了先下降、后上升的"U 形"影响；蔡震坤和綦建红（2021）、綦建红和张志彤（2022）采用中国海关数据库与工业企业数据库的微观匹配数据，进一步落脚到企业层面，考察了工业机器人应用对中国企业出口产品质量的影响及其作用机制，结果同样发现，工业机器人应用通过提升企业全要素生产率和降低边际成本，显著提高了出口产品质量，但是这种提升作用从长期看会出现不断下降的动态变化（Lin et al.，2022）。

（三）人工智能对出口企业参与全球价值链的影响

国内学者率先将人工智能的研究聚焦于贸易引致的全球价值链领域，发现人工智能能够降低贸易成本和促进技术创新，最终促进了全球价值链分工，并能显著促进全球价值链网络的深化（吕越等，2020；刘斌，潘彤，2020；韩峰，庄宗武，2022；周洺竹等，2022；吕越等，2023）。此外，黄亮雄等（2023）进一步发现，随着发达国家和发展中国家不断缩小工业机器人应用差距，二者之间的全球价值链分工地位日趋接近，推动全球价值链及其上下游朝着更有利于发展中国家的方向重构。

二、人工智能影响国际贸易的可能渠道

从已有文献来看，国内外学者从就业、收入分配、生产率、经济增长和应用等视角出发，重点研究了人工智能的经济效应，并为考察出口效应的作用渠道提供了部分间接证据。

（一）人工智能的就业效应

在就业效应方面，Acemoglu 和 Restrepo（2018c）在任务型框架下研究了

人工智能和自动化对劳动、工资和就业的影响，强调了替代效应和生产率效应，其中替代效应源于人工智能对执行任务劳动力的替代，降低了对劳动和工资的需求；生产率效应源于自动化所带来的成本节约，增加了对执行非自动化任务劳动力的需求。在两种效应的对比中，学者们的态度各不相同。

持乐观态度的学者认为，人工智能是一种积极的技术冲击，虽然会降低劳动收入份额，但总体上会增加工作机会和就业水平（Alexopoulos，Cohen，2016；Guimarães，Gil，2022），还会积极影响上游和下游行业，特别是服务业的劳动力就业（Dauth et al.，2017；Autor，Salomons，2017；Mann，Püttmann，2017）。例如，Dekle（2020）以日本为例，发现工业机器人应用增加了社会总需求，增加了对劳动力的需求，对日本就业产生了积极影响；Dauth et al.（2017）采用德国工业机器人数据，发现每增加 1 台工业机器人，将会丧失 2 份制造业工作，但是在服务业会产生大量新工作，抵消甚至是超额补偿制造业的负向就业效应。换言之，人工智能不会对就业产生显著影响，即使减少了制造业就业，也会将岗位转移至服务业（Graetz，Michaels，2018；Dauth et al.，2017）。李磊等（2021）聚焦中国，发现机器人使用通过就业替代、提高生产率、增加产出规模和市场份额，显著增加了企业的劳动力需求，其中产出规模扩大是主要的影响渠道，占总效应的比重高达 47%。

持悲观态度的学者则认为，与以往的技术革命相比，人工智能既能替代体力劳动，又能替代脑力劳动（Trajtenberg，2018），有可能提高净失业率，导致劳动力需求停滞（Acemoglu，Restrepo，2020b；Autor，Salomons，2018）。例如，Acemoglu 和 Restrepo（2020a）以美国 1990—2007 年的劳动力市场为例，发现千名工人中每增加一台工业机器人，就业人口比率会下降 0.18%~0.34%，工资会下降 0.25%~0.5%；Chen et al.（2022）以英国为例，发现每千名工人多一台机器人，就业人口比就会降低 0.5%。无独有偶，Frey 和 Osborne（2013）、Brzeski 和 Burk（2015）、Pajarinen 和 Rouvinen（2014）分别采用美国、德国和芬兰的相关数据，发现美国就业总量的接近 50%、德国工作的 59% 和芬兰工作的 35.7% 在未来 20 年中将处于自动化风险之中。在聚焦中国的研究中，王林辉等（2022）采用机器学习模型测算，发现中国 19.05% 的劳动就业面临高替代风险，高达 45.01% 的劳动者面临中等程度替代风险，即人工智能发展将对中国劳动力市场产生较大冲击。与之相类似，Wang et al.（2023）预测未来几十年，中国 54% 的工作岗位将被人工智能取代，其中，感知和操作任务密集型的工作极易被替代。根据 McKinsey Global Institute 的预测，由于人工智能技术的兴起，到 2030 年时全球约有 7300 万个工作岗位会遭到破坏（McKinsey，2017）。Acemoglu et al.（2020a）进一步指出，即使采用工业机器人的企业总体就业增长加快，但其扩张却是以牺牲竞争对手的就业率为代价的。

尽管迄今为止，人工智能的就业效应尚无定论，但是学者们逐渐接受了机器人同时存在替代效应和互补效应的观点（Acemoglu，Restrepo，2019；郭凯明，2019）。目前，争论的焦点已经从单纯地强调"替代"还是"互补"，逐渐转变为二者孰强孰弱和长短期变化之争，并普遍认为工业机器人在短期内会呈现"替代效应"，长期则呈现为"创造效应"（Acemoglu，Restrepo，2018a）。例如，孔高文等（2020）发现，尽管工业机器人大规模应用会显著降低本地未来一年的就业水平，但从中长期看，工业机器人的使用不仅会增加劳动力需求，也会提高其报酬水平。陈媛媛等（2022）还发现，工业机器人的应用在短期内显著减少了地区外来劳动力的迁入率，且这一负向影响主要作用于低技能劳动者。Nguyen 和 Hong（2022）采用 40 个发达国家和发展中国家的数据，进一步发现人工智能与就业水平之间呈现非线性关系，且这种关系很大程度上取决于通货膨胀率。

（二）人工智能的收入分配效应

在人工智能引发的经济挑战中，最主要的就是收入分配（Korinek，Stiglitz，2017），且主要体现在收入水平和收入差距两个方面。

1. 人工智能对收入水平的影响

在人工智能影响实际收入水平方面，国内外学者同样没有达成共识。有的学者认为，人工智能本质上作为劳动力的替代要素，天生具有抑制就业、改变收入的效应。Acemoglu 和 Restrepo（2020a）、Dinlersoz 和 Wolf（2018）、Borjas 和 Freeman（2019）、王林辉等（2020）等国内外学者均发现，工业机器人的使用在导致劳动力就业率下降的同时，也会带来实际工资水平的下降。Giuntella et al.（2022）采用中国家庭调查数据也发现，工业机器人应用每增加一个标准差，就会导致中国工人的劳动力参与率、就业率和时薪分别下降 1%、7.5% 和 9%。但是，有的学者认为，人工智能在提高全要素生产率增长的同时，有助于提高平均实际工资水平（Autor et al.，2017；Humlum，2019；杨飞，范从来，2020）。当然从长期来看，这种对实际工资水平的正向影响有可能逐渐下降（Graetz，Michaels，2018）。

2. 人工智能对收入差距的影响

大多数学者认为，与人工智能相关的计算机和互联网都是技能偏向性的，这很可能不成比例地增加受教育程度高的人群的工资，降低受教育程度低的人群的工资，因此工业机器人的应用会扩大劳动者之间的收入差距，进一步加剧劳动力市场的不平等（Guerreiro et al.，2017）。具体而言，人工智能在冲击劳动力市场和就业结构的过程中，会造成不同技能、不同任务、不同行业、不同性别劳动者的工资差距。在技能层面，人工智能会导致低技能、生产性、年龄较大工人的工资下降，高技能工人的工资上涨，扩大了不同技能劳动力之间的收入差距（Acemoglu，Restrepo，2020；Guo，2022；Brynjolfsson et al.，2023b；蔡跃洲，陈楠，2019；王林辉等，2020）。Yang（2022）以中国台湾为例，发现人工智能虽然提高了就业水平，但是会导致低教育水平工人劳动收入份额的下降；Lazear et al.（2022）和 Acemoglu et al.（2023）分别以美国、荷兰为例，发现随着时间的推移，那些高技能工人的工资增长最快。相比之下，Fierro et al.（2022）的结论略有不同，认为自动化最终增加了高技能和低技能职业的份额，同时减少了中等技能职业的份额。在任务层面，王林辉等（2022）测算发现，人工智能技术对职业的替代风险受制于任务属性，其中思维类属性对可替代风险影响最大，而职业技能宽度越大可替代风险越低；何小钢和刘叩明（2023）也发现，相比于常规任务劳动力，机器人显著促进了非常规任务劳动力就业。在行业层面，人工智能对汽车制造、金属制品、化学、制药、食品等自动化程度较高行业的影响更为负向和强烈（Acemoglu，Restrepo，2018；何小钢等，2023），对零售、批发等商业服务业的影响则趋于正向（Brynjolfsson，McAfee，2015；孙早，侯玉琳，2019）。在性别层面，市场机器换人降低了男性劳动相对需求，家庭机器换人提高了女性劳动相对供给，对性别工资差距产生了差异化影响（郭凯明，王钰冰，2022），这一观点也得到了许健等（2023）的支持。

　　但是，也有部分学者提出了不同的观点。有的学者认为工资极化现象实际上并不存在。例如，Hunt 和 Nunn（2022）发现美国历经自动化与其他因素的冲击后，中等工资工人的比例有所下降，但高薪工人所占比例的大幅增加并未伴随低收入工人所占比例的大幅增加。与之相类似，Domini et al.（2022）发现自动化和人工智能技术并未导致企业内部工资不平等或性别工资不平等的增加，换言之，人工智能新技术具有公司内的"劳工友好"效应。有的学者认为虽然人工智能在短期内会造成工资极化现象，但是从长期看，这一现象不仅会逐渐弱化，其具体表现是：人工智能导致的收入不平等会经历一个先加剧、后减弱的过程（Graetz，Michaels，2018；Acemoglu，Restrepo，2018a；Stevenson，2019；Hemous，Olsen，2022），本地劳动力报酬水平也将不断提高（孔高文等，2020）。对此，陈东和秦子洋（2022）采用 IFR 提供的产业层面的世界工业机器人安装数据，通过划分高中低三个技能层次的劳动者，考察了人工智能应用对各国产业内收入差距的影响、作用渠道及其产业间的溢出效应。结果发现，在岗位更迭效应和生产率效应的作用下，人工智能总体上促进了产业内的包容性增长，缩小了不同阶层劳动者的劳动收入差距；经济发展水平较高的国家、产业智能化发展期和处于上升期的产业更容易享受到岗位更迭效应与生产率效应带来的红利。不仅如此，Innocenti 和 Golin（2022）采用对 16 个国家代表性的工作个体调查数据，发现正是基于被机器或算法取代的感知风险和恐惧，工人在工作场所之外提高了投资培训活动的意愿，这对改善人力资本是颇有裨益的。

（三）人工智能的生产率效应

从基于理论模型的推演结果看，工业机器人如何影响创新及其全要素生产率，结论并不统一，有待进一步观察（Aghion et al.，2017；Brynjolfsson et al.，2019b）。同时，最新研究还发现，人工智能对人力资本生产率的影响要比失业问题更为复杂（Kanazawa，2022）。Morikawa（2017）认为，根据标准的外生增长模型，如果以工业机器人为代表的人工智能技术日益替代劳动，并最终完全替代，那么资本份额将上升，企业生产率将呈爆炸状态（Fernald，Jones，2014）。与之相类似，Rammer et al.（2022）以德国为例，也认为人工智能能够带来高水平创新。尽管 2019 年时德国仅有 5.8% 的企业使用了人工智能，但是基于人工智能的创新多是世界一流创新，对总创新产出的贡献也要明显高出一筹。Brynjolfsson et al.（2023）在最新研究中，发现以 ChatGPT 为代表的生成式人工智能能够显著提高生产率，其中对新手和低技能工人的影响最大，对经验丰富和高技能工人的影响最小。但是，Nordhaus（2015）同样运用经济增长模型及其数据，发现世界各国不可能在不久的将来到达"奇点"。对此，Korinek 和 Stiglitz（2017）总结指出，尽管近年来全球人工智能普及速度极快，但是生产率增长依然缓慢，其原因可能在于生产率效应存在延迟模式，需要时日进一步观察；同时，因为没有考虑人工智能带来的质量提升效应，故生产率效应有可能被低估。

从基于企业数据的实证结果看，近年来随着以 Blanas et al.（2019）、Bonfiglioli et al.（2020）、Acemoglu 和 Restrepo（2020b）等为代表的学者另辟蹊径，将企业进口机器人金额作为使用工业机器人的代理变量，这一创新性的做法不仅将工业机器人影响的研究迅速带入微观层面，而且对生产率效应持肯定的态度。Koch et al.（2019）、Cheng et al.（2019）和 Bonfiglioli et al.（2020）等均发现，工业机器人更可能应用于规模更大、生产效率更高且处于扩张阶段的企业。企业使用工业机器人后，生产率往往会获得显著提高（Jäger et al.，2015；Graetz，Michaels，2018；Acemoglu et al.，2020a；Czarnitzki et al.，2023）。孙早和陈玉洁（2023）也提出，工业机器人应用对劳动生产率的影响过程与转变生产方式的演化路径高度吻合，即当工业机器人应用量达到一定规模时，增加工业机器人的投入能够促进生产分割程度的提升。在此基础上，程文（2021）进一步指出，在人工智能扩散初期，其对劳动生产率增长将出现短期抑制作用（此谓"索洛悖论"），但是从长期看将有效提升生产率。

与此同时，越来越多的研究还发现了人工智能不仅直接影响生产率，还产生了明显的溢出效应。当然，这种溢出效应是积极的还是消极的，学者们并未达成一致。Bonfiglioli et al.（2020）发现，工业机器人的使用提高了企业生产率，降低了企业可变成本，同时会导致市场份额从未使用工业机器人的企业手中重新分配。但是，Venturini（2021）采用工业化国家样本，则发现人工智能技术至少贡献了生产率变化的 3%～8%，且对生产率溢出的时间模式符合生产率 J 曲线规律，再次证实了人工智能具备通用技术创新的特点。

（四）人工智能的经济增长效应

Barrat（2013）提出，人工智能是"我们最后的发明"，其对经济增长的促进作用不容小觑。Graetz 和 Michaels（2015）采用 1993—2007 年 17 国的工业机器人数据，提出工业机器人对经济增长贡献了约 10%，并将生产率至少提高了 15%，其效果可以和 19 世纪蒸汽机的使用相媲美，但是这一判断遭到了 Gordon（2016）的反对，且两种不同的观点始终争论不休。

有的学者认为，以工业机器人为代表的人工智能可以较好地应对老龄化的冲击，促进经济增长和益贫式发展（陈彦斌等，2019；杨飞，范从来，2020；杨光，侯钰，2020）。例如，陈彦斌等（2019）通过构建包含人口老龄化和人工智能的动态一般均衡模型，发现人工智能通过采用智能化和自动化技术降低生产过程中的劳动力需求、提高资本回报率和全要素生产率等渠道，促进了经济增长；林晨等（2020）则构建包含异质性资本和人工智能的动态一般模型，发现人工智能通过优化资本结构，扩大了居民消费，促进了经济增长。Gans（2022a，2022b）还发现，人工智能不是作为一种标准流程创新来运作的，会给未采用的企业带来积极的外部性。从长期来看，无论是在垄断市场还是在竞争市场，人工智能应用通常会降低价格，增加消费者剩余，并提高企业盈利能力。

Gasteiger 和 Prettner（2020）、黄旭和董志强（2019）采用世代交叠模型，发现在长期视角下，如果政府不对人工智能部门的规模加以控制，工业机器人应用将会导致劳动力增长幅度下降，影响劳动力的收入、储蓄和社会总投资，最终造成经济停滞。

近年来微观层面的研究还发现，工业机器人应用可能带来市场份额的重新分配，导致部分企业利益受损，使市场份额向少数龙头企业聚集（Stiebale et al.，2020；Autor et al.，2020）；还有研究发现，行业层面的机器人存在拥挤效应，其边际效应呈现递减现象（Graetz，Michaels，2018），这些均有可能阻碍人工智能对经济增长的促进作用。

（五）人工智能的应用原因

尽管和人工智能有关的研究与日俱增，重点考察了其包括贸易效应在内的各种"后果"，但是鲜有学者探讨人工智能应用的"前因"。Acemoglu 和 Restrepo（2021）从人口学的角度出发，认为人口老龄化会导致工业机器人更密集的使用和发展。与之相类似，Abeliansky 和 Prettner（2023）采用 1993—2013 年 60 个国家的面板数据，也发现人口增长率较低的国家引入人工智能等自动化技术的速度更快。在聚焦中国的研究中，Cheng et al.（2019）使用 2016 年"中国企业—劳动力匹配调查"（CEES）中国企业调查数据，发现劳动力短缺和劳动力成本上升是中国企业使用工业机器人的根本原因。Fan et al.（2020）使用 2001—2012 年中国工业企业数据库和海关数据库的匹配数据，按照 HS6 位编码识别企业进口机器人的记录，以最低工资标准的对数值作为劳动力成本的代理变量，研究了劳动力成本上升对中国企业使用工业机器人的推动作用。

三、现有文献的总结与评述

纵观国内外已有研究，可以发现已有大量文献从就业水平、劳动收入、生产率与经济增长等视角出发，考察了人工智能方方面面的经济效应。尽管这些文献可以为考察人工智能对一国出口的作用渠道提供部分间接证据，但是不可否认的是，人工智能对出口贸易的影响研究刚刚起步，仍然存在进一步提升的空间。

首先，目前以工业机器人为代表的人工智能对国际贸易的研究，主要以发达国家为研究对象，"立足中国大地、讲好中国故事"的研究少之又少，这既与中国是世界上工业机器人应用数量最多、速度最快的现实状况不匹配，也与中国是世界上第一大出口国的国际地位不匹配。

其次，囿于企业层面的数据匮乏，围绕人工智能贸易效应的研究多基于国家和行业层面展开，基于企业层面的研究屈指可数，无法准确反映人工智能对中国出口企业高质量发展的影响及其作用机制。更重要的是，已有文献重点考察人工智能对企业内的静态影响，鲜少涉及同一行业内的企业之间、上下游行业之间的竞争与溢出效应。

　　最后，在为数不多的贸易效应研究中，已有文献仅仅考察了人工智能对出口数量和出口产品质量的影响，然而一国出口高质量发展的内涵远远不是这两个方面所能涵盖的，需要进一步拓展与丰富。同时，人工智能对出口高质量发展的效应发挥，也绝不是"单打独斗"所能完成的，而是需要依赖一系列硬件和软件配套，包括工业机器人本土制造、地区数字经济发展、适宜性中间品技术、技能匹配性工人等，而这也是本书写作的初衷之一。

第三节　研究思路与主要内容

一、本书的研究思路

　　首先，本书建立总体分析框架，为后文研究人工智能应用及其对出口高质量发展不同维度的影响及其作用机制奠定理论基础。其次，选择从劳动力市场中的最低工资制度入手，讨论出口企业加快人工智能运用的原因及其内在机理；再次，选择出口规模增长、出口产品质量、出口产品范围、出口贸易利得和出口企业绿色减排作为衡量出口高质量发展的细分维度，考察其对出口高质量发展的影响及其作用机制，并采用熵权-TOPSIS法测算中国企业出口高质量发展综合指数，对人工智能能否促进中国出口高质量发展作出总体判断。最后，在考察硬件配套和软件配套作用的基础上，提出了加快人工智能普及，促进出口高质量发展的政策建议。基于此，本书的详细研究思路如图1-4所示。

二、本书的主要内容

　　围绕上述研究思路，本书由以下十章内容构成。

　　第一章，绪论。本章重在阐释本书的选题背景，通过国内外文献综述寻找已有研究的可提升空间，并结合国家重大发展战略，明晰本书的思路安排、主要内容及创新之处。

　　第二章，理论框架。本章旨在建立总体分析框架，从理论上厘清三个问题：一是人工智能促进出口高质量发展的微观基础和力量载体在于出口企业，本章基于Melitz（2003）的异质性企业生产决策模型，将Acemoglu和Restrepo（2019）、Bonfiglioli et al.（2020）的任务模型内嵌其中，说明企业应用人工智能的根本原因在于追求利润最大化；在此基础上，基于中国国情重点强调劳动力市场的变化和产业政策的驱动，也是企业加快人工智能应用的重要现实原因。二是依据《指导意见》和《中华人民共和国国民经济和社会

发展第十四个五年规划和 2035 年远景目标纲要》(以下简称"十四五"规划),
从出口规模增长、出口产品质量、出口产品范围、出口贸易利得和出口企业
绿色减排五个方面,表征出口高质量发展。三是从理论上论证了人工智能
促进出口高质量发展的作用机理,为后文研究人工智能应用及其对出口高
质量发展不同维度的影响及其作用机制奠定了必要的理论基础。

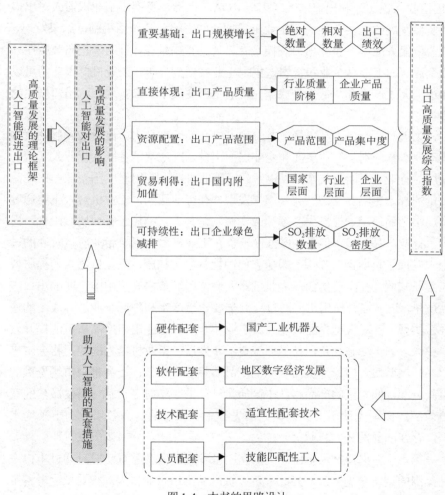

图 1-4 本书的思路设计

第三章,应用原因。本章旨在从劳动力市场变化入手,说明更多的企业
(出口企业)加快人工智能应用的现实原因。具体来说,采用双重差分方法考
察了最低工资政策对工业机器人应用的影响及其作用机制,结果表明最低工
资政策通过增加企业用工成本和加强政策遵从力度,显著促进了工业机器人
应用,且这一促进作用在大规模企业、平均工资较低的企业、自动化程度高

和劳动密集型行业中更为显著，且对南方城市的促进作用高于北方城市，对超大特大城市的促进作用高于其他城市。同时，工业机器人的应用通过增加技能组成工资，显著提升了劳动者整体就业和工资水平，而生产成本的增加对出口规模的影响有待下文进一步观察。

第四章，出口规模增长。本章通过选取绝对数量（出口总额）、相对数量（出口收入占比）和出口绩效（出口 ROA）指标，考察了工业机器人对出口高质量发展的重要基础——企业出口规模的影响及其作用机制，结果发现，工业机器人应用对企业出口规模具有显著的正向效应，且这一正向效应在外资企业、加工贸易企业和资本密集型企业中更为显著；工业机器人应用可以通过提高生产率和降低生产成本（特别是可变成本）来实现企业出口规模的增长。

第五章，出口产品质量。考虑到出口产品质量是出口高质量发展的直接体现，本章分别从行业层面和企业层面出发，既考察了各国各行业人工智能使用对行业质量阶梯的影响，也考察了工业机器人应用对中国企业出口产品质量的静态影响与动态变化。结果发现，在行业层面，工业机器人主要通过增加中间品使用、提高生产率和改变资本密集度，缩短了行业质量阶梯，提升了行业产品质量。但是，侵蚀性竞争在工业机器人影响行业质量阶梯的过程中发挥了负向调节作用，即随着侵蚀性竞争的加剧，工业机器人的提质效应不断减弱。在企业层面，工业机器人的使用显著提升了中国企业的出口产品质量，这一提升作用主要通过提升全要素生产率和降低企业边际成本的途径来实现，并对大型企业、非高新企业和非国有企业出口产品质量的提升效果更大。基于动态视角的拓展研究进一步发现，工业机器人的应用将会带来贸易拓展效应，但新建贸易关系的产品质量相对较低；还会带来市场份额的重新分配，低质量的产品将从中高质量产品的手中抢夺份额，引发激烈的竞争效应；而率先使用工业机器人的先行企业获得的提升效果远高于平均水平，存在明显的先发优势。

第六章，出口产品范围。出口高质量发展的资源配置状况可通过出口产品范围的调整窥见一斑，为此本章以多产品出口企业作为观察对象，考察了工业机器人应用对出口产品范围的影响、作用渠道及其竞争策略。结果显示，工业机器人的应用能够促进多产品企业出口产品范围的扩大与核心产品集中度的降低，其中对劳动密集型产品出口企业、资源集中型企业、非国有企业的促进作用更为显著。与已有研究不同，本章发现工业机器人不仅会提高企业生产率和降低边际成本，而且会通过减少污染排放和提升产品质量，即通过兼顾效率和质量来扩大多产品企业的出口产品范围，这一现象在长质量阶梯企业中尤为突出。虽然工业机器人应用扩大了出口产品范围，但是新增产品范围既包括旧产品，也包括同行业的新产品，有可能引发激烈的同业竞争。无论是领跑企业还是追随企业，在应用工业机器人后选择质量竞争策略的倾向明显提高，其中追随企业凭借其后发优势，以质量竞争策略更为积极地扩大产品范围，降低产品集中度，以应对更为激烈的同业竞争。

第七章，出口贸易利得。本章分别从国家、行业和企业层面，首先考察了人工智能对中国在全球价值链中分工位置的影响，进而考察了人工智能对中国在全球价值链中的贸易利得——出口增加值规模和比率的影响和作用机制，并进一步讨论了相应的溢出效应。研究发现，在国家层面，人工智能通过提高行业生产率、创造新劳动和提升产品质量，共同促进了各国各行业在全球价值链体系中分工位置的攀升，即存在"独善其身"的促进效应；同时，人工智能对全球价值链分工位置的影响还存在"兼济天下"的促进效应，其中横向溢出效应的存在主要是缓解产品重合度引发同业侵蚀性竞争，而纵向溢出效应中上游行业使用人工智能对下游行业产生的负面前向溢出效应，主要归咎于供给的中间品性价比降低，但是下游行业使用工业机器人对上游行业不存在后向溢出效应。在行业层面，在工业机器人应用初期，得益于生产率提高效应，工业机器人显著扩大了出口增加值规模，但对国内出口附加值无益；随着工业机器人的普及，成本降低效应和质量提升效应逐渐显现，有助于提高国内出口附加值。在企业层面，中国企业应用工业机器人通过降低进口中间品占比和提高成本加成，提升了出口国内附加值；尽管同行业内其他企业使用机器人会产生同业竞争效应，对企业（特别是生产率、出口产品质量、出口技术复杂度较低的企业）带来更为明显的个体负面效应，但是放眼整个行业，工业机器人应用可以通过集约边际效应和再配置效应，提升全行业的出口国内附加值率。

第八章，出口企业绿色减排。"可持续发展"是中国出口高质量发展的重要组成部分，加强绿色治理、减少污染排放是出口企业的社会责任，也是自身高质量发展的标志之一。基于此，本章考察了工业机器人应用对出口企业污染排放的影响、作用机制及其长期效应。结果发现，首先，工业机器人应用显著降低了出口企业以二氧化硫为代表的污染排放数量与排放密度；其次，工业机器人应用的污染减排效应，主要通过提高企业研发创新、提升治污能力和降低污染产品范围来实现；最后，尽管工业机器人应用初期，囿于工业机器人本身高昂的进口价格与购置成本，出口企业利润出现了下降，但是随着工业机器人的成本分摊和优势显现，从长期看出口企业利润由负转正，并获得长期性、持续性增加。这意味着，如何缓解初期的工业机器人购置成本问题，将成为出口企业是否采用工业机器人发挥减排效应、促进出口高质量发展的关键点之一。

第九章，总体判断与配套支撑。首先，本章采用熵权-TOPSIS方法，测算中国企业出口高质量发展综合指数，从而对人工智能是否促进出口高质量发展作出总体判断。其次，从软件配套入手，采用调节效应模型分别考察企业所在地的数字经济发展、适宜性技术和技能性员工对人工智能促进出口高质量发展的保障作用。研究结果发现，人工智能显著促进了中国企业的出口高质量发展，与第四章～第八章五个细分维度的检验结果保持一致；出口企业所在省份的数字经济发展水平越高，进口的数字技术产品越多，可供给的技能性员工越多，人工智能对中国企业出口高质量发展的促进作用就越明显，彰显人工智能技术进行相关软件配套的重要性。最后，从硬件配套入手，通过在山东、安徽等省的调研，指出中国国产机器人企业在提供硬件配套方面所面临的严峻难题及其成因。在此基础上，采用数值模拟的方法，模拟了国产工业机器人应用增加对于出口高质量发展综合指数的动态影响，强调了中国要有能力自主提供价格适宜、功能强大的国产工业机器人，这一点对于中小出口企业而言尤为重要。

第十章，结论与建议。本章在总结全文重点结论的基础上，从政府和企业层面出发，提出了相应的对策建议，以期对人工智能推动出口高质量发展有所裨益。

第四节　主要研究方法

本书从"讲道理""讲事实""讲证据""讲拓展"的原则出发，主要采用了如下研究方法。

一、数理模型与规范分析相互补充

为了从理论上"讲好中国故事"，本书采用数理模型与规范分析相互结合、相互补充的方式，厘清人工智能对出口高质量发展的影响及其作用机制。一方面，第二、四、五、六章分别在异质性企业理论模型的基础上，引入人工智能，运用数学语言阐释了人工智能何以能够增加出口规模、提高出口产品质量、提升出口贸易利得，以实现不同维度的出口高质量发展；第九章则在经典的经济增长模型基础上，阐释了数字经济的发展何以改善出口企业的劳动、资本与技术配置，从而为人工智能助力出口高质量发展提供软件环境。另一方面，本书的第六、七章通过搜集、梳理和总结国内外文献，引经据典，以规范分析的方式，回答了人工智能何以能够扩大多产品企业的出口范围、提高中国在全球价值链的分工位置、增加出口国内附加值等"应该是什么"和"为什么"的问题。无论是数理模型，还是规范分析，二者不仅相互补充，围绕各章主题"讲道理"，而且共同为相应的实证检验提供了理论基础。

二、企业调查与实地访谈有机结合

在采用经济学和数学语言"讲好中国故事"的同时，本书还需要"立足中国大地"，以事实来说话。为此，研究团队在写作过程中，实地调查和走访了多家应用工业机器人的中国企业，包括一汽大众、长城汽车、比亚迪、美的集团、海尔集团、潍柴动力、三一重工、酷特智能（原红领集团）、森麒麟轮胎、乾程科技等，既涉及汽车制造、仪器仪表等资本和技术密集型行业，也涉及服装、轮胎等典型的劳动密集型行业。通过面对面访谈和问卷调查，对中国出口企业应用工业机器人的现状、效果与难点有了更多的了解与把握，并成为本书部分章节的观点来源。例如，以调研的森麒麟轮胎公司为例，该企业在引入 72 台工业机器人后，污染排放数量大大降低。我们在调研中发现，一方面，该企业在引入工业机器人后，不仅选用了更加清洁的电力能源作为供能来源，直接在供能方面减少了污染排放，而且出人意料地降低了企业设备耗电。这是因为，原先各车间的用电只能通过一个电闸来启停，但设备预热起码要一小时才能进入生产环节，不生产时也要一直保持温度。但是在引入工业机器人后，企业进行了相应的设备级管理，可以自动在设备冷却到 50 度时，以最低能耗及时反应，维持企业生产，降低设备耗电。另一方面，以工业机器人替代人力，降低了出错概率，减少了橡胶类废料的产生，并通过材料转换的方式将废料重新利用，大大降低了排污力度。受此启发，本书在第八章和第九章中均增加了工业机器人与出口企业绿色减排的相关内容。

三、多种计量经济学方法配合使用

在数理模型和理论分析的基础上，本书采用多种计量经济学方法，以期为"讲好中国故事"提供充实的证据。例如，本书不仅采用双重差分法，实证考察了人工智能影响出口高质量发展的现实契机，而且采用多维固定效应的面板模型，实证检验了人工智能对出口规模、出口产品质量、出口贸易利得等维度的影响，并采用工具变量法、组内差分法、异方差法、倾向得分匹配结合双重差分法（PSM-DID）等多种计量方法进行内生性处理和稳健性检验，为研究结论提供充足的依据。在此基础上，为了进一步考察人工智能对出口高质量发展不同维度的影响机制，本书采用 Dippel et al.（2020）、Liu 和

Lu（2015）等内生性中介效应模型，克服了传统三步法中介效应的缺陷，从而更科学地厘清人工智能"为什么"能够促进出口高质量发展。所以，多种计量经济学方法的应用，不仅是为实证结论夯实可信性，而且与前文的"讲道理"和"讲事实"遥相呼应，增进了核心内容的逻辑性。

四、静态分析到动态分析不断推进

考虑到人工智能对中国出口高质量发展各个维度的影响不是一成不变的，而是一个动态演化的过程，因此本书在出口高质量发展的每一个维度，均进行了动态拓展。例如，第四章在考察人工智能对出口产品质量的影响时，在静态分析的基础上进行了三个视角的动态拓展：一是在贸易拓展效应方面，是既有关系还是新建关系的产品质量提升效应更为突出；二是在产品竞争效应方面，低质量产品是否会抢夺中高质量产品的市场份额，引发市场份额的重新分配；三是在先发优势效应，率先使用工业机器人的先行企业获得的提升效果是否会更胜一筹，与跟随企业相比存在明显的先发优势。再如，第五章在考察人工智能对出口贸易利得的影响时，国家层面沿着横向溢出效应和纵向溢出效应进行了动态拓展，企业层面则从企业层面拓展到行业层面，表明尽管同行业内其他企业使用工业机器人会产生同业竞争效应，对部分企业带来更为明显的个体负面效应，但是放眼整个行业，工业机器人应用可以通过集约边际效应和再配置效应，动态提升整个行业的出口国内附加值率。

第五节　本书的创新之处

与已有研究相比，本书可能的创新之处体现在以下方面。

1. 研究话题的新颖性

从已有文献来看，以工业机器人为代表的人工智能对国际贸易的研究刚刚起步，且主要是以美国、德国等发达国家为研究对象；相比之下，尽管中国在位居世界第一大出口国的同时，自 2013 年起还成为世界上应用工业机器人数量最多、速度最快的国家，但是"立足中国大地、讲好中国故事"的研究少之又少。在屈指可数的贸易效应研究中，已有文献仅仅考察了人工智能对出口数量和出口产品质量的影响，尚未涉及对出口高质量发展的影响。因此，本书选取了一个新颖的现实话题作为研究主题。

2. 研究维度的丰富性

一方面，为数不多的文献考察了人工智能对出口数量和出口产品质量的影响，然而一国出口高质量发展的内涵远不止于此。基于此，本书结合贸易高质量发展战略，从五个层面考察了人工智能对出口高质量发展的影响，涵盖出口高质量发展的重要基础（出口规模增长）、直接体现（出口产品质量）、资源配置（出口产品范围）、贸易利得（出口国内附加值）和可持续发展（绿色减排）。在此基础上，本书构建出口高质量发展的综合指数，从而较为全面地把握人工智能之于中国贸易高质量发展的重要意义。

另一方面，本书在考察人工智能对出口规模增长、出口产品质量、出口产品范围、出口贸易利得和贸易可持续发展的影响时，还从"是什么"拓展至"为什么"和"怎么办"。对于"为什么"，本书从生产效率提升、边际成本节约、中间品进口、成本加成等渠道出发，厘清了人工智能对出口高质量发展的影响机制究竟如何；对于"怎么办"，本书从硬件配套、软件配套、技术配套、人员配套等角度说明人工智能如何助力出口高质量发展，并对硬件配套和软件配套进行了量化检验与重点考察。这些拓展性内容既是对"是什么"的进一步回答，也为本书最终实现"政策落地"提供了事实和量化依据。

3. 研究内容的动态性

如前所述，人工智能对中国出口高质量发展的影响并非一成不变，而是不断动态演化，因此，本书不仅从静态视角考察影响及其异质性，而且分别从技术水平、产品竞争、产业溢出、先发优势等不同的视角进行了动态拓展，既考察了人工智能对出口规模的影响是否会因为适宜性技术的动态引入而发生改变，也考察了其对出口产品质量的影响是否在贸易关系、产品竞争和先发优势方面，引发产品质量的动态变化及其市场份额的重新分配；既考察了人工智能对出口贸易利得的影响是否会在同一行业的企业之间、上下游行业之间发生溢出效应，又考察了人工智能在扩大出口产品范围的同时，是否引发了旧产品与新产品之间、同行业与跨行业之间的竞争，出口企业在价格竞争与质量竞争之间作出了何种策略选择，从动态视角拓展了已有研究的广度和深度。

第二章　人工智能促进出口
高质量发展的理论框架

为了考察人工智能对中国出口高质量发展的影响及其作用机制，本章首先从理论上厘清三大问题：第一，人工智能促进出口高质量发展的微观基础和力量载体在于出口企业，出口企业加快采用人工智能的根本原因和现实原因何在；第二，出口高质量发展是一个含义非常宽泛的概念，具体到中国出口企业而言，出口高质量发展可以体现在哪些具体维度；第三，人工智能促进出口高质量发展的作用机理是什么？

第一节　出口企业应用人工智能的原因剖析

出口企业是否应用人工智能技术，是讨论人工智能促进出口高质量发展的必要前提。那么接踵而至的问题在于，出口企业应用人工智能技术的原因何在？为了回答这一问题，这里基于 Melitz（2003）的异质性企业生产决策模型，将 Acemoglu 和 Restrepo（2019）、Bonfiglioli et al.（2020）的任务模型内嵌其中，从理论上厘清企业应用人工智能的根本原因，并基于中国特有国情，从劳动力因素和产业政策因素讨论了企业加快人工智能应用的现实原因。

一、基于利润最大化的根本原因

根据 Melitz（2003）的异质性企业决策模型，假设代表性消费者具有如下 CES 偏好：

$$U = \left[\int_{\omega \in \Omega} q(\omega)^\rho \mathrm{d}\omega \right]^{\frac{1}{\rho}} \tag{2-1}$$

其中：Ω 为一系列产品集；$q(\omega)$ 为消费者对产品 ω 的消费量；ρ 表示消费者对产品多样性的偏好程度，$\rho \in [0,1]$；σ 为产品之间的替代弹性，$\sigma = 1/1 - \rho > 1$。假设消费者消费的产品集等于生产的总产品，即 $Q = U$，则求解消费者效用最大化问题，可以得到每种产品的最优消费为

$$q(\omega) = Q \left[\frac{p(\omega)}{P} \right]^{-\sigma} \tag{2-2}$$

其中：价格指数 $P = \left[\int_{\omega \in \Omega} p(\omega)^{1-\sigma} \mathrm{d}\omega \right]^{\frac{1}{1-\sigma}}$。

本书从任务角度考察企业的生产方式，假设企业可以使用劳动力（L）和工业机器人（K）进行生产。在本章中，我们以工业机器人表征人工智能技术。工业机器人可以完成由劳动力完成的任务，故从广义上讲，工业机器人作为另类劳动力要素参与生产。设 φ 为外资企业的生产率，r 和 w 分别表示工业机器人的价格和工资，$r < w$，故机器化可以降低成本并提高生产效率，应用工业机器人有利可图。

假设企业的生产过程由一系列任务 x 组成，将其标准化至区间[0,1]，即 $x \in [0,1]$。这些任务包含可自动化和不可自动化两类，前者可以应用工业机器人和劳动完成生产，后者只能通过劳动力生产。任务 $x \in [0,\alpha]$ 可以实现技术自动化，而其余任务不能自动化。本书设定任务 x 的要素投入为 $x(z)$，则企业的生产函数为

$$q = \varphi \exp\left(\int_0^1 \ln x(z) \mathrm{d}z \right) \qquad (2\text{-}3)$$

在上述的假设下，当 $x \in [0,\alpha]$ 时，工业机器人具有生产的比较优势，企业会倾向于应用工业机器人生产这部分任务。所以有：

$$x(z) = \begin{cases} K/\alpha, & \text{if } x \in [0,\alpha] \\ L/(1-\alpha), & \text{if } x \in [\alpha,1] \end{cases} \qquad (2\text{-}4)$$

由式（2-3）和式（2-4）可以推得企业的生产函数为

$$q = \varphi \left(\frac{K}{\alpha} \right)^{\alpha} \left(\frac{L}{1-\alpha} \right)^{1-\alpha} \qquad (2\text{-}5)$$

所以企业在生产时满足：

$$\max_{K,L} \{ pq - rK - wL \} \qquad (2\text{-}6)$$

结合式（2-2）和式（2-5），可知利润最大的一阶条件为

$$wL = \left(1 - \frac{1}{\sigma} \right)(1-\alpha)pq \qquad (2\text{-}7)$$

$$rK = \left(1 - \frac{1}{\sigma} \right)\alpha pq \qquad (2\text{-}8)$$

所以有：

$$K = \left(\frac{\alpha}{1-\alpha} \right)\left(\frac{w}{r} \right)L \qquad (2\text{-}9)$$

将式（2-9）代入式（2-5），生产函数转变为

$$q = \varphi \left(\frac{L}{1-\alpha} \right)\left(\frac{w}{r} \right)^{\alpha} \qquad (2\text{-}10)$$

此时，企业的利润为

$$\pi = pq - rK - wL = q^{1-\frac{1}{\sigma}}Q^{\frac{1}{\sigma}}P - r\left(\frac{\alpha}{1-\alpha}\right)\left(\frac{w}{r}\right)L - wL$$

$$= \left[\varphi\left(\frac{L}{1-\alpha}\right)\left(\frac{w}{r}\right)^{\alpha}\right]^{1-\frac{1}{\sigma}}Q^{\frac{1}{\sigma}}P - \left(\frac{1}{1-\alpha}\right)wL \qquad (2\text{-}11)$$

将式（2-11）对可自动化任务的比例 α 求导，可得：

$$\frac{\partial\pi}{\partial\alpha} = \left(1-\frac{1}{\sigma}\right)q^{-\frac{1}{\sigma}}Q^{\frac{1}{\sigma}}P\varphi\left[\frac{L}{(1-\alpha)^2}\left(\frac{w}{r}\right)^{\alpha} + \frac{L}{1-\alpha}\left(\frac{w}{r}\right)^{\alpha}\ln\left(\frac{w}{r}\right)\right] + \frac{wL}{(1-\alpha)^2} > 0 \qquad (2\text{-}12)$$

式（2-12）表明，随着应用工业机器人的增加，企业所获得的利润也会增加，因此企业（包括出口企业）有应用工业机器人的根本性动力。

二、基于劳动力市场的现实原因

从现实经济生活来看，中国出口企业对人工智能的应用除了主动寻求利润最大化的根本原因，还有"被动"的原因，且这一原因与出口企业面临的劳动力市场变化有关。

正如第一章所指出的，改革开放以来，中国之所以能在出口贸易方面交出一份"令人满意的答卷"，其原因之一是中国凭借低廉的成本优势，显著提升了"中国制造"在全球经济格局中的影响力。然而，近年来人口老龄化趋势日益明显，人口红利逐渐消失，低成本优势不再（陆旸，蔡昉，2016）。国家统计局数据表明，2000—2019 年中国城市平均工资上升了近 9 倍，其中最低工资标准的不断调整是工资上涨极为重要的因素之一。一方面，最低工资政策是政府保障劳动者权益、促进社会公平的重要手段；但是另一方面，最低工资上调会增加企业用工成本、压缩企业利润空间，导致制造业的成本竞争优势逐渐削弱，不仅给出口企业带来了严峻挑战，而且成为阻碍中国出口高质量发展的"瓶颈"。

为了从理论上推导工业机器人的应用是否能够对此"瓶颈"有所缓解，本书将式（2-10）代入式（2-7），可以得到劳动力需求函数

$$L = w^{-\sigma}\left(1-\frac{1}{\sigma}\right)^{\sigma}\varphi^{\sigma-1}QP^{\sigma}(1-\alpha)\left(\frac{w}{r}\right)^{\alpha(\sigma-1)} \qquad (2\text{-}13)$$

式（2-13）中，L 对 α 求导得到：

$$\frac{\partial L}{\partial\alpha} = B_2\left[(\sigma-1)(1-\alpha)\ln\left(\frac{w}{r}\right) - 1\right] \qquad (2\text{-}14)$$

其中：$B_2 = w^{-\sigma}\left(1-\dfrac{1}{\sigma}\right)^{\sigma}\varphi^{\sigma-1}QP^{\sigma}\left(\dfrac{w}{r}\right)^{\alpha(\sigma-1)}$。若 $(\sigma-1)(1-\alpha)\ln\left(\dfrac{w}{r}\right)-1>0$，$\dfrac{\partial L}{\partial \alpha}>0$，此时企业应用工业机器人会增加对劳动力的需求，即创造效应占据主导地位；反之，若 $(\sigma-1)(1-\alpha)\ln\left(\dfrac{w}{r}\right)-1<0$，$\dfrac{\partial L}{\partial \alpha}<0$，企业应用工业机器人会替代劳动力，替代效应占据主导地位。

根据式（2-7）、式（2-10）和式（2-11）可知 $\dfrac{\partial \pi}{\partial L}>0$，又因为 $\dfrac{\partial \pi}{\partial \alpha}=\dfrac{\partial \pi}{\partial L}\dfrac{\partial L}{\partial \alpha}>0$，故有 $\dfrac{\partial L}{\partial \alpha}>0$，这说明在生产过程中，工业机器人更多地发挥创造效应，而不是替代效应。已有文献已经表明，随着工业机器人的使用，创造效应更多地体现为对高技能劳动力和知识型人才等非生产性工人的需求增加（Meltzer，2018；Bonfiglioli et al.，2020）。进一步，本书参照 Bonfiglioli et al.（2020）、何小钢等（2023）的处理，将应用工业机器人创造的非生产性工人考虑进模型，假设非生产性工人的成本为

$$hf(\alpha)=\frac{h\alpha^{\beta}}{\gamma\beta} \tag{2-15}$$

其中：$\beta>1$ 表明成本为凸性；γ 反映了企业生产过程中任务的可替代性指数。式（2-15）结合式（2-7）、式（2-10）、式（2-11）和式（2-13）消除 L，可得到生产函数、利润函数和 π 对 α 的一阶条件如下：

$$q=\varphi^{\sigma}w^{-\sigma}QP^{\sigma}\left(\frac{w}{r}\right)^{\alpha\sigma}\left(1-\frac{1}{\sigma}\right)^{\sigma} \tag{2-16}$$

$$\pi=\frac{1}{\sigma}pq-hf(\alpha)=\frac{1}{\sigma}q^{1-\frac{1}{\sigma}}Q^{\frac{1}{\sigma}}P-\frac{h\alpha^{\beta}}{\gamma\beta} \tag{2-17}$$

$$\left(1-\frac{1}{\sigma}\right)pq\ln\left(\frac{w}{r}\right)=\frac{h\alpha^{\beta-1}}{\gamma} \tag{2-18}$$

因此，劳动收入份额为

$$LS=\frac{wL+hf}{pq}=\underbrace{\left(1-\frac{1}{\sigma}\right)(1-\alpha)}_{\text{替代效应带来的收入份额减少}}+\underbrace{\left(1-\frac{1}{\sigma}\right)\alpha\beta^{-1}\ln\left(\frac{w}{r}\right)}_{\text{创造效应带来的收入份额增加}} \tag{2-19}$$

在生产过程中，工业机器人的创造效应占据更重要的地位，进一步根据式（2-19）和式（2-10）推知，创造效应还会对企业劳动力收入和人均产出带来促进作用。

由此可见，最低工资的不断上调，有可能"倒逼"出口企业应用更多的

人工智能（如工业机器人）。应用人工智能后，一方面，劳动力的工资水平并未下降，能够吸引更多的劳动力（特别是高技能劳动力和知识型人才）加入，在一定程度上有助于解决"用工荒"的问题；另一方面，人均产出的增加抵消了劳动力成本的上升，企业生产更具效率，更有可能实现企业利润最大化。在本章从理论层面提出这一命题的基础上，本书第三章还将从实证视角给出详细的答案。

三、基于产业政策的现实原因

2017 年之前，中国对人工智能的产业支持政策尚处于初期探索阶段，这一阶段出台的政策主要包括《国务院关于推进物联网有序健康发展的指导意见》《国务院关于积极推进"互联网+"行动的指导意见》和《国务院关于印发促进大数据发展行动纲要的通知》。换言之，这一阶段的产业政策主要偏向于物联网和"互联网+"，并未专门针对人工智能的应用与落地。

为了系统指导各地方和各企业主体加快人工智能场景应用，推动经济高质量发展，中央与各地方政府在 2017 年之后出台了一系列鼓励性的产业政策，包括《新一代人工智能发展规划》《关于促进人工智能和实体经济深度融合的指导意见》《促进新一代人工智能产业发展三年行动计划（2018—2020年)》《关于"双一流"建设高校促进学科融合　加快人工智能领域研究生培养的若干意见》《新一代人工智能治理原则——发展负责任的人工智能》等政策，对人工智能的应用进入了加速推进的阶段。

2020 年至今，国家进一步出台了《关于加快场景创新　以人工智能高水平应用促进经济高质量发展的指导意见》和《关于支持建设新一代人工智能示范应用场景的通知》等一系列政策。据统计，2020 年 1 月 1 日至 2023 年 6 月 14 日，中央与地方政府一共出台了 70 部数字经济相关政策，其中中央 17 部，地方政府 53 部。这些人工智能政策主要针对产业链行业应用层，[①] 产业政策鼓励人工智能应用落地的特点在这一阶段十分鲜明。从这个角度上讲，包括出口企业在内的中国企业之所以不断加大人工智能的应用力度，也和支持人工智能应用层发展的产业政策息息相关。[②]

---

① 零壹智库．70 部人工智能政策解读：产业侧重和方向差异[EB/OL]．（2023-07-26）[2023-10-08]．http://news.qq.com/rain/a/20230726A05FCJ00.

② 需要说明的是，本书主要聚焦中国出口企业，采用的数据以中国工业企业数据库（2000—2015 年）和中国海关数据库（2000—2016 年）的匹配数据为主。因此，在本书的样本期里，鼓励人工智能应用的产业政策相对较少，因此在实证部分中，重点仅考虑劳动力市场的变化，而没有进一步检验产业政策的作用。

第二节 出口高质量发展的具体内涵

出口高质量发展是一个内涵十分丰富、涵盖多个维度的概念。迄今为止，学者们从不同的视角出发，对其作出了各不相同的内涵与外延界定。例如，魏方等（2021）认为出口产品质量指标是出口高质量发展的重要指征，能综合反映国内供给侧对创造与开发能力和国际需求侧对产品的认可及满足程度；魏浩和王超男（2023）则将出口稳定和出口产品质量升级两个维度作为出口高质量发展的内容。

与已有研究相比，本书界定的出口高质量发展指标更为丰富，其选取依据来自 2019 年 11 月中共中央、国务院正式批准发布的《指导意见》和 2021 年 3 月第十三届全国人民代表大会第四次会议通过的"十四五"规划，以期全面彰显中国出口高质量发展的内涵。其中，《指导意见》第二条明确提出"加快创新驱动，培育贸易竞争新优势"，而且贸易新优势的来源在于"推动互联网、物联网、大数据、人工智能、区块链与贸易有机融合，加快培育新动能"。由此可见，人工智能与贸易的有机融合，有可能成为出口高质量发展的重要推动力。

具体到出口高质量发展的指标选择，《指导意见》和"十四五"规划均给出了相关表述。

（1）"十四五"规划明确指出，中国要进一步"扩大贸易规模，稳定国际市场份额"，即中国企业如何实现出口规模的稳步增长和培育贸易竞争新优势，是中国出口高质量发展的重要基础。这也意味着，中国出口高质量发展是以一定出口规模为基础的，没有不断增长的出口规模作为基础，中国难言贸易高质量发展。基于此，"出口规模增长"成为本书选取的第一个维度。

（2）《指导意见》第二条明确提出"提高产品质量，推动一批重点行业产品质量整体达到国际先进水平"。事实上，出口产品质量一直是国际贸易领域的热点问题，也是中国出口贸易高质量发展的直接体现。以工业机器人为代表的人工智能技术，能否打破中国长期以来的低价低质困境、提升出口产品质量，对中国出口高质量发展的意义不言而喻。基于此，本书选取的第二个维度是"出口产品质量"，和魏方等（2021）、魏浩和王超男（2023）的研究保持一致。

（3）《指导意见》第三条提出的"做强一般贸易""提升加工贸易""鼓励向产业链两端延伸"，均与出口产品范围有关。由于多产品企业在中国对外贸易中扮演了举足轻重的角色，贡献了中国全部出口额的绝大部分，因此依然是中国出口高质量发展的主力军。面对人工智能为出口高质量发展带来的各种机遇，多产品企业如何对产品范围作出调整，既是企业内部资源再分配的重要形式，也是企业出口增长的重要源泉。基于此，本书选取的第三个维度是"出口产品范围"。

（4）《指导意见》第三条在提出"优化贸易结构，提高贸易发展质量和效益"的同时，还专门强调了"大力发展高质量、高技术、高附加值产品贸易"，"加快推动智能制造发展，逐步从加工制造环节向研发设计、营销服务、品牌经营等环节攀升，稳步提高出口附加值"。由于中国出口企业在全球价值链中的分工位置不仅影响一国在贸易中的获利能力，更能决定该国对全球价值链的控制程度与"经济话语权"，因此，在当前中国"双循环"格局的构建过程中，提升出口企业在全球价值链中的位置，特别是提升出口的国内附加值率，成为保障国际循环贸易利得、国内循环顺利进行的首要前提，也成为中国出口高质量发展的重要组成部分。正因如此，本书选取的第四个维度是"出口贸易利得"，即"出口国内附加值"。

（5）《指导意见》第四条明确提出"推动贸易可持续发展"，即"发展绿色贸易，严格控制高污染、高耗能产品进出口"。为此，本书选取的第五个维度是"出口企业绿色减排"，专门考察人工智能对中国出口企业绿色减排的影响，强调"可持续发展"构成了中国出口高质量发展的重要一环。

图 2-1 展示了本书出口高质量发展的维度及其相应指标，为后文的实证检验提供了理论依据。在此基础上，本书以上述五个维度作为一级指标，进一步测算中国企业出口高质量发展综合指数，旨在对人工智能促进中国出口高质量发展作出总体判断。值得注意的是，尽管人工智能有可能增加出口规模、提升出口产品质量，扩容出口产品范围，获取更多贸易利得，实现可持续发展，最终实现出口高质量发展。但是，这些作用的发挥绝不是"单打独斗"所能完成的，而是需要依赖于一系列硬件和软件配套，因此本书有必要专门考虑硬件配套、软件配套、技术配套和人员配套等，为人工智能促进出口高质量发展保驾护航。

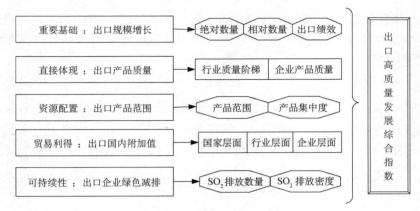

图 2-1　出口高质量指标的内涵

第三节　人工智能影响出口高质量发展的作用机制

为了诠释人工智能影响出口高质量发展的作用机制，本节以 Helpman et al.（2004）的理论为框架，在 Acemoglu 和 Restrepo（2020）、Fan et al.（2020）模型的基础上，将人工智能在生产中的最常用技术——工业机器人考虑在内，构建了一个更具一般性的出口企业模型，从理论上诠释了工业机器人的应用对出口高质量发展的影响机制。

一、基本模型假设

假设国外市场存在代表性消费者，其对差异化产品的偏好体现为 CES 效用函数：

$$U = \left[\int_{\omega \in \Omega} q(\omega)^{\frac{\sigma-1}{\sigma}} \mathrm{d}\omega \right]^{\frac{\sigma}{\sigma-1}} \tag{2-20}$$

其中：$\sigma > 1$ 为不同产品间的替代弹性；Ω 为一系列产品集；$q(\omega)$ 为消费者对产品 ω 的消费量。

国外消费者的总支出为

$$E = \int_{\omega \in \Omega} p(\omega)q(\omega)\mathrm{d}\omega \tag{2-21}$$

通过求解消费者效用最大化问题，可得消费者对产品 ω 的需求函数：

$$q(\omega) = p(\omega)^{-\sigma} P^{\sigma-1} E \tag{2-22}$$

其中：$p(\omega)$ 为产品 ω 的价格；P 为国外市场的价格指数，具体表示为

$$P = \left[\int_{\omega \in \Omega} p(\omega)^{1-\sigma} \mathrm{d}\omega \right]^{\frac{1}{1-\sigma}} \tag{2-23}$$

在垄断竞争条件下，企业使用劳动力和机器人来生产差异化产品。根据 Acemoglu 和 Restrepo（2020）的多任务模型，具有生产率 φ 的企业其生产函数可表示为

$$Y(\varphi) = \varphi \min_{s \in [0,1]} (l(s) + \eta(s)r(s)) \tag{2-24}$$

其中：$l(s)$ 和 $r(s)$ 分别表示在生产任务 s 中劳动力和机器人的投入数量；$\eta(s)$ 为劳动力与机器人的相对生产率，且机器人的比较优势在不同任务间有所差异。假设 $\eta(s)$ 是连续可微且严格递减的函数，因此存在临界值 s^* 使得

$\eta(s^*) = \dfrac{R_{robot}}{w}$，当 $s < s^*$ 时用机器人生产，生产的边际成本为 $\dfrac{R_{robot}}{\eta(s)\varphi}$；当 $s > s^*$

时用劳动力生产，生产的边际成本为 $\dfrac{w}{\varphi}$。其中，R_{robot} 为机器人的租金率，w

为工人的工资率，为简化分析，假设二者保持不变。

机器人投入生产，企业需要支付一定的固定成本。假设使用机器人的固定成本为 $f \cdot \xi$，其中 $\xi \in (0, +\infty)$ 是符合独立同分布、均值为 1 的随机变量。结合式（2-23）可得，企业使用机器人前后的出口利润分别为

$$\Pi_0(\varphi) = E \cdot \frac{1}{\sigma} \left(\frac{\sigma}{\sigma-1} \frac{w}{\varphi} \right)^{1-\sigma} P^{\sigma-1} \tag{2-25}$$

$$\Pi_r(\varphi) = E \cdot \frac{1}{\sigma} \left[\frac{\sigma}{\sigma-1} \left(\int_0^{s^*} \frac{R_{robot}}{\eta(s) \cdot \varphi} \mathrm{d}s + \frac{(1-s^*)w}{\varphi} \right) \right]^{1-\sigma} P^{\sigma-1} - f\xi \tag{2-26}$$

当且仅当企业使用机器人后的出口利润大于未使用机器人时，企业才会选择使用机器人。因此，假设企业生产率已满足该条件，则企业使用机器人后的出口收益函数为

$$R = p(\omega)q(\omega) = E \cdot \frac{1}{\sigma} \left[\frac{\sigma}{\sigma-1} \left(\int_0^{s^*} \frac{R_{robot}}{\eta(s) \cdot \varphi} \mathrm{d}s + \frac{(1-s^*)w}{\varphi} \right) \right]^{1-\sigma} P^{\sigma-1} \tag{2-27}$$

二、作用机制推导

令 $\int_0^{s^*} \dfrac{R_{robot}}{\eta(s) \cdot \phi} \mathrm{d}s + \dfrac{(1-s^*)w}{\phi} = C$ 为企业边际成本，为判断出口收益函数与生产率和边际成本之间的关系，将式（2-24）分别对生产率和边际成本求一阶导数：

$$\frac{\partial R}{\partial \varphi} = E \cdot \left[\int_0^{s^*} \frac{R_{robot}}{\eta} + (1-s^*)w \right]^{1-\sigma} \left(\frac{\sigma-1}{\sigma} \right)^{\sigma} \varphi^{\sigma-2} P^{\sigma-1} > 0 \tag{2-28}$$

$$\frac{\partial R}{\partial C} = -E \cdot \left(\frac{\sigma}{\sigma-1} C \right)^{-\sigma} P^{\sigma-1} < 0 \tag{2-29}$$

在满足 $\sigma > 1$ 的前提下，出口收益与生产率成正比，与边际成本成反比。根据 Acemoglu 和 Restrepo（2019）的分析，工业机器人提高了出口企业的生产率，降低了出口企业的生产成本。基于此，可以判断工业机器人应用能够通过提高生产率机制和降低生产成本机制来改善企业出口规模。

在考察出口规模的基础上，本节参照 Khandelwal（2013）、Martin 和 Mejean（2014）的做法，在 Melitz（2003）的异质性企业理论框架下引入产品质量，将出口收益进一步与产品质量挂钩。在此情况下，讨论了企业所面临的出口决策。企业面临的由出口产品质量表示的需求函数为

$$q(\omega) = \lambda(\omega)^{\sigma-1} \frac{p(\omega)^{-\sigma}}{P^{1-\sigma}} E \qquad (2\text{-}30)$$

其中：ω 代表每一种差异化产品；$\lambda(\omega)$、$p(\omega)$ 和 $q(\omega)$ 分别代表产品的质量、价格和需求量；E 为目的国总支出，替代弹性 $\sigma > 1$。若企业出口某产品时可以通过选择不同的质量和价格组合，来达到出口利润最大化，则企业将产品出口至某国的利润函数为

$$\Pi = \left(p(\omega) - \frac{c(\omega)\lambda(\omega)^{\delta}}{\varphi} \right) \lambda(\omega)^{\sigma-1} \frac{p^{-\sigma}}{P^{1-\sigma}} E - f(\omega)\lambda(\omega)^{\eta} \qquad (2\text{-}31)$$

其中，不同企业在生产质量为标准质量的同类产品时，平均边际成本为常数 $c(\omega)$，φ 代表企业的全要素生产率。则 $c(\omega)\lambda(\omega)^{\delta}/\varphi$ 表示经质量和生产率调整后的边际成本，与产品质量成正比，与生产率成反比，$\delta > 0$ 代表边际成本对产品质量的弹性；$f(\omega)$ 代表设备、研发等基本投入，经质量调整后表示为 $f(\omega)\lambda(\omega)^{\eta}$，与产品质量成正比，$\eta > 0$ 代表出口成本对产品质量的弹性。

求解式（2-31）最大化一阶条件，其中价格条件为

$$p(\omega) = \frac{\sigma}{\sigma-1} \frac{c(\omega)}{\varphi} \lambda(\omega)^{\delta} \qquad (2\text{-}32)$$

将（2-32）式带回式（2-30）可得：

$$q(\omega) = \lambda(\omega)^{\sigma-1-\sigma\delta} \left(\frac{\sigma}{\sigma-1} \frac{c(\omega)}{\varphi} \right)^{-\sigma} \frac{E}{P_0^{1-\sigma}} \qquad (2\text{-}33)$$

为保证需求的质量弹性为正，需满足 $\delta < (\sigma-1)/\sigma$，由于 $\sigma > 1$，故有 $\delta \in (0,1)$。将式（2-32）代入式（2-31）后，出口净收益部分 $\lambda(\omega)$ 的次数为 $(\sigma-1)(1-\delta)$，为保证利润函数不发散，需进一步满足出口成本部分 $\lambda(\omega)$ 的次数 $\eta > (\sigma-1)(1-\delta)$，否则企业所选质量将趋向于无穷，无最优解。这一结果的含义为，随着质量的不断提升，设备和研发投入的增幅将逐渐超过收益的增幅。此时求解利润最大化的质量条件，可得：

$$\lambda(\omega)^{\eta-(\sigma-1)(1-\delta)} = \frac{(1-\delta)Y}{f(\omega)\eta P_0^{1-\sigma}} \left(\frac{\sigma-1}{\sigma}\right)^{\sigma} \left(\frac{\varphi}{c(\omega)}\right)^{\sigma-1} \qquad (2\text{-}34)$$

在满足 $\delta \in (0,1)$，$\eta > (\sigma-1)(1-\delta)$ 的前提下，出口产品质量与生产率 φ 成正比，与经生产率调整的边际成本 $c(\omega)/\varphi$ 成反比。根据前文的讨论，我们可以判断出口企业使用机器人通过提高生产率机制和降低边际成本机制，可以提升企业出口产品质量，也有助于实现出口高质量发展。

考虑到出口贸易利得也是出口高质量发展的重要表征，本节在 Kee 和 Tang（2016）研究的基础上，借鉴 Acemoglu 和 Restrepo（2019）、Blanas et al.（2019）的任务生产函数思想，将工业机器人引入国内中间品的生产，讨论了垄断竞争市场条件下企业使用工业机器人对出口国内附加值的影响。

参考 Kee 和 Tang（2016）的做法，将企业生产函数设定为

$$Q = \varphi K^{\alpha} L^{\beta} M^{\gamma}, \quad M = \left(M_{dom}^{\frac{\varepsilon-1}{\varepsilon}} + M_{imp}^{\frac{\varepsilon-1}{\varepsilon}}\right)^{\frac{\varepsilon}{\varepsilon-1}}, \quad \alpha+\beta+\gamma=1 \qquad (2\text{-}35)$$

其中：Q 为企业产出；φ 为全要素生产率；K、L 和 M 分别为资本、劳动和中间品，所占份额分别为 α、β、γ。中间品分为国内中间品 M_{dom} 和进口中间品 M_{imp}，$\varepsilon > 1$ 为二者的替代弹性。若以 r、w、P_M 分别表示资本、劳动、中间品要素的价格水平，经过成本最小化后，企业的边际成本表达式可写作：

$$c = \frac{1}{\varphi}\left(\frac{r}{\alpha}\right)^{\alpha}\left(\frac{w}{\beta}\right)^{\beta}\left(\frac{P_M}{\gamma}\right)^{\gamma}, \quad P_M = \left(P_{dom}^{1-\varepsilon} + P_{imp}^{1-\varepsilon}\right)^{\frac{1}{1-\varepsilon}} \qquad (2\text{-}36)$$

其中：P_M 代表各种中间品的价格指数，由本国中间品价格指数 P_{dom} 和进口中间品价格指数 P_{imp} 构成。在此基础上，本章将工业机器人引入国内中间品的生产过程，并参照 Acemoglu 和 Restrepo（2019）、Blanas et al.（2019）的任务生产函数的思想，假定 M_{dom} 的生产过程由一系列复杂程度不同的任务组成，M_{dom} 的生产函数如式（2-37）所示，ρ 为不同任务间的替代弹性。任务的复杂程度越低，越适合以自动化的方式完成。企业使用不同比例的自动化和非自动化要素完成不同的任务，根据 Acemoglu 和 Restrepo（2019）、Blanas et al.（2019）的做法，将任务的生产简化为完全替代形式。复杂程度低于 s^* 的任务，以自动化的方式完成，使用要素 k 生产，份额为 κ；复杂程度高于 s^* 的任务，以非自动化方式完成使用要素 l 生产，份额为 $1-\kappa$。企业可通过选择临界任务 s^* 来改变成本，这等同于调整自动化生产份额 κ。

$$M_{dom} = \left(\kappa^{\frac{1}{\rho}} k^{\frac{\rho-1}{\rho}} + (1-\kappa)^{\frac{1}{\rho}} l^{\frac{\rho-1}{\rho}}\right)^{\frac{\rho}{\rho-1}} \qquad (2\text{-}37)$$

若以 P 代表企业产成品价格，根据 Kee 和 Tang（2016），将出口国内附加值（$DVAR$）表示为 1 减去进口中间品占企业产出之比，并进行如下恒等变形：

$$DVAR = 1 - \frac{P_{imp}M_{imp}}{PQ} = 1 - \frac{P_{imp}M_{imp}}{P_M M} \times \frac{P_M M}{cQ} \times \frac{cQ}{PQ}$$

$$= 1 - \gamma \times \frac{P_{imp}M_{imp}}{P_M M} \times \frac{c}{P} \qquad (2\text{-}38)$$

其中：$P_{imp}M_{imp} / P_M M$ 表示进口中间品占中间投入的比例，在将中间品成本最小化后，对中间品生产自动化份额 κ 求导，可得：

$$\frac{\partial(P_{imp}M_{imp}/P_M M)}{\partial \kappa} = \frac{\partial(P_{imp}M_{imp}/P_M M)}{\partial P_{dom}}\frac{\partial P_{dom}}{\partial \kappa}$$

$$= \frac{(\varepsilon-1)P_{dom}^{\rho+\varepsilon-2}P_{imp}^{\varepsilon-1}}{\theta^{\sigma-1}(1-\sigma)\left(P_{dom}^{\varepsilon-1}+P_{imp}^{\varepsilon-1}\right)^2}\left(w_k^{1-\rho}-w_l^{1-\rho}\right) \qquad (2\text{-}39)$$

式中，θ 代表国内中间品的加成率。企业为实现成本最小化，需满足以自动化方式完成临界任务 s^* 所支付的租金 w_k，与以非自动化方式完成临界任务 s^* 所支付的工资 w_l 完全相同，此时，式（2-39）的取值为 0，企业亦没有改变中间品生产过程中自动化比例的动机；但是当工业机器人的相对价格降低（如工业机器人价格降低、最低工资提升等）时，以自动化方式完成原临界任务 s^* 所支付的租金 w_k 将低于 w_l，对任意 $\rho > 0$，式（2-39）取值均为负，表明若此时提升本国中间品生产过程中的自动化份额，可降低本国的中间品价格，从而将一些由外国完成的中间品吸引或回流至本国（Jäger et al.，2015；Faber，2020；Kugler et al.，2020；Krenz et al.，2021），同时促使企业使用相对价格更低的本国中间品替代进口中间品（诸竹君等，2018；毛其淋，许家云，2019；闫志俊，于津平，2019），即 $\left(\partial(P_{imp}M_{imp}/P_M M)/\partial \kappa\right) < 0$。

进一步结合式（2-38），可知：

$$\left(\partial DVAR / \partial(P_{imp}M_{imp}/P_M M)\right)\left(\partial(P_{imp}M_{imp}/P_M M)/\partial \kappa\right) > 0 \qquad (2\text{-}40)$$

由此可见，工业机器人应用可以促进企业使用本国中间品替代进口中间品，降低进口中间品占比，有利于出口 DVAR 的提升。

式（2-38）中的 c/P 为企业成本加成的倒数，企业的成本加成受行业层面中间品和产成品供求的影响，但行业内工业机器人的应用可能会影响行业的整体产出和对中间品的需求，故其与自动化份额间的关系难以直观判断。为了分析工业机器人对企业成本加成的影响，本节假定市场为垄断竞争市

场，则均衡的市场价格与企业边际成本之间的关系可表示为式（2-41）。其中，$|\tau| > 1$ 表示产品需求弹性的绝对值，Q_{-1} 代表行业内其他企业的产量，将其代入式（2-40）并化简，可得式（2-42）。

$$P = \frac{c \cdot (Q + Q_{-1})|\tau|}{(Q + Q_{-1})|\tau| - Q} \qquad (2\text{-}41)$$

$$DVAR = 1 - \gamma \times \frac{P_{imp}M_{imp}}{P_M M} \times \frac{c}{P} = 1 - \gamma \times \frac{P_{imp}M_{imp}}{P_M M} \times \left(1 - \frac{Q}{|\tau|(Q + Q_{-1})}\right) \qquad (2\text{-}42)$$

经过化简，成本加成效应表示为式（2-42）最右侧括号中的因子，由企业自身和行业内其他企业的产出共同决定。根据式（2-35）和式（2-37），将企业产出对自动化占比求导，可得：

$$\frac{\partial Q}{\partial \kappa} = \frac{\gamma}{\sigma - 1}Q\left(M_{dom}^{\frac{\varepsilon-1}{\varepsilon}} + M_{imp}^{\frac{\varepsilon-1}{\varepsilon}}\right)^{-1}M_{dom}^{\frac{1}{\rho}\frac{1}{\varepsilon}}\kappa^{\frac{1-\rho}{\rho}}k^{\frac{\rho-1}{\rho}}\left(1 - \left(\frac{w_k}{w_l}\right)^{\rho-1}\right) \qquad (2\text{-}43)$$

当工业机器人价格 w_k 降低，打破原有均衡时，式（2-43）取值为正，即 $\partial Q / \partial \kappa > 0$。同理，若以 κ_{-1} 表示其他企业的中间品自动化比例，则此时亦有 $\partial Q_{-1} / \partial \kappa_{-1} > 0$。根据式（2-42），可知 $\partial DVAR / \partial Q > 0$，$\partial DVAR / \partial Q_{-1} < 0$，故有：

$$(\partial DVAR / \partial (c / P))(\partial (c / P) / \partial Q)(\partial Q / \partial \kappa) > 0 \qquad (2\text{-}44)$$

$$(\partial DVAR / \partial (c / P))(\partial (c / P) / \partial Q_{-1})(\partial Q_{-1} / \partial \kappa_{-1}) < 0 \qquad (2\text{-}45)$$

结合式（2-41）～式（2-45），可以看出出口企业应用工业机器人能够提高企业的成本加成，有利于出口国内附加值的提升，促进出口高质量发展。

值得一提的是，尽管以工业机器人为代表的人工智能应用，可以通过生产率提升机制、成本降低机制和中间品进口机制，对出口高质量发展产生促进作用。但是由于出口高质量发展的内涵十分丰富，本书选取的指标也比较多维，因此人工智能的作用机制不止上述三种，本书在涉及出口高质量发展的具体维度时，还会根据不同的维度选取更多的机制变量。

第四节　本章小结

本章构建了全书的理论分析框架，尝试回答了三个问题：第一，出口企业是人工智能促进出口高质量发展的微观基础和力量载体，之所以在生产中加快人工智能的应用，是因为使用人工智能后，企业的利润会得以增加，有助于实现利润最大化的目标；同时，结合中国的现实国情，劳动力市场的变化和产业政策的鼓励，也是出口企业应用人工智能的现实原因。第二，本书依据《指导意见》和"十四五"规划，将出口高质量发展的内涵扩容到增加出口规模、提升出口产品质量，扩容出口产品范围，获取更多出口贸易利得，实现可持续发展五个维度，并在此基础上构建出口高质量发展指数。第三，通过构建和推导数理模型，本书还提出人工智能促进出口高质量发展的主要作用机制在于生产率提升机制、成本降低机制和中间品进口机制。但是，由于出口高质量发展的指标比较丰富，因此以下各章还需要根据不同的指标维度，选取更多更适宜的机制变量。

第三章　出口企业应用人工智能的原因剖析

本书第二章的理论分析框架指出，中国出口企业对人工智能的应用，从根本上是为了寻求利润最大化。与此同时，劳动力市场变化和产业政策鼓励也是加速中国企业应用人工智能的现实原因。其中，在中国人口老龄化的背景下，人口红利逐渐消失，低成本优势不再，其中最低工资标准的不断调整是工资上涨极为重要的因素之一。"用工荒"和"用工贵"的现实困境，是否会倒逼出口企业加快人工智能的应用，是本章试图回答的主要问题。

尽管从劳动力市场制度出发研究人工智能应用，是一项有趣且有意义的研究（Acemoglu，Restrepo，2019），但令人遗憾的是，最低工资这一外生政策是否是影响人工智能在企业层面应用的制度因素，从已有文献中尚无法找寻答案。本章结合中国实际，使用最低工资政策作为劳动力市场制度的代理变量，以最低工资这一外生政策冲击作为切入点，使用双重差分模型研究其是否促进了以工业机器人为代表的人工智能技术在企业层面的应用，并在此基础上进一步思考工业机器人应用对最低工资制定初衷的影响，从而可以更全面地识别工业机器人应用对出口企业劳动力成本的影响。

第一节　最低工资制度与人工智能应用的典型事实

一、数据来源

本章使用 2000—2013 年中国工业企业数据库、中国海关数据库、作者手工搜集的城市最低工资数据和国泰安城市数据库四套数据库的匹配数据。

本章采用中国海关数据库中企业进口机器人数据作为工业机器人应用的代理变量，主要基于三点考虑：一是以进口数量作为应用标准的做法会忽略国产工业机器人和代工部分，导致系数低估，同时忽略了贸易中间商和工业机器人制造商，会导致系数高估，低估和高估的同时存在一定程度上控制了误差范围；二是目前工业机器人的权威使用数据是由 IFR 来发布的，根据图 3-1 可以看出，无论是海关进口机器人数量，还是 IFR 公布的工业机器人应用数量，二者总体保持一致，说明工业机器人进口在一定程度上可以反映企业工业机器人的应用状况；三是囿于企业层面的工业机器人应用数据不可得，已有文献在研究企业层面工业机器人应用时，多采用进口机器人作为工业机器人应用的代理变量（Blanas et al.，2019；Fan et al.，2020）。基于以上原因，本章选取进口机器人数据作为企业工业机器人应用的代理变量具有一定的合理性。但是，本章数据也存在一定的局限性，主要表现为：如前所述，由于企业层面使用国产和代工机器人的数据无法获取，有可能存在低估现象；对海关数据库和中国工业企业数据库匹配时，匹配成功的进口机器人企业约占进口机器人总企业数的 48.4%[①]，出现了一半左右的样本损失。

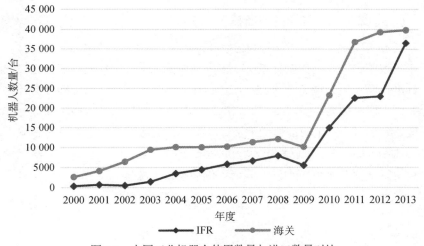

图 3-1　中国工业机器人使用数量与进口数量对比

本章数据匹配过程如下：首先，与 Fan et al.（2020）不同，本章按照 HS8 位海关编码筛选企业进口机器人的数据[②]；其次，借鉴 Upward et al.（2013）的做法，对企业进口机器人数据和中国工业企业数据库进行匹配，获得本章

---

① 由于中国工业企业数据库的主要调查对象是所有国有企业与规模以上的非国有企业，而进口工业机器人的企业大多为外资企业，因此该匹配度是合理的，且与 Fan et al.（2020）43%的匹配度非常相近。

② 机器人 HS8 位海关编码包括：84248920（喷涂机器人）、84289040（搬运机器人）、84795010（多功能工业机器人）、84795090（其他工业机器人）、84864031（工厂自动搬运机器人）、85152120（电阻焊接机器人）、85153120（电弧焊接机器人）和 85158010（激光焊接机器人）；HS6 编码则包括 851531（电弧焊接等离子弧焊接机器人）、847950（多功能机器人、其他多功能机器人和机器人末端操纵装置）、851521（其他电焊接机器人，汽车生产线电阻焊接机器人）、851580（其他激光焊接机器人、汽车生产线激光焊接机器人）、842489（喷涂机器人）、842890（搬运机器人）、848640（IC 工厂专用的自动搬运机器人）。由此不难看出，在判断工业机器人进口记录时，HS8 编码比 HS6 位海关编码更为准确。

的基础数据。最后，由于缺乏统一的数据来源，城市最低工资数据由作者从地方政府网站、政府公报和人社部网站等手工搜集而得，并将所得的 285 个城市最低工资数据与国泰安城市数据库进行匹配，获得城市面板数据库后，再与基础数据进行最终的匹配。在数据处理时，根据国家统计局公布的 CPI 数据（以 2000 年为基期）对各名义变量进行平减处理；同时为减少极端值的影响，对所有连续型变量均做前后 1% 水平的缩尾处理。本章最终得到 2000—2013 年 285 个城市 869 758 家企业的数据，其中进口机器人企业 2196 家，非进口机器人企业 867 562 家，共计 3 111 883 条观测值。

二、特征事实

（一）最低工资标准的不断提升

2004 年 3 月，随着劳动和社会保障部颁布和实施《最低工资规定》，最低工资政策得以在全国全面推广。根据《最低工资规定》的规定，月最低工资标准每两年至少调整一次。图 3-2 为 2001—2015 年最低工资标准提升比例分布图，横坐标为年份，图例为城市最低工资标准与上一年相比的提升比例区间，纵坐标为满足城市最低工资标准提升比例区间的城市数量占总城市数量的比例。从图 3-2 可以看出，城市最低工资标准连年提升，除 2009 年受金融危机影响提升幅度较小外，其余年份均有较大涨幅。

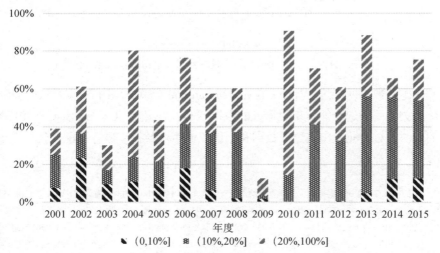

图 3-2　2001—2015 年最低工资标准提升比例分布

（二）工业机器人应用数量持续增加

中国自 2013 年开始成为全球工业机器人最大的市场，国内制造业"机器换人"需求旺盛。根据 IFR 公布的最新数据，2019 年中国安装工业机器人的数量共计 140 492 台，超过了欧洲和美洲安装的工业机器人数量总和。

图 3-3 为 2000—2015 年长江三角洲、珠江三角洲、京津冀和东北地区四个城市群进口机器人数量占全国总进口数量的比例。其中，长三角地区是全国进口机器人最多的地区，2007 年占全国的比重高达 62%；其次是京津冀地区，进口机器人占比在波动中稳步增长，并于 2008 年超过珠三角地区占比，成为进口机器人第二大城市群；珠三角地区进口机器人占全国的比重在 2004 年之后整体呈下降趋势；最后是东北地区，作为我国工业机器人起步最早的地区，进口机器人数量所占比重在波动中稳步上升。以上四个城市群进口机器人数量占全国比重超过 90%，说明工业机器人应用具有较高的空间集聚效应。

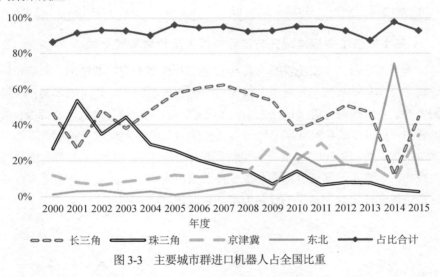

图 3-3　主要城市群进口机器人占全国比重

进一步具体到城市层面，表 3-1 展示了代表性年份进口机器人排名前十的城市。一方面，工业机器人的应用集中在沿海发达地区。上海市连续多年机器人应用量位居全国第一，2015 年进口机器人数量达到 7530 台，比第二名北京市多了 1334 台，并且苏州、东莞、深圳等城市始终位居前列。东北地区的牡丹江市和沈阳市近年来进口机器人数量持续增加，2015 年牡丹江市进口机器人数量位居全国第三，沈阳市位居全国第七。另一方面，近年来进口机器人前十的城市整体变化不大，也在一定程度上说明了工业机器人应用具有"马太效应"，即经济越发达的地区越倾向于使用工业机器人，而工业机器人的使用又能进一步促进经济增长，从而造成"穷者越穷，富者越富"的局面（杨光，侯钰，2020）。

表 3-1　代表性年份进口机器人排名前十的城市

排名	2000 年		2005 年		2010 年		2015 年	
	城市	数量/台	城市	数量/台	城市	数量/台	城市	数量/台
1	上海市	355	上海市	1686	上海市	1756	上海市	7530
2	苏州市	101	苏州市	1533	牡丹江市	1750	北京市	6196
3	天津市	93	深圳市	1025	唐山市	1266	牡丹江市	2303
4	福州市	84	北京市	401	深圳市	818	苏州市	1990
5	东莞市	70	东莞市	277	苏州市	660	唐山市	1585
6	深圳市	66	天津市	214	北京市	167	威海市	636
7	中山市	54	唐山市	102	广州市	130	沈阳市	514
8	佛山市	33	武汉市	89	南通市	95	杭州市	492
9	北京市	32	珠海市	88	无锡市	77	柳州市	406
10	珠海市	29	南通市	83	东莞市	71	盐城市	386

（三）最低工资标准提升与工业机器人应用量持续上涨

为了考察最低工资标准提升能否促进工业机器人应用的增加，本章分别绘制了全国年均最低工资标准与全国进口机器人总额和总数量的趋势图（见图 3-4）。主坐标轴为进口机器人金额（数量），次坐标轴为最低工资标准，可以看出，最低工资标准连年上涨，与之相伴的是机器人进口金额和数量均呈逐年增加态势，除 2009 年受金融危机的影响进口有所下降外，二者上涨趋势大致相同，表明最低工资标准与工业机器人应用成正相关关系。但是，该结论是否成立还需要用科学的计量方法加以验证。

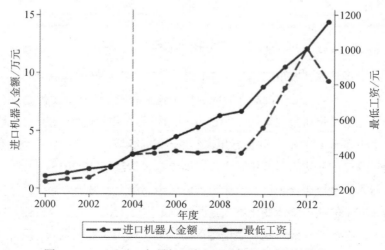

图 3-4　2000—2013 年最低工资与工业机器人应用的趋势

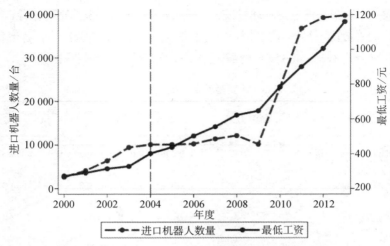

图 3-4　2000—2013 年最低工资与工业机器人应用的趋势（续）

第二节　最低工资制度影响人工智能应用的实证结果

一、模型设定

本章借鉴 Draca et al.（2011）、蒋灵多和陆毅（2017）等代表性研究，以 2004 年《最低工资规定》的颁布作为准自然实验，构建双重差分模型探讨最低工资政策的出台对企业使用工业机器人的影响，模型设定如下：

$$Val_{it} = \alpha + \beta Treat_i \times Post04_t + \gamma F_{it} + \chi C_{jt} + \mu_h + \mu_j + \mu_t + \varepsilon_{ijt} \quad (3\text{-}1)$$

其中：i 表示企业；j 表示城市；h 表示行业；t 表示年份。Val_{it} 为企业进口机器人的金额；$Treat_i$ 用来识别受最低工资政策影响较大的企业，若企业在 2004 年前一期的平均工资低于 2004 年企业所在城市最低工资水平，则定义为处理组，取值为 1，否则为对照组，取值为 0。$Post04_t$ 用以识别最低工资政策冲击时间，由于《最低工资规定》自 2004 年 3 月 1 日起实施，将 2004 年以后各年赋值为 1，2004 年以前各年赋值为 0，2004 年赋值为 5/6。F_{it} 为企业层面的控制变量，C_{jt} 为城市层面的控制变量，同时，还控制了城市固定效应（μ_j）、行业固定效应（μ_h）和年份固定效应（μ_t），ε_{ijt} 为随机扰动项。β 是本章关注的回归系数，反映最低工资政策对工业机器人应用的影响。

本章控制变量的选取主要参考 Cheng et al.（2019）的做法，企业层面的控制变量（F_{it}）包括资产负债率（Lev）、企业年龄（Age）、资本密集度（$Capdes$）、是否出口（$Export$）和是否是国有企业（$State$）；城市层面的控制变量（C_{jt}）包括城市 GDP（Gdp）、GDP 增长率（$Growth$）和总人口（Pop）。

表 3-2 为变量设定与描述性统计。根据 Pearson 相关系数矩阵检验，各变量的相关系数均不高于 0.8；根据方差膨胀因子（VIF）检验结果，各变量的 VIF 值均小于 3，因此各解释变量之间不存在严重的多重共线性。

表 3-2　变量设定与描述性统计

变量	衡量方法	观测值	均值	标准差	最小值	最大值
进口机器人金额（Val）	ln(进口机器人金额+1)	3 053 464	0.018	0.493	0	19.675
资产负债率（Lev）	ln(总资产/总负债+1)	3 040 301	1.208	0.638	0.462	4.045
年龄（Age）	ln(数据年份−成立年份+1)	3 102 981	1.991	0.806	0	3.932
资本密集度（Capdes）	ln(固定资产/员工数+1)	3 053 448	4.204	2.113	0.318	11.110
是否出口（Export）	出口=1, 不出口=0	3 111 883	0.373	0.484	0	1
是否是国有企业（State）	国有=1, 非国有=0	3 111 883	0.266	0.442	0	1
城市 GDP（Gdp）	ln(城市 GDP+1)	3 052 655	7.388	1.041	4.998	9.561
GDP 增长率（Growth）	各市 GDP 增长率	3 049 319	0.134	0.045	0.014	0.274
总人口（Pop）	ln(城市总人口+1)	3 052 870	6.260	0.600	4.720	8.054

二、基准回归结果

表 3-3 第（1）～（2）列给出了基准回归结果。估计结果显示，无论是否加入控制变量，核心解释变量 $Treat_i \times Post04_t$ 的系数均在 1%水平上显著为正，表明与对照组相比，最低工资政策显著促进了工业机器人在处理组中的应用。以第（2）列的估计系数为例，在 2004 年最低工资政策实施后，相较于对照组企业，处理组企业使用工业机器人的金额平均提升了 0.8 个百分点，最低工资政策的实施显著促进了工业机器人在企业层面的应用。

控制变量的估计结果表明，在企业层面，企业年龄越长、资产负债率越高、资本密集度越高的国有出口企业，越有可能使用工业机器人；换言之，有能力承担工业机器人购置和应用成本、自动化基础较好且对劳动力成本更加敏感的出口企业，其智能化水平也更高。在城市层面，城市经济规模越大，GDP 增长率越高，但人口数量越少的城市，也越有可能加快工业机器人的应用，进一步体现了劳动力需求大、供给小的城市对工业机器人的偏好。

表 3-3　基准回归与稳健性检验

变量	基准回归		稳健性检验					
	(1)	(2)	(3)	(4)	(5)	(6)	(7)	(8)
$Treat_i \times Post04_t$	0.006***	0.008***						0.008***
	(0.002)	(0.002)						(0.002)
$Treat_i \times Year_{01}$			0.006					
			(0.005)					
$Treat_i \times Year_{02}$			0.003					
			(0.005)					
$Treat_i \times Year_{03}$			0.014					
			(0.009)					
$Treat1_i \times Post04_t$				0.015***	0.018***			
				(0.001)	(0.001)			
$Treat2_i \times Post04_t$						0.012***	0.013***	
						(0.001)	(0.001)	
Lev	0.001**	0.002	0.001***	0.002***	0.001**	0.001**	0.001**	
	(0.000)	(0.002)	(0.000)	(0.000)	(0.000)	(0.000)	(0.000)	
Age	0.002***	0.007***	−0.002***	−0.002***	−0.003***	−0.003***	−0.002***	
	(0.000)	(0.001)	(0.000)	(0.000)	(0.000)	(0.000)	(0.000)	
$Capdes$	0.007***	0.020***	0.006***	0.007***	0.007***	0.007***	0.007***	
	(0.000)	(0.001)	(0.000)	(0.000)	(0.000)	(0.000)	(0.000)	
$Export$	0.033***	0.042***	0.031***	0.030***	0.032***	0.032***	0.033***	
	(0.001)	(0.003)	(0.001)	(0.001)	(0.001)	(0.001)	(0.001)	
$State$	0.015***	0.009***	−0.015***	−0.015***	−0.015***	−0.015***	−0.016***	
	(0.001)	(0.002)	(0.001)	(0.001)	(0.001)	(0.001)	(0.001)	
Pop	−0.021**	0.038	−0.022**	−0.021**	−0.021**	−0.021**	−0.021**	
	(0.010)	(0.047)	(0.010)	(0.010)	(0.010)	(0.010)	(0.010)	
$Growth$	0.054***	−0.010	0.053***	0.054***	0.055***	0.055***	0.053***	
	(0.010)	(0.041)	(0.010)	(0.010)	(0.010)	(0.010)	(0.010)	
Gdp	0.024***	0.104***	−0.026***	−0.025***	−0.024***	−0.024***	−0.024***	
	(0.003)	(0.024)	(0.003)	(0.003)	(0.003)	(0.003)	(0.003)	
城市固定效应	是	是	是	是	是	是	是	是
行业固定效应	是	是	是	是	是	是	是	是
年份固定效应	是	是	是	是	是	是	是	是
N	3 005 608	2 981 044	444 845	2 981 044	2 981 044	2 981 044	2 981 044	2 977 041
R^2	0.013	0.015	0.021	0.015	0.015	0.015	0.015	0.001

注：括号内为稳健标准误；***、**和*分别为 1%、5% 和 10% 的显著性水平。本章下同。

三、稳健性检验

（一）平行趋势检验

双重差分模型最重要的前提是满足平行趋势，即检验政策实施前处理组与对照组之间的趋势应是平行的且不存在显著性差异。为此，本章构建如下计量模型进行平行趋势检验：

$$Val_{it} = \alpha + \sum_{t=2001}^{2003} \beta_t Treat_i \times Year_t + \gamma F_{it} + \chi C_{jt} + \mu_h + \mu_j + \mu_t + \varepsilon_{ijt} \quad (3-2)$$

其中：$Year_t$ 为年份虚拟变量；β_t 表示以 2000 年为基期的 2001 年、2002 年和 2003 年的系数估计值，其他变量定义与式（3-1）模型相同。表 3-3 第（3）列的估计结果表明，β_t 在 2001—2003 年均不显著，说明处理组和对照组在最低工资政策实施前不存在显著性差异，满足平行趋势假定。

（二）改变处理组和对照组划分方式

除了基准模型对处理组和对照组的划分方式，本章还借鉴廖冠民和陈燕（2014）、倪骁然和朱玉杰（2016）的做法，根据企业劳动密集度（员工工资与销售收入之比）采取两种方式来划分处理组和对照组。第一种方式为，计算样本期间每一家企业各年度劳动密集度的平均值，若企业劳动密集度的均值大于样本中位数，则为处理组，$Treat$1 取值为 1，否则为对照组，$Treat$1 取值为 0，结果见表 3-3 第（4）列。第二种方式为，若企业在 2004 年前一期的劳动密集度高于当年所有企业劳动密集度的中位数，则为处理组，$Treat$2 取值为 1，否则为对照组，$Treat$2 取值为 0，结果见表 3-3 第（6）列。同时，为了保证劳动密集度指标选取的可靠性，本章将劳动密集度指标替换为员工人数与销售收入之比分别对上述两种方式再次进行回归，结果见表 3-3 第（5）列和第（7）列。以上结果均表明，核心解释变量的系数符号和显著性仍与基准结果一致，说明基准回归结果具有较好的稳健性。

（三）工具变量法

虽然使用双重差分模型能够较好地缓解内生性问题，但是遗漏变量和测量误差等仍有可能对基准结果产生影响。为此，本章借鉴王欢欢等（2019）的做法，使用同一年份该省其他城市的平均最低工资作为工具变量。一方面，某城市中的企业使用工业机器人不应受到同省份其他城市最低工资水平的影响，满足外生性要求；另一方面，由于最低工资由省级政府制定，某一城市的最低工资水平很可能受到同省其他城市的影响，满足相关性要求。两阶段最小二乘法（2SLS）估计结果如表 3-3 第（6）列所示。第一阶段 Kleibergen-Paap rk Wald 的 F 统计量为 2.1×10^7，远大于拇指法则下 10% 水平的临界值 16.38，故拒绝弱工具变量假设；第二阶段的回归结果显示，核心解释变量的系数和显著性仍和基准结果保持一致，说明即使考虑潜在的内生性问题，基准回归结果依然成立。

（四）更换估计方法

为了保证基准回归结果的稳健性，本章进一步更换估计方法：一是使用 PSM-DID 方法对模型再次进行估计。参照毛其淋和许家云（2016）的做法，首先，通过处理变量 *Treat* 对协变量进行 Logit 回归，获得倾向得分值；其次，采用 1∶5 近邻匹配方法为处理组企业寻找合适的对照组企业；最后，对匹配后的样本进行 DID 估计。为保证匹配结果的可靠性，本章还进行了匹配平衡性检验，结果表明，匹配后各匹配变量标准偏差的绝对值均小于 1%，且匹配后的 T 统计量均不显著，即进行匹配后，各匹配变量在处理组和对照组之间并不存在显著差异，表明匹配结果较好。PSM-DID 的回归结果如表 3-4 第（1）列所示，可以看出，核心解释变量的系数符号和显著性依然保持不变，说明基准回归结果仍然稳健。二是参照许明和李逸飞（2020）的做法，改变最低工资政策的赋值方式，重新设定计量模型如下：

$$Val_{it} = \alpha + \beta_1 Mwage_{jt} \times Per04 + \beta_2 Mwage_{jt} \times Post04 + \gamma F_{it} \\ + \chi C_{jt} + \mu_h + \mu_j + \mu_t + \varepsilon_{ijt} \tag{3-3}$$

其中：*Mwage* 为最低工资标准对数；*Per*04 为虚拟变量，若在 2004 年以前取值为 1，否则取值为 0；*Post*04 的定义与之相反，若在 2004 年及之后取值为 1，否则为 0。其他变量符号含义与式（3-1）模型相同。表 3-4 第（2）列给出了式（3-1）模型的估计结果，可以看出，*Mwage*×*Per*04 的系数和显著性均小于 *Mwage*×*Post*04，且两者系数检验的 P 值小于 10%，表明最低工资政策的实施对工业机器人应用的影响在 2004 年前后显著增强，与许明和李逸飞（2020）等学者的研究结果一致。

表 3-4　其他稳健性检验

变量	更换方法		核心变量替换			排除其他政策		
	(1)	(2)	(3)	(4)	(5)	(6)	(7)	(8)
$Treat_i \times Post04_t$	0.009***			0.001***	0.001**	0.009***	0.011***	0.008***
	(0.003)			(0.000)	(0.001)	(0.003)	(0.003)	(0.002)
$Mwage \times Per04$		0.011**						
		(0.005)						
$Mwage \times Post04$		0.013***						
		(0.003)						
$Mwage$			0.012***					
			(0.003)					
$Treat_i \times Post08_t$						0.011**		
						(0.005)		
$Treat_i \times Post13_t$							0.021*	
							(0.011)	
控制变量	是	是	是	是	是	是	是	是
城市固定效应	是	是	是	是	是	是	是	是
行业固定效应	是	是	是	是	是	是	是	是
年份固定效应	是	是	是	是	是	是	是	是
N	2 449 849	2 964 797	2 964 797	2 981 044	2 981 044	2 981 044	2 981 044	2 683 082
R²	0.018	0.015	0.015	0.013	0.011	0.015	0.015	0.016

（五）核心变量替换

一方面，本章将核心解释变量更改为连续变量最低工资标准对数（*Mwage*），表 3-4 第（3）列的估计结果显示，最低工资政策对工业机器人应用的影响依然显著；另一方面，将被解释变量进口机器人金额分别替换为进口机器人数量（*Qua*）和进口机器人密度（*Den*）的对数值，表 3-4 第（4）～（5）列的结果显示，最低工资政策同样显著增加了企业进口机器人的数量和密度。

（六）排除其他政策的影响

在 2000—2013 年的样本期里，劳动力市场政策也在不断发生变化，其中自 2008 年实施的《中华人民共和国劳动合同法》（以下简称《劳动合同法》）是最典型的政策，旨在保护劳动者权利，健全和加强最低工资法律制度。为了检验本章的基准回归结果是否是由《劳动合同法》，而非最低工资政策所致，本章设置《劳动合同法》的交互项 $Treat_i×Post08_t$，其中，*Treat* 与基准模型定义相同，*Post*08 用以识别《劳动合同法》的冲击时间，2008 年及以后取值为 1，2008 年以前取值为 0。表 3-4 第（6）列的估计结果显示，即使考虑《劳动合同法》颁布与实施的影响，核心解释变量 $Treat_i×Post04_t$ 的系数依然在 1%水平上显著为正，表明最低工资政策确实显著促进了工业机器人的应用。

与此同时，根据 Fan et al.（2020）的研究，2013 年后中国工业机器人数量的飙升受到"中国制造 2025"和"十三五"规划的影响，政府通过补贴等方式鼓励企业进行"机器换人"。为排除 2013 年上述政策的影响，本章采取两种方式进行处理，一是引入 $Treat_i×Post13_t$ 再次进行回归，其中，*Post*13 的定义为，将 2013 年设为 1，2013 年以前设为 0，估计结果如表 3-4 第（7）列所示，可以看出核心解释变量的系数依然在 1%水平上显著为正；二是剔除 2013 年的数据，选取 2000—2012 年的数据再次进行回归，回归结果见表 3-4 第（8）列，结果表明，核心解释变量仍与基准结果保持一致。因此，即使考虑 2013 年上述政策的影响，本章的基准回归结果仍然具有较高的可信度。

（七）排除平均工资在城市最低工资左右的企业的干扰

值得注意的是，在本章基准模型的设定中，并未考虑到如何处理平均工资在城市最低工资水平左右的企业。为此，本章将 *Treat* 的定义分别替换为"若企业在 2004 年前一期的平均工资低于 2004 年企业所在城市最低工资水平的 90%（95%、99%、101%、105%、110%），则定义为处理组"，以此作为稳健性检验，旨在排除平均工资在城市最低工资水平左右的企业对基准回归结果的干扰，结果如表 3-5 所示。可以看出，核心解释变量的系数与显著性均与基准回归结果保持一致，说明即使排除掉平均工资在最低工资左右的企业的干扰，本章的基准回归结果仍具有较高的可信度。

表 3-5　排除平均工资在城市最低工资左右的企业的干扰

变量	90%	95%	99%	101%	105%	110%
$Treat_i×Post04_t$	0.008***	0.008***	0.007***	0.007***	0.006***	0.005***
	(0.002)	(0.002)	(0.002)	(0.002)	(0.002)	(0.002)
控制变量	是	是	是	是	是	是
城市固定效应	是	是	是	是	是	是
行业固定效应	是	是	是	是	是	是
年份固定效应	是	是	是	是	是	是
N	2 981 044	2 981 044	2 981 044	2 981 044	2 981 044	2 981 044
R^2	0.015	0.015	0.015	0.015	0.015	0.015

（八）安慰剂检验

为了检验基准回归结果是否由不可观测的因素造成，通过随机抽取实验组来进行安慰剂检验。若工业机器人应用是由最低工资政策实施导致的，则随机抽样的核心解释变量系数应在 0 附近或显著性极差。为确保安慰剂检验结果的可信度，本章进行了 2000 次随机抽样，并按照式（3-1）模型进行基准回归。

图 3-5 给出了安慰剂检验的结果，估计结果表明 2000 次随机抽取实验组后回归估计系数在 0 附近，其均值为 0.002 71，而基准回归结果 0.008 超过安慰剂检验的 90% 分位（0.0079）。进一步绘制了相应的 P 值后发现，大多数估计系数的 P 值大于 0.1，表明安慰剂估计的系数多不显著。以上结果表明，本章的基准结果并非不可观测的因素造成，表明最低工资政策的实施能够导致工业机器人应用的增加。

四、异质性考察

考虑到最低工资政策对异质企业的影响存在着显著差异（孙楚仁等，2013），本章分别从企业异质性、行业异质性和城市异质性三个层面对最低工资政策和工业机器人应用的关系进行异质性考察。

（一）企业异质性

在企业规模异质性方面，在企业智能化进程中，不同规模的企业可能会

作出不同的选择。大中型企业拥有强大的资金实力，工业机器人应用有利于
其更好地形成规模经济，提高生产效率；而中小企业往往面临资金不足、融
资困难等困境，难以负担工业机器人购置、运行、维修和保养的成本，限制
了其自动化的发展。为验证这一观点，本章借鉴 Hau et al.（2020），将员工数
少于或等于 1000 人的企业定义为中小型企业，员工数超过 1000 人的企业定
义为大型企业，并对其进行分组回归。表 3-6A 第（1）～（2）列展示了企业
规模的分组回归结果，结果显示，大型企业核心解释变量的系数在 1%水平
上显著为正，而中小型企业的系数不显著，说明与预期一致，最低工资政策
主要促进了工业机器人在大型企业中的应用。

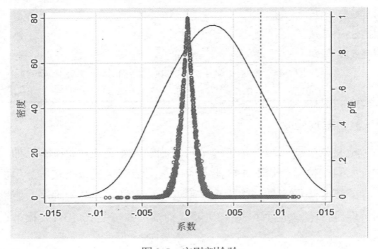

图 3-5　安慰剂检验

注：横轴表示来自 2000 个随机分配的 $Treat_i \times Post04_t$ 的估计系数，曲线是估计的核密度分布，点是
相关的 P 值，虚线为表 3-3 第（2）列的真实估计值。

在企业平均工资水平方面，不同工资水平的企业对最低工资政策变化的
反应是异质的（Huang et al.，2014）。本章根据企业平均工资的中位数将全样
本划分为高工资企业和低工资企业，表 3-6A 第（3）～（4）列的估计结果显
示，在平均工资较高的企业中，最低工资政策对工业机器人应用的促进作用
在 5%的水平上显著，而在平均工资较低的企业中，该系数在 1%的水平上显
著，表明平均工资较低的企业更易受到最低工资政策的冲击，对用工成本更
加敏感，且成本承受能力更弱，因此对工业机器人的需求更为强烈，这与 Gan
et al.（2016）等学者的研究保持一致。

（二）行业异质性

借鉴 Acemoglu et al.（2020）的做法，以可调整的机器人渗透率（APR 指

数）作为划分标准，将行业划分为高自动化和低自动化行业。APR 指数越大，表明工业机器人渗透率越高，相应的行业自动化水平越高；反之，在 APR 指数低的行业中工业机器人渗透率较低，行业自动化程度也相应下降。表 3-6B 中第（1）～（2）列的分组结果显示，最低工资政策显著促进了工业机器人在高自动化程度行业中的应用，而在低自动化程度的行业中不显著。可能的原因是，自动化程度较高的行业本身资金实力雄厚，已形成较高的规模效应，工业机器人应用带来的投入产出比也更高，具备了使用工业机器人的优势（Acemoglu，Restrepo，2018b）。

同时，劳动密集度不同的行业所受最低工资政策的影响也不相同，根据以往研究，最低工资政策使劳动密集型行业受到的影响程度更大（蒋灵多，陆毅，2017；马双，赖漫桐，2020）。为此，本章延续前文做法，即借鉴廖冠民和陈燕（2014）、倪骁然和朱玉杰（2016）的划分标准，按照劳动密集度（员工工资与销售收入之比）将样本行业分为劳动密集型行业和非劳动密集型行业两类，具体来说，计算样本期间每一个行业各年度劳动密集度的平均值，若行业劳动密集度的均值大于样本中位数时，则该行业为劳动密集型行业，否则为非劳动密集型行业。表 3-6B 第（3）～（4）列的结果表明，在劳动密集型行业中，核心解释变量的系数在 1% 水平上显著为正；而在非劳动密集型行业中，该系数不显著，表明最低工资政策对工业机器人应用的促进作用在劳动密集型行业中更大。可能的原因是，劳动密集型行业的劳动力投入占比较高，因此，《最低工资规定》的出台使得劳动密集型行业的劳动力成本提升幅度更大，企业进行"机器换人"的需求也更加迫切。

表 3-6　异质性考察

变量	分组标准			
	A. 企业异质性考察			
	企业规模		平均工资	
	(1)	(2)	(3)	(4)
	大型企业	中小型企业	高平均工资	低平均工资
$Treat_i \times Post04_t$	0.102***	0.002	0.010**	0.006***
	(0.030)	(0.001)	(0.004)	(0.002)
控制变量	是	是	是	是
城市固定效应	是	是	是	是
行业固定效应	是	是	是	是
年份固定效应	是	是	是	是
N	114 353	2 866 685	1 487 090	1 493 954
R^2	0.072	0.008	0.023	0.009

变量	分组标准			
	B. 行业异质性考察			
	APR		劳动密集度	
	(1)	(2)	(3)	(4)
	高 APR	低 APR	劳动密集型	非劳动密集型
$Treat_i×Post04_t$	0.009**	0.002	0.019***	−0.000
	(0.004)	(0.003)	(0.005)	(0.002)
控制变量	是	是	是	是
城市固定效应	是	是	是	是
行业固定效应	是	是	是	是
年份固定效应	是	是	是	是
N	1 233 864	854 250	1 322 177	1 658 867
R^2	0.017	0.005	0.018	0.008
	C. 城市异质性考察			
	地理区位		城市规模	
	(1)	(2)	(3)	(4)
	南方城市	北方城市	超大特大城市	其他城市
$Treat_i×Post04_t$	0.011***	−0.002*	0.017***	0.003*
	(0.003)	(0.001)	(0.006)	(0.002)
控制变量	是	是	是	是
城市固定效应	是	是	是	是
行业固定效应	是	是	是	是
年份固定效应	是	是	是	是
N	2 431 718	549 325	762 157	2 218 886
R^2	0.015	0.020	0.020	0.014

（三）城市异质性

企业所处城市的经济发展水平不仅会影响最低工资标准的制定，也会影响工业机器人的应用。本章分别就城市的地理区位和城市规模对城市进行异质性考察。

从区域角度看，我国发展的不平衡性出现了"南快北慢"的新特征（盛来运等，2018）。为探讨最低工资政策对南北方城市的不同影响，本章从经济地理视角进行南北划分①。表 3-6C 第（1）～（2）列的分组结果表明，在南方城市样本中，核心解释变量系数明显比北方城市更显著，说明最低工资政策对工业机器人应用的促进作用在南方城市更大。究其原因，南方城市经济发展水平更高，最低工资标准也更高，对企业生产成本的影响程度更大，企

---

① 北方城市包括北京市、天津市和黑龙江、吉林、辽宁、内蒙古、河北、山西、陕西、宁夏、甘肃、新疆、青海 11 省（自治区）所包含的城市，其余城市为南方城市。

业进行"机器换人"的动力更强。

从城市规模看，城市规模既反映了城市的经济发展状况，也反映了城市的人口数量，而这两者均与最低工资标准的制定和工业机器人应用息息相关。为此，本章根据《2019年城市建设统计年鉴》，将城市划分为超大特大城市和其他规模城市①。表3-6C第（3）～（4）列的分组结果表明，在超大特大城市中，最低工资政策对工业机器人应用的影响在1%水平上显著，其系数及其显著性水平均高于其他城市，表明最低工资政策对工业机器人应用的促进作用在超大特大城市中更大。一方面，超大特大城市的最低工资标准更高，加重了企业的成本负担，促进了工业机器人的应用；另一方面，超大特大城市对机器人产业发展的支持力度要高于其他城市，对企业使用工业机器人的补贴力度更大，而政府补贴也是促使企业使用工业机器人的一个重要因素（Cheng et al.，2019）。

第三节 最低工资制度影响人工智能应用的作用机制

第二节的实证结果表明，最低工资政策显著促进了工业机器人应用，但是其促进作用背后的内在机制究竟如何，尚无明确的答案。

为此，本章通过梳理最低工资政策的相关文献，以期厘清最低工资政策实施对工业机器人应用的影响机制。已有研究表明，最低工资政策会对企业产生成本效应、激励效应、替代效应和创新效应（孙楚仁等，2013；马双，赖漫桐，2020），其中成本效应和替代效应是主要的影响渠道。前者认为企业用工成本增加是最低工资标准上涨对企业最直接的影响；后者提出当最低工资标准提升导致企业用工成本增加时，企业可能会选择使用机器来替代人工以提高生产效率（刘子兰等，2020）。根据Huang et al.（2014）和Gan et al.（2016）的研究，最低工资标准在2004年前后的执行力度存在显著差异。虽然大多省份在1994—2003年实行了这一制度，但是最低工资标准的水平、调整频次和执行力度对企业的影响十分有限，而2004年《最低工资规定》的颁布使得最低工资政策效力和执行力度有所加强，企业也更好地贯彻和执行最低工资政策（邱光前，马双，2019；蒋灵多，陆毅，2017）。上述文献为本章研究最低工资政策对企业使用工业机器人的影响渠道提供了很好的思路。

基于上述文献，本章认为最低工资政策的实施能够通过提升企业用工成本和加强政策遵从两条途径促进工业机器人的应用。因此，本章使用常规的

---

① 超大特大城市包括北京市、天津市、沈阳市、上海市、南京市、杭州市、武汉市、广州市、深圳市、青岛市、东莞市、成都市、西安市、重庆市、郑州市和济南市共16个城市。

中介效应模型进行检验，模型设定如下：

$$M_{it} = \alpha + \lambda Treat_i \times Post04_t + \gamma F_{it} + \chi C_{jt} + \mu_h + \mu_j + \mu_t + \varepsilon_{ijt} \quad (3\text{-}4)$$

$$Val_{it} = \alpha + \psi Treat_i \times Post04_t + \eta M_{it} + \gamma F_{it} + \chi C_{jt}$$
$$+ \mu_h + \mu_j + \mu_t + \varepsilon_{ijt} \quad (3\text{-}5)$$

其中：M_{it} 分别为企业用工成本与政策遵从力度，企业用工成本以企业平均工资水平（$Qywage$）表示，其计算方法为企业当年应付工资总额与员工数比值的对数形式；借鉴刘子兰等（2020）的做法，以地级市内企业平均工资水平低于当地最低工资的企业占比作为政策遵从力度（$Policy$）的代理变量，占比越高说明政策遵从力度越低。其他变量符号与式（3-1）模型相同。若 λ 和 η 均显著，表明中介效应显著，在此基础上，如 ψ 不显著，则完全中介效应。

（一）用工成本效应

最低工资政策的实施会增加企业用工成本，提高企业的平均工资水平（邱光前，马双，2019；蒋灵多，陆毅，2017）。表 3-7 第（1）列的估计结果证实了这一结论，核心解释变量 $Treat_i \times Post04_t$ 的系数在 1%水平上显著为正，表明最低工资政策的实施显著提高了企业的用工成本；第（2）列为式（3-5）模型的估计结果，$Qywage$ 的系数为正，且在 1%水平上显著，说明企业用工成本的提高显著促进了工业机器人应用。同时，λ、η 和 ψ 的系数显著，$\lambda \times \eta$ 与 ψ 的符号相同，说明存在部分中介效应。据计算，企业用工成本的中介效应占总效应的比例为 20.1%，即最低工资政策明显增加了企业用工成本，是促进工业机器人应用的最重要原因之一。

表 3-7　影响渠道检验

变量	用工成本效应		政策遵从效应	
	(1) Qywage	(2) Val	(3) Policy	(4) Val
$Treat_i \times Post04_t$	0.401*** (0.009)	0.006*** (0.002)	−0.004*** (0.000)	0.008*** (0.002)
Qywage		0.004*** (0.000)		
Policy				−0.016*** (0.004)
控制变量	是	是	是	是
城市固定效应	是	是	是	是
行业固定效应	是	是	是	是
年份固定效应	是	是	是	是
N	2 981 044	2 981 044	2 981 044	2 981 044
R²	0.343	0.015	0.929	0.015

（二）政策遵从效应

自 2004 年《最低工资规定》出台以来，企业对最低工资标准的遵从力度明显提升（Gan et al.，2016）。表 3-7 第（3）～（4）列为政策遵从力度的机制检验结果。与成本机制类似，第（3）列表明 2004 年最低工资政策的实施显著提高了政策遵从力度，第（4）列估计结果显示 *Policy* 的系数在 1%水平上显著为负，表明政策遵从力度的加强显著促进了工业机器人应用。λ、η 和 ψ 的系数显著，且 $\lambda \times \eta$ 与 ψ 的符号相同，存在部分中介效应。据计算，政策遵从力度的中介效应占总效应的比例为 8%，说明政策遵从力度同样是最低工资政策促进工业机器人应用的影响机制。

第四节　人工智能对劳动力市场影响的进一步拓展

一、工业机器人应用对劳动力雇佣和工资的影响

最低工资的初衷是维护劳动者的权益，稳定劳动者就业，并提高其收入水平。本章思考的第一个问题是，最低工资政策在促进工业机器人应用的同时，是进一步增加了还是减少了劳动力雇佣与工资水平，这一点对于后文考察出口规模的劳动力成本至关重要。为此，本章使用滞后一期的机器人金额作为核心解释变量，分别用企业员工数（*Labor*）和员工平均工资水平（*Qywage*）作为被解释变量，构建如下计量模型：

$$N_{it} = \alpha + \phi Val_{i,t-1} + \gamma F_{it} + \chi C_{jt} + \mu_h + \mu_j + \mu_t + \varepsilon_{ijt} \qquad (3\text{-}6)$$

其中：$Val_{i,t-1}$ 为滞后一期的工业机器人金额；N 分别代表企业员工数（*Labor*）和员工平均工资水平（*Qywage*），其他变量符号同式（3-1）模型。

表 3-8 中第（1）～（2）列为式（3-6）模型的估计结果，可以看出，$Val_{i,t-1}$ 对企业员工数和员工平均工资水平的系数均在 1%水平上显著为正，表明工业机器人的应用显著增加了企业劳动力雇佣和工资水平，这就意味着从整体水平看，工业机器人应用增加了劳动者的工资水平，在一定程度上与最低工资政策制定的初衷相一致。

根据现有研究，多数文献认为工业机器人减少了中国的劳动力就业，尤其在短期内会降低本地的就业水平，对工资水平的影响则无定论（闫雪凌等，2020；王永钦，董雯，2020；孔高文等，2020）；但是，也有部分学者认为，在就业方面，工业机器人虽然替代了体力劳动，但也为失业的劳动力创造了就业机会，整体上增加了劳动力雇佣（Li et al.，2020）。特别值得一提的是，在区分劳动者异质性后，工业机器人虽然会替代中等教育程度的劳动力，但同时提高了高教育程度和低教育程度劳动力的就业（孙早，侯玉琳，2019）；

在区分短期影响和长期影响后，发现从中长期看，工业机器人所产生的替代效应可能会被生产力效应和就业创造效应所抵消。在工资方面，产业智能化显著提高了劳动者的工资水平（杨飞，范从来，2020），这一观点也在一定程度上得到了孔高文等（2020）的支持。由此可见，本章的研究结论与已有部分文献保持一致。

二、劳动者工资的提升来源：来自企业工资的分解

本章思考的第二个问题是，工业机器人的应用显著提升了劳动者的工资水平，那么提升来源是什么？厘清这一问题有助于更好地发挥工业机器人对劳动者收入的促进作用，也有助于把握其对出口企业劳动力成本的影响与来源。根据谢申祥等（2019）、刘灿雷和王永进（2019），企业工资主要由技能组成工资和利润分享工资两部分构成，前者指的是劳动者工资收入完全取决于其自身的技能水平，后者是指技能相同的员工在经营绩效越好的企业就职所获得的工资水平越高，员工工资由企业利润决定。由于企业员工技能组成数据不可获得，本章借鉴刘灿雷和王永进（2019）的做法，将企业层面的工资分解为技能组成工资（$Skill\_wage$）和利润分享工资（$Profit\_wage$），并在此基础上识别工业机器人使用对劳动者收入提升的影响渠道，回归结果如表 3-8 所示。

表 3-8　工业机器人应用对劳动者工资水平的影响

变量	劳动力雇佣和工资		企业工资分解	
	(1)	(2)	(3)	(4)
	$Labor$	$Qywage$	$Skill\_wage$	$Profit\_wage$
$Val_{i,t-1}$	0.125***	0.072***	0.038***	0.001
	(0.002)	(0.002)	(0.001)	(0.001)
控制变量	是	是	是	是
城市固定效应	是	是	是	是
行业固定效应	是	是	是	是
年份固定效应	是	是	是	是
N	1 786 895	1 786 895	1 080 591	1 080 591
R^2	0.455	0.270	0.299	0.251

表 3-8 中第（3）和（4）列分别为工业机器人应用对技能组成工资与利润分享工资的回归结果。可以看出，$Val_{i,t-1}$ 的系数对技能组成工资影响在 1%水平上显著为正，而对利润分享工资无显著影响，表明工业机器人的应用显著提升了技能组成工资，即工业机器人应用主要通过提升技能组成工资来增加劳动者收入水平，而在利润分享工资方面作用有限。

第五节　本章小结

本章旨在从劳动力市场的变化入手，选取最低工资政策作为劳动力市场的外生冲击，以此考察中国企业（包括出口企业在内）加快应用人工智能的现实原因之一。本章研究结果发现，其一，最低工资政策显著促进了工业机器人应用，在采取平行趋势检验、安慰剂检验、改变计量模型设定等一系列稳健性检验后，这一结果依然成立，在一定程度上表明劳动力市场的冲击是中国企业加快应用人工智能的原因之一；其二，企业用工成本增加和政策遵从力度加强是最低工资政策促进工业机器人应用的重要影响机制；其三，最低工资对工业机器人应用存在异质性影响，其促进作用在大规模企业、平均工资较低的企业、自动化程度高和劳动密集型行业中更为显著，且对南方城市的促进作用高于北方城市，对超大特大城市的促进作用高于其他城市；其四，工业机器人的应用通过增加技能组成工资，显著提升了劳动者整体就业和工资水平，在一定程度上与最低工资制定的初衷相一致，但是显著增加了出口企业的劳动力成本。在这种情形下，人工智能应用对其出口规模的影响，将在第四章中予以验证。

第四章 人工智能对出口规模增长的影响

中国出口高质量发展是以出口规模增长为基础的。正如"十四五"规划所明确指出的,中国要进一步"扩大贸易规模,稳定国际市场份额",并强调"立足国内大循环,协同推进强大国内市场和贸易强国建设"。长期以来,中国坚定不移地推行改革开放,已经从一个落后的封闭经济体跃升为世界贸易大国。但是,随着老龄化程度的加深、要素成本的上升和环境资源承载力的下降,已有出口竞争优势不断削弱,新的竞争模式尚未形成,中国正面临着先发国家和后进国家的双重挤压(许和连,王海成,2018)。中国海关总署统计显示,2010—2020年中国出口的平均增长速度仅为6.6%,甚至在2015年和2016年连续出现负增长。因此,探讨中国企业如何实现出口规模的稳步增长和培育贸易竞争新优势,是中国出口高质量发展的重要基础与要义之一。

如第一章所言,出口贸易作为拉动中国经济增长的"三驾马车"之一,在直面国内外压力的同时,也迎来了崭新的发展契机。随着工业化与信息化的不断融合,人工智能正在蓬勃兴起。人工智能在生产中的运用主要是通过工业机器人实现的,而工业机器人是一种可自动控制、可重复编程、执行多用途的多轴机器,能够与人共同协作执行任务,甚至可以独立完成生产作业。工业机器人替代低技能劳动力,可以缓解老龄化程度加深和要素成本上升的双重压力(陈彦斌等,2019),但是如第二章所发现的,这也提高了劳动力工资水平和出口企业生产成本。在此背景下,本章的核心内容主要体现在:一方面,在研究视角方面,考察工业机器人出口效应的文献凤毛麟角,且多采用IFR发布的国别或行业数据。与已有文献相比,本章采用中国企业层面数据,并且从绝对数量、相对数量和出口绩效三方面着手,更加全面地反映工业机器人对企业出口规模的影响。另一方面,在影响机制方面,本章不仅考虑了生产率效应和成本效应,而且将生产成本区分为可变成本和固定成本,一定程度上弥补了现有文献对成本效应分析过于粗略的缺陷。

第一节 人工智能影响出口规模的典型事实

一、数据来源

本章的数据基础是中国工业企业数据库和海关数据库,选取的时间跨度为2000—2015年。考虑到企业层面的工业机器人应用数量不可得,故参考Dixen et al.(2019)、Humlum(2019)、Acemoglu和Restrepo(2020a)等学者的做法，以机器人进口数量作为企业应用工业机器人的代理变量，数据来自海关数据库。根据本书第二章的定义，工业机器人的产品编码有 HS8 和 HS6 两种口径。本章在基准回归中采用 HS8 编码的严口径，在稳健性检验中采用 HS6 编码的宽口径。若企业进口产品种类包含上述编码产品，则视为应用了工业机器人。

具体匹配过程如下：首先，匹配海关数据与工业企业数据库。参照田巍和余淼杰（2014）的做法，按照企业名称和邮编加电话号码两种方式进行匹配，并按照进口和出口分别将数据合并至企业—年份维度，共得到 91 529 家出口企业的 377 153 条观测值；其次，以工业机器人 HS8 编码作为筛选条件，从海关进口数据中检索出机器人进口记录，共计 5549 家企业；最后，将机器人进口数据与第一步得到的出口数据进行匹配，得到企业—年份层面的观测值共计 377 153 条。其中，使用过机器人的出口企业有 681 家，共 2525 个观测值，未使用过机器人企业的进口记录赋值为 0。

二、工业机器人应用与企业出口规模

为了初步观察工业机器人的发展趋势，图 4-1 绘制了 2000—2015 年以 HS8 编码统计的机器人进口趋势图。

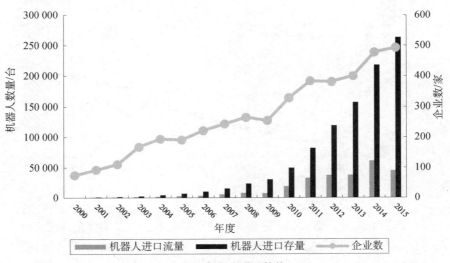

图4-1　机器人进口趋势

从图 4-1 可以看出，无论是机器人进口的流量还是存量，总体均呈上升之势，且随着时间推移，增长速度日益加快；右轴代表应用工业机器人的企业数量，虽然增长过程略有起伏，但整体呈现上升的态势。由此可见，工业机器人在中国的普及率逐渐加深，增长速度日益迅猛，研究工业机器人的贸易效应势在必行。

根据 Sharma et al.（2020）的研究，企业的出口规模通常可以通过绝对数量（出口总额）、相对数量（出口收入占比）和出口绩效（出口 ROA）加以体现。为此，图 4-2 展示了同期中国企业的出口规模，从整体来看，除个别年份略有下滑，中国企业的出口总额、出口收入占比和出口绩效整体呈现出不断上升的态势。

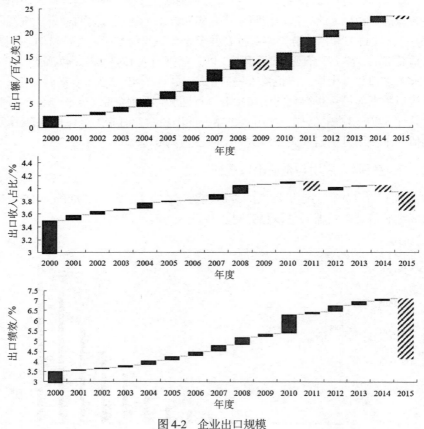

图 4-2　企业出口规模

考虑到不同所有制、不同贸易类型和不同资本密集度类型企业的出口贡献率有所差异，图 4-3 对比了 2000—2015 年不同类型企业的出口占比情况。

其中，图 4-3（a）显示内资企业与外资企业的出口占比一直较为稳定，外资企业占比约为 52%，内资企业占比约为 48%，二者在出口市场上势均力敌。图 4-3（b）比较了一般贸易和加工贸易企业的出口占比情况。2007 年以前，一般贸易和加工贸易的出口占比一直保持相对稳定状态，维持在 41%∶59%；但是，2007 年以后一般贸易占比逐年增加，平均占比超过 55%。图 4-3（c）绘制了资本密集型企业和劳动密集型企业的出口占比状况，二者的相对出口占比波动不大，基本保持"七三开"的状态。

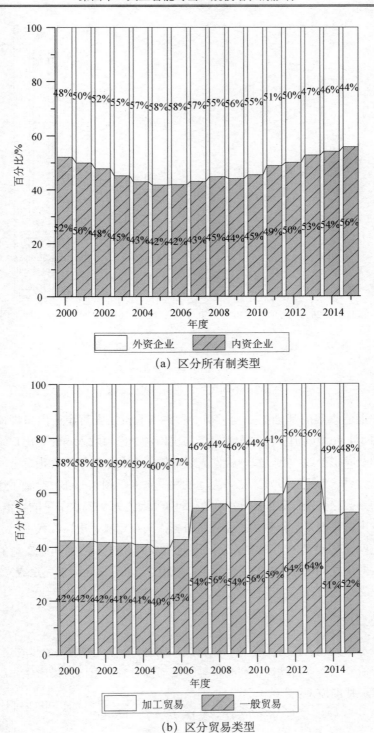

（a）区分所有制类型

（b）区分贸易类型

图 4-3　不同类型企业出口对比

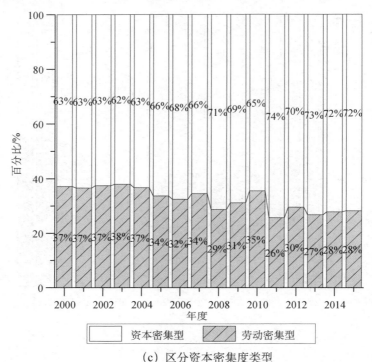

（c）区分资本密集度类型

图4-3　不同类型企业出口对比（续）

在上述事实的基础上，为了初步考察工业机器人对企业出口规模的影响，图4-4（a）绘制了机器人进口量与出口额、出口收入占比、出口绩效的散点图及其拟合线，可以发现机器人进口量与企业出口规模各指标之间呈现正相关关系。为进一步判断二者之间的相关关系，图4-4（b）绘制了逐年回归后的系数趋势图，其中实线为系数估计值，虚线为95%水平下的置信区间。可以看出，在大多数年份，企业应用机器人与出口额、出口收入占比、出口绩效之间呈现显著的正相关关系，因此初步判断在未控制其他变量的条件下，工业机器人应用可以扩大企业出口规模。当然，这一因果关系成立与否，仍需下文更为严谨的实证检验。

三、模型设定

除本章关注的核心变量工业机器人应用之外，企业规模、企业成立年限、资产负债率、资本劳动比、利润率等因素都会对企业出口规模产生作用，故构建以下基准模型：

$$Export_{it}(Expratio_{it}, ROA_{it}) = \beta_0 + \beta_1 \ln Robot_{it} \\ + \gamma Firm_{it} + \delta_t + \eta_i + \varepsilon_{it} \tag{4-1}$$

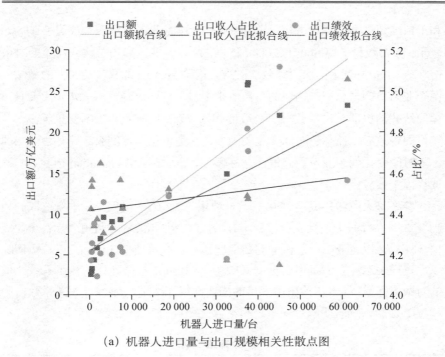

（a）机器人进口量与出口规模相关性散点图

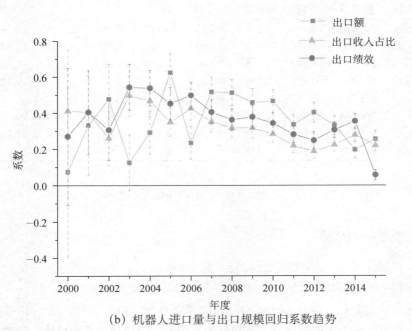

（b）机器人进口量与出口规模回归系数趋势

图 4-4 工业机器人应用与出口规模

其中：i 代表企业；t 代表年份。被解释变量出口规模从绝对数量、相对数量和出口绩效三方面综合考察，其中绝对数量以企业出口额的对数值（*Export*）表示；相对数量借鉴 Sousa（2004）的做法，以企业出口占总收入比重的对数值（*Expratio*）表示；出口绩效（*ROA*）借鉴 Sharma et al.（2020）的做法，用企业出口额与总资产比值的对数值来衡量。核心解释变量 *Robot* 代表 HS8 编码统计的机器人进口数量（对数形式）。*Firm* 代表企业控制变量集；δ 是年份固定效应，控制随时间变化的因素；η 是企业固定效应，控制企业层面不随时间变化的企业特征向量；ε_{it} 为随机扰动项。经由 Hausman 检验，本章选择固定效应模型。

参考符大海和鲁成浩（2021）、李坤望等（2015）的做法，本章选取的控制变量集（*Firm*）包括企业年龄（*Age*），以企业年龄的对数值表示；企业规模（*Size*），以企业资产总额的对数值表示；资产负债率（*Lev*），以总负债除以总资产表示；企业资本密集度（*KL*），采用固定资产净值与员工人数比值的对数值衡量。表 4-1 给出了变量的描述性统计结果。Pearson 相关系数检验和 VIF 检验，均表明解释变量之间不存在严重的多重共线性问题。

表 4-1　描述性统计

变量	观测值	均值	标准差	最小值	25%	50%	75%	最大值
Export	377 153	14.546	2.157	0.693	13.520	14.818	15.916	24.643
Expratio	377 153	3.499	1.572	0.000	2.466	3.937	4.753	13.575
ROA	377 153	3.547	1.938	0.000	2.158	3.965	5.027	18.766
Robot	377 153	0.013	0.193	0	0	0	0	9.420
Age	375 284	10.281	8.568	0	5	9	13	163
Size	354 004	10.947	1.630	0	9.853	10.817	11.914	20.160
Lev	353 534	0.636	0.925	0	0.349	0.554	0.746	51.566
KL	344 011	3.894	1.431	0	2.945	3.895	4.808	16

第二节　人工智能影响出口规模的实证结果

一、基准回归结果

根据式（4-1）基准模型的设定，表 4-2 报告了工业机器人应用对企业出口规模的影响。其中，第（1）～（2）列、第（3）～（4）列、第（5）～（6）列分别将绝对数量指标（*Export*）、相对数量指标（*Expratio*）和出口绩效指标（*ROA*）作为被解释变量；奇数列为不加入企业控制变量的结果，偶数列为加入企业控制变量的结果。可以发现，无论采用哪一种被解释变量，无论是否加入企业控制变量，核心解释变量 *Robot* 的估计系数均在 1% 的水平上显著为正。这一结果表明，在其他条件给定的情况下，工业机器人应用有利于扩大企业出口规模、提高企业出口收入占比和改善企业出口绩效，即企业智能化进程的推进，有助于全方位改善企业出口规模。

表 4-2　基准回归结果

变量	Export		Expratio		ROA	
	(1)	(2)	(3)	(4)	(5)	(6)
Robot	0.313***	0.307***	0.087***	0.114***	0.181***	0.164***
	(9.347)	(8.864)	(6.037)	(7.281)	(8.452)	(9.538)
Age		0.002**		0.002***		0.002***
		(2.048)		(3.247)		(3.677)
Size		0.491***		0.137***		0.471***
		(75.165)		(26.588)		(91.196)
Lev		−0.107***		−0.016***		−0.103***
		(−30.677)		(−6.508)		(−35.523)
KL		0.068***		0.002		0.060***
		(19.217)		(0.964)		(24.153)
企业固定效应	是	是	是	是	是	是
年份固定效应	是	是	是	是	是	是
N	349 216	315 918	349 216	315 918	349 216	315 918
R^2	0.802	0.813	0.820	0.828	0.813	0.860

注：括号内为 t 值；估计系数的标准误为稳健标准误；***、**和*分别表示 1%、5%和 10%的显著性水平。本章下同。

控制变量的估计结果还表明，资产规模越大、企业成立年限越长、资产负债率越低、资本劳动比越高的企业，越有可能提高企业出口规模，与符大海和鲁成浩（2021）等学者的研究结论保持一致。

二、稳健性检验

（一）内生性问题

使用面板固定效应虽然能在一定程度上减少因遗漏变量造成的内生性问题，但仍无法解决由变量间的双向因果关系引致的内生性问题。例如，出口规模越大的企业，越有意愿通过进口机器人来扩大其生产优势，也越具备应用工业机器人的基础条件。为尽可能减少双向因果关系对估计结果的影响，本章选用三种方式控制内生性问题。

首先，借鉴施炳展（2016）和 Xu et al.（2016）的做法，采用引进滞后项的方式解决内生性问题。具体而言，将核心解释变量的滞后一期引入基准回归方程，成为前定解释变量，双向因果关系较弱。考虑到基准模型的部分企业控制变量也可能是内生的（如企业规模、资产负债率等），同时将企业控制变量的滞后项纳入回归。表 4-3 第（1）～（3）列的估计结果显示，*Robot* 的系数估计值较之基准回归结果略有增大，但均在 1% 的水平上显著为正，与基准回归结果保持一致。

表 4-3　内生性处理

变量	引入滞后项			2SLS				异方差工具变量法		
	Export (1)	Expratio (2)	ROA (3)	Robot (4)	Export (5)	Expratio (6)	ROA (7)	Export (8)	Expratio (9)	ROA (10)
Robot	0.209***	0.055***	0.192***		4.447*	11.613***	3.076*	5.724*	2.300*	4.665*
	(4.250)	(2.827)	(5.405)		(1.851)	(3.312)	(1.862)	(1.810)	(1.746)	(1.775)
Avgwage				0.002***						
				(3.580)						
控制变量	是	是	是	是	是	是	是	是	是	是
企业固定效应	是	是	是	是	是	是	是	是	是	是
年份固定效应	是	是	是	是	是	是	是	是	是	是
Kleibergen-Paap rk F 值					904.574				174.978	
N	349 216	349 216	349 216	302 757	302 757	302 757	302 757	327 647	327 647	327 647

其次，选用企业所在城市的平均工资（*Avgwage*）作为工具变量，并使用 2SLS 进行检验。Fan et al.（2021）的研究表明，城市最低工资标准与企业工业机器人应用之间存在显著的正相关关系，最低工资标准的上涨又会提高城市平均工资，影响企业工业机器人的使用，满足工具变量的相关性条件；同时，城市平均工资不会直接影响企业出口规模，与原残差项不存在相关性，满足工具变量的排他性条件。从表 4-3 第（4）列的结果来看，本章所选取的工具变量 *Avgwage* 与工业机器人应用在 1% 的显著性水平上正相关，且 Kleibergen-Paap rk F 统计量均大于临界值 16.38，排除了弱工具变量问题。第（5）～（7）列依次汇报了 *Robot* 对三个被解释变量影响的第二阶段回归结果，可以发现利用工具变量法矫正内生性问题后，*Robot* 对被解释变量的影响方向依然与基准结果保持一致。

最后，为进一步确保工具变量满足外生性条件，本章使用 Lewbel（2012）提出的异方差工具变量法再次检验。Lewbel（2012）的研究表明，如果用内生变量对模型中其他外生变量进行回归后的残差是异方差的，则该残差与去中心化后外生变量的乘积是较好的工具变量。表 4-3 中第（8）～（10）列为使用第一阶段残差和去中心化后所有其他变量和 *Avgwage* 的乘积作为工具变量的估计结果，*Robot* 的系数估计值依然显著为正，支持了本章的基本结论。

（二）核心变量替换

在核心解释变量方面，囿于企业层面的工业机器人应用数量不可直接获得，故代理变量的选取会存在一定误差。为此，本章采用两种方法对其进行替代：一是借鉴 Aghion et al.（2020）的做法，对机器人进口数量做反双曲正弦函数处理，用 *Hem_Robot* 表示，结果见表 4-4 第（1）～（3）列；二是采用工业机器人的宽口径 HS6 编码构造核心解释变量进行替代，结果见表 4-4 第（4）～（6）列。可以看出，所有估计结果的符号和显著性均与基准估计结果保持一致，证实了本章核心解释变量选取的可靠性。

表 4-4　更换核心解释变量

变量	反双曲正弦处理			工业机器人宽口径			更换被解释变量		
	Export	Expratio	ROA	Export	Expratio	ROA	Export_d	Expratio_d	ROA_d
	(1)	(2)	(3)	(4)	(5)	(6)	(7)	(8)	(9)
Hem_Robot	0.526***	0.199***	0.285***				0.274***	0.028***	0.008***
	(9.045)	(7.501)	(9.814)				(3.675)	(6.201)	(2.875)
Robot_HS6				0.134***	0.048***	0.101***			
				(16.558)	(10.381)	(20.527)			
控制变量	是	是	是	是	是	是	是	是	是
企业固定效应	是	是	是	是	是	是	是	是	是
年份固定效应	是	是	是	是	是	是	是	是	是
N	315 918	315 918	315 918	315 918	315 918	315 918	283 003	283 003	283 003
R^2	0.813	0.828	0.860	0.813	0.828	0.861	0.695	0.744	0.752

在被解释变量方面，基准模型使用的出口规模指标由海关数据构建得出，该指标也可以通过工业企业数据库中的出口交货值构建。因此，本章尝试将被解释变量进行替换，并分别用 *Export_d*、*Expratio_d*、*ROA_d* 来表示。表 4-4 第（7）～（9）列的估计结果显示，核心解释变量的符号和显著性均未发生明显变化，再次证实了基准结论的稳健性。

（三）更换估计方法

一方面，鉴于核心解释变量 *Robot* 不完全服从正态分布，且本章的样本数据是面板数据，使用一般混合泊松模型可能会遗漏某些不可观测的个体效应，故使用面板泊松回归模型进行稳健性检验。表 4-5 第（1）～（3）列的估计结果显示，*Robot* 的系数估计值依然显著为正，证实了基准回归结论的稳健性。

另一方面，企业的出口规模很有可能与前期出口规模具有高度相关性，静态面板估计可能会导致估计结果存在偏差，还需要借助于动态面板系统 GMM 模型。表 4-5 第（4）～（6）列报告了在控制变量中引入企业上期出口规模指标的回归结果，并使用系统 GMM 进行估计，结果显示：在控制企业上一期出口规模指标后，企业使用工业机器人对出口规模的影响依然显著性为正，且企业上一期出口规模指标对本期出口额的影响显著为正，与预期保持一致。同时，AR(2) 统计量均不显著，说明这些模型没有发现水平方程误差项存在序列相关问题，而 Hansen J 检验的 P 值均大于 0.05，说明不存在工具变量过度识别问题，工具变量的选择整体有效。

表 4-5 更换估计方法

变量	泊松回归			系统GMM		
	Export (1)	Expratio (2)	ROA (3)	Export (4)	Expratio (5)	ROA (6)
Robot	0.022*** (7.416)	0.047*** (5.287)	0.070*** (6.377)	0.468** (2.005)	0.043** (2.153)	0.120*** (4.249)
L.Export				0.538*** (5.697)		
L.Expratio					0.660*** (104.158)	
L.ROA						0.611*** (49.757)
控制变量	是	是	是	是	是	是
企业固定效应	是	是	是	是	是	是
年份固定效应	是	是	是	是	是	是
N	315 918	315 918	315 918	229 035	229 035	229 035
Hansen J 检验				0.532	0.961	0.669
AR(1)检验 P 值				0.294	0.292	0.371
AR(2)检验 P 值				0.727	0.671	0.712

（四）改变样本范围

企业应用工业机器人后的贸易效应显现往往需要一定时间来调整，如生产线调整、员工技术培训等，故借鉴余玲铮等（2021）的做法，将工业机器人引进时间小于等于1年的企业样本剔除，结果见表4-6第（1）～（3）列。可以发现，Robot 的系数估计值依然显著为正，与基准回归结果非常相似。

表 4-6 改变样本范围和缩短样本周期

变量	改变样本范围			缩短样本周期		
	Export (1)	Expratio (2)	ROA (3)	Export (4)	Expratio (5)	ROA (6)
Robot	0.241*** (7.132)	0.114*** (7.001)	0.162*** (8.611)	0.358*** (4.654)	0.118*** (3.237)	0.206*** (5.190)
控制变量	是	是	是	是	是	是
企业固定效应	是	是	是	是	是	是
年份固定效应	是	是	是	是	是	是
N	197 113	197 113	197 113	144 392	144 392	144 392
R^2	0.842	0.853	0.884	0.836	0.865	0.885

（五）缩短样本周期

2008 年国际金融危机的爆发，导致全球经济陷入严重的停滞状态，中国企业的进出口也因此受到一定冲击，可能会对本章的实证结果产生影响。因此，为消除金融危机对实证结果的干扰，本章将样本周期缩短至 2000—2007 年，并重新回归。表 4-6 第（4）～（6）列的结果表明，在剔除金融危机影响后，核心解释变量的系数估计值依然显著为正，与基准回归保持一致。

三、异质性分析

通过上述分析，我们可以发现工业机器人的应用有利于改善企业的出口规模。但是，这个结论是总体意义上的平均影响，其是否适用于不同所有制、不同贸易类型和不同资本密集度的企业，尚需进一步考察。

（一）企业所有制异质性

考虑到不同所有制企业无论是生产技术还是资源配置效率均存在明显差异，而这种差异体现为生产效率的差距（龙小宁等，2018），最终会影响工业机器人应用的贸易效应。因此，有必要进一步考察工业机器人应用对不同所有制企业出口规模影响的差异性。本章将全样本企业按照所有制进行分类，并定义虚拟变量 *owntype*，若企业为外资企业则赋值为 1，若为本土企业（国有企业、集体企业和私营企业），则赋值为 0，并在式（4-1）的基础上引入核心解释变量与企业所有制虚拟变量的交互项 *Robot×owntype*。

表 4-7 第（1）～（3）列的估计结果表明，*Robot×owntype* 的系数估计值均在 1% 的水平上显著为正，表明外资企业使用工业机器人对企业出口规模的影响高于本土企业。可能的原因在于，外资企业受益于外资技术扩散，拥有更高的生产率，在生产和雇佣等方面更具灵活性，可以更好地协调机器与人力之间的配比，有利于工业机器人增益效应的实现；与此同时，外资企业与本土企业相比，与国外市场的联系更加密切，进口商与外资企业之间进出口交易的绝大部分属于企业内部交易，其进出口成本更低，更易克服工业机器人应用初期增加的固定成本，其出口规模也能尽快得到改善。

（二）贸易类型异质性

贸易模式主要包括一般贸易和加工贸易两种。在一般贸易方式下，企业主要从事进出口活动，对劳动力的依赖程度较低；加工贸易是指对进口原材料等进行轻加工或装配业务，对劳动力的依赖程度较高。因此，不同贸易方式下企业进口机器人对出口规模的影响可能存在较大差异。基于此，参照田巍和余淼杰（2014）的做法，定义企业贸易类型虚拟变量 *tradetype*，纯出口企业界定为加工贸易企业，赋值为 1；其余企业设定为非加工贸易企业（一般贸易企业），赋值为 0。

表 4-7 第（4）～（6）列的结果显示，*Robot×tradetype* 的系数估计值均显著为正，表明相对于一般贸易，企业使用工业机器人对加工贸易出口规模的促进作用更大。究其原因，加工贸易企业对劳动力的依赖程度较高，当应用工业机器人时，企业中的中低端劳动力更容易被替代，生产率提高效应更明显，其出口规模也更容易得到改善。

表 4-7　异质性考察

变量	企业所有制异质性			贸易类型异质性			资本密集度异质性		
	Export (1)	Expratio (2)	ROA (3)	Export (4)	Expratio (5)	ROA (6)	Export (7)	Expratio (8)	ROA (9)
Robot×owntype	0.197** (2.198)	0.106** (2.394)	0.124*** (2.597)						
Robot×tradetype				0.181*** (4.198)	0.092*** (5.159)	0.092*** (4.836)			
Robot×industrytype							0.122*** (3.091)	0.079*** (5.107)	0.050* (1.874)
Robot	0.299*** (8.677)	0.110*** (7.053)	0.159*** (9.271)	0.183*** (3.844)	0.053*** (2.752)	0.104*** (5.057)	0.220*** (5.587)	0.045*** (9.639)	0.133*** (4.801)
控制变量	是	是	是	是	是	是	是	是	是
企业固定效应	是	是	是	是	是	是	是	是	是
年份固定效应	是	是	是	是	是	是	是	是	是
N	315 918	315 918	315 918	318 032	318 032	318 032	316 953	316 953	316 953
R^2	0.813	0.828	0.860	0.804	0.820	0.854	0.805	0.822	0.854

（三）资本密集度异质性

不同资本密集度企业的资本劳动比例不同，工业机器人对劳动的替代能力也不尽相同，因此工业机器人作为一种物化性技术进步，会对企业出口规模产生差异化影响。为区分工业机器人对不同资本密集度企业的差异化影响，本章将所有企业的资本密集度中位数作为划分标准，同时定义虚拟变量 *intensity*，若企业高于该标准时为资本密集型企业，赋值为 1，反之为劳动密集型企业，赋值为 0。表 4-7 第（7）～（9）列的结果显示，*Robot×industrytype* 的系数估计值均显著为正，表明相对于劳动密集型企业，资本密集型企业使用工业机器人对出口的促进作用更强。可能的原因在于，由于工业机器人在劳动密集型行业刚刚起步，对劳动的替代程度低，加之工业机器人的购置成本反而有可能提高生产成本，因此在一定程度上降低了出口规模。相反，在汽车、电子、化工等资本密集型行业，工业机器人得以普遍推广，占据了中国工业机器人安装数量的 80% 左右，其技术运用更为成熟，对劳动的替代程度高，较好地发挥了工业机器人在降低生产成本、提高生产效率方面的积极作用，其结果是工业机器人应用显著提升了资本密集型企业的出口规模。

四、作用机制考察

上文已经表明，工业机器人应用能够显著促进企业出口规模的增长，而这一促进作用背后的渠道如何，尚待进一步考察。与已有研究不同，一方面，本章不仅关注了工业机器人影响企业出口规模的生产率效应和生产成本效应，而且将生产成本中的可变成本和固定成本区分开来；另一方面，为解决传统中介效应内生性问题和遗漏变量的矛盾，本章借鉴 Liu 和 Lu（2015）的做法，通过引入工具变量的方法剔除内生性，并检验多种机制的存在。

本章在 Liu 和 Lu（2015）的内生中介模型中，选用核心解释变量滞后一期作为工具变量，检验流程如下。

首先，核心解释变量与机制变量的关系检验模型为

第一阶段：

$$\ln Robot = \beta_1 IV + \gamma_1 Firm + \varepsilon_1 \tag{4-2}$$

第二阶段：

$$MV = \beta_2 \widehat{\ln Robot} + \gamma_2 Firm + \varepsilon_2 \tag{4-3}$$

其中：$\widehat{\ln Robot}$ 是第一阶段的估计值；IV 表示工具变量；MV 表示机制变量；β 和 γ 是基于 2SLS 方法得到的回归系数。

其次，为了检验机制变量对被解释变量的影响，则：

第一阶段：

$$MV = \beta_3 IV + \gamma_3 Firm + \varepsilon_3 \tag{4-4}$$

第二阶段：

$$Y = \beta_4 \widehat{MV} + \gamma_4 Firm + \varepsilon_4 \tag{4-5}$$

其中：Y 表示被解释变量 *Export*、*Expratio*、*ROA*；$\widehat{MV}$ 是第一阶段的估计值，其他设定与式（4-2）和式（4-3）相同。内生中介效应模型提供了第一阶段的 Kleibergen-Paap rk F 值，用以识别弱工具变量问题。

（一）生产率效应

以工业机器人为代表的人工智能对生产率的提升作用毋庸置疑，且生产率的提高会促进企业出口规模的增长，因此本章选择企业生产率作为机制变量，并选用 OLS、LP 和 OP 三种方式分别测算。

表 4-8 第（1）列给出了核心解释变量与生产率关系的第二阶段结果，可以发现无论采用哪种方式测算生产率，*Robot* 对生产率的影响均显著为正，且 Kleibergen-Paap rk F 值均大于 10%的检验条件，拒绝弱工具变量假说，表

明工业机器人应用可以显著提高企业生产率，与已有研究保持一致。表 4-8
第（2）～（4）列的结果进一步表明，生产率的提高显著促进了企业出口规
模的增长，证实了生产率效应的存在。究其原因，工业机器人可以替代低端
劳动力，能够将生产环节更加智能化，相比于人力劳动，工业机器人的单位
产出和准确率都略胜一筹。因此，工业机器人应用可以使企业生产更加高效，
从而提高企业的生产和销售积极性，最终促进出口规模的增长。

表 4-8　生产率效应

变量	(1)	(2)	(3)	(4)
（A）OLS 方法	TFP_OLS	Export	Expratio	ROA
Robot	0.022**			
	(2.187)			
TFP_OLS		19.016**	6.629**	8.425**
		(2.224)	(2.045)	(2.285)
Kleibergen-Paap rk F 值	955.884			
N	249014	249014	249014	249014
（B）LP 方法	TFP_LP	Export	Expratio	ROA
Robot	0.263***			
	(7.735)			
TFP_LP		1.547***	0.548***	0.724***
		(6.238)	(5.273)	(6.026)
Kleibergen-Paap rk F 值	805.077			
N	315918	315918	315918	315918
（C）OP 方法	TFP_OP	Export	Expratio	ROA
Robot	0.023**			
	(2.014)			
TFP_OP		19.042**	6.278*	7.839**
		(2.069)	(1.915)	(2.148)
Kleibergen-Paap rk F 值	1125.746			
N	216 154	216 154	216 154	216 154

（二）成本效应

在考察企业应用工业机器人的成本效应时，本章将生产成本分解为可变
成本和固定成本两部分。企业可变成本的变化主要通过劳动力成本来体现，
但是学者们对工业机器人应用后的劳动力成本是增还是减，争论不休；同
时，工业机器人的引入还会通过机器人购置支出直接影响固定成本。为此，
借鉴孙浦阳等（2018）的做法，将企业工资总额和中间投入总额与总销售

额之比作为企业可变成本的代理变量，以 *VC* 表示；借鉴 Feng et al.（2017）的做法，以企业固定资产除以销售额作为固定成本的代理变量，用 *FC* 来表示。表 4-9（A）第（1）列的估计结果显示，核心解释变量 *Robot* 对可变成本的系数估计值均显著为负，且不存在弱工具变量问题；表 4-9（B）第（1）列的结果则显示，*Robot* 对固定成本的系数估计值显著为正。上述结果表明，企业的可变成本随着企业应用工业机器人而下降，而固定成本随着企业应用工业机器人而上升。

表 4-9　成本效应

变量	(1)	(2)	(3)	(4)
（A）可变成本	*VC*	*Export*	*Expratio*	*ROA*
Robot	−0.025***			
	(−2.900)			
VC		−16.573***	−5.872***	−7.755***
		(−2.656)	(−2.580)	(−2.659)
Kleibergen-Paap rk F 值	805.077			
N	315 918	315 918	315 918	315 918
（B）固定成本	*FC*	*Export*	*Expratio*	*ROA*
Robot	0.065***			
	(5.336)			
FC		6.230***	2.207***	2.915***
		(5.089)	(4.458)	(5.002)
Kleibergen-Paap rk F 值	805.077			
N	315 918	315 918	315 918	315 918
（C）边际成本	*MC*	*Export*	*Expratio*	*ROA*
Robot	−0.050**			
	(−2.002)			
MC		−8.225*	−3.074*	−3.986*
		(−1.935)	(−1.896)	(−1.925)
Kleibergen-Paap rk F 值	742.048			
N	315 250	315 250	315 250	315 250

虽然上文已经明晰了企业应用工业机器人对可变成本和固定成本的不同影响，但是对企业生产成本的总体影响尚未可知。边际成本作为单位产品带来的总成本增量，在一定程度上反映了总成本的变化趋势，因此本章使用边际成本作为生产成本的代理变量，用 *MC* 表示。首先采用 De Loecker 和 Warzynski（2012）的做法计算成本加成率，然后将成本加成率除以产品价格得到边际成本。表 4-9（C）第（1）列的结果显示，*Robot* 对边际成本的影响显著为负，表明工业机器人应用显著降低了企业的边际成本，同时意味着工

业机器人对可变成本和固定成本的净影响为负，即降低了企业的总生产成本。表4-9（C）第（2）～（4）列的结果进一步表明，边际成本的降低会促进企业出口规模的增长，即工业机器人改善出口规模的作用渠道之一是降低生产成本。

第三节 本 章 小 结

本章以人工智能的主要载体——工业机器人为切入点，采用2000—2015年中国工业企业数据库和海关进出口数据库的匹配数据，考察了工业机器人应用对企业出口规模的影响及其作用机制，并得出如下结论：其一，工业机器人应用对企业出口规模具有显著的正向效应，在经过内生性处理、替代核心变量、更换估计方法、改变样本范围和缩短样本周期等一系列检验后依然稳健；其二，异质性考察发现，上述正面效应在外资企业、加工贸易企业和资本密集型企业中更为显著；其三，工业机器人应用可以通过提高生产率和降低生产成本（特别是可变成本）来实现企业出口规模的增长；其四，适宜性技术正向调节了机器人应用对企业出口规模的影响，且只对适应能力强的企业有显著的促进作用。

第五章　人工智能对出口产品质量的影响

出口产品质量一直是国际贸易领域的热点问题，也是中国实现出口贸易高质量发展的重要基础（Bas，Strauss-Kahn，2015；毛日昇，陈瑶雯，2021）。长期以来，中国出口产品的低质化特征明显，在国际市场中的拓展主要依靠出口规模的扩张。但仅依赖出口规模的扩张难以推动一国经济的持续高质量增长，稳步提升出口产品质量才是长久之计。出口产品质量代表了一个国家的产业和企业在国际市场上的竞争力（Hallak，Schott，2011；Feenstra，Romalis，2014），提高出口产品质量是促进高质量出口、提升中国制造业在世界市场上的地位、改变目前"大而不强"现状的有效途径，也是改善中国宏观经济增长质量的重要微观基础。

反观现实，由于各发达国家不断加强对自身技术的保护，发展中国家难以在短时间内依靠自身条件提高技术水平和产品质量（Hausmann，Rodrik，2003）；与此同时，中国正面临人口老龄化、劳动力成本上升、外需不确定性加剧等诸多不利状况，内外双重困境为产品质量的提升带来了重重阻碍。21世纪以来，随着人工智能技术的不断发展，工业机器人作为现代制造业中集机械、电子、控制、计算机、传感器、人工智能等诸多学科先进技术于一体的重要自动化装备，凭借对企业生产率的显著促进作用（Jäger et al.，2015；Graetz，Michaels，2018；Acemoglu et al.，2020a），为打破上述困境、提升出口产品质量提供了一个新的可能，尤其是对当前的中国而言，"双循环"格局的构建对企业出口提质增效提出了更高的要求，因此，工业机器人对出口产品质量的影响研究具有重要的现实意义。

本章试图解决的问题有以下三个方面。

（1）根据已有研究，关注一国产品质量在出口产品质量阶梯中的相对位置，要比质量本身更具现实意义（Khandelwal，2010；施炳展等，2013）。根据 IFR 公布的《2020 年世界机器人报告》，目前世界运行的工业机器人已达270 万台，这些工业机器人在推动"制造"向"智造"转变的过程中，促使生产环节高效化和生产标准统一化（Dauvergne，2020），为研究各国产品质量在出口产品质量阶梯的位置提供了可能。因此，本章首先采用 IFR 公布的、包括中国在内的工业机器人安装数据，检验人工智能对产品质量阶梯的影响及其作用机制。

（2）人工智能的应用存在技术的外部性和偏向性。例如，Acemoglu et al.（2020，2023）发现采用工业机器人的企业在降低成本的同时，也对同行业中竞争对手产生了负面效应；无独有偶，Faber（2020）和 Kugler et al.（2020）也发现一国使用机器人会产生业务回流，显著降低其他国家的就业水平。"零和博弈"的情景还发生在采用人工智能的企业之间，即生产率高的"龙头企业"、拥有规模和技术优势的大型企业增益更多（Stiebale et al.，2020；Autor et al.，2020）。这些研究表明，工业机器人的应用很可能带来激烈的同业竞争，而在需求疲软的情况下，这种竞争会演变为侵蚀性竞争，对其他经济体的市场地位产生潜在威胁（Pula，Santabárbara，2012）。当侵蚀性竞争压力较大时，为弥补需求减少和利润损失，经济主体会作出降低产品质量的决策（侯欣裕等，2020）。可见，侵蚀性竞争的存在，是工业机器人应用过程中的重大挑战，明确侵蚀性竞争在工业机器人和行业质量阶梯二者关系中的角色，对人工智能推动出口高质量发展至关重要，这是本章试图解决的第二个问题。

（3）目前中国已经成为全球第一大工业机器人市场，也是世界最大的贸易出口国。在可预见的将来，以工业机器人为代表的智能化将深刻地影响和改变中国的贸易格局（贾根良，2016）。因此，本章以中国企业应用工业机器人的微观数据作为基础，从出口产品质量的视角研究工业机器人对企业高质量出口的影响与作用机制，并且考察工业机器人在贸易拓展、产品竞争和先发优势等方面对出口产品质量的动态效应。

第一节　人工智能对行业质量阶梯的影响

本节在提出理论假说的基础上，讨论了人工智能对行业质量阶梯的影响及其作用机制，并进一步讨论了侵蚀性竞争带来的影响。

一、人工智能影响行业质量阶梯的理论假说

尽管关于质量阶梯影响因素的文献凤毛麟角，且主要侧重于对经济主体固有特征的分析，但是这些研究仍为考察人工智能的质量效应提供了重要参考。Amiti 和 Khandelwal（2013）论证了国家发展状况和质量阶梯的关系，发现先进的发达国家位于产品质量阶梯的顶端，而发展中国家远离前沿。Khandelwal（2010）进一步具体到行业特征，发现行业资本强度、生产率、研发水平均与质量阶梯息息相关；无独有偶，刘伟丽和陈勇（2012）、施炳展等（2013）的研究也支持了上述观点。随着人工智能时代的到来，人工智能

的质量效应引起了越来越多学者的关注与重视（Korinek，Stiglitz，2017；Dauvergne，2020；DeStefano，Timmis，2021）。

（一）人工智能对行业质量阶梯的影响渠道

结合已有研究，本章认为人工智能是实现出口高质量发展的重要手段，各国各行业能够利用智能化缩短质量阶梯的长度，实现产品质量的提升，且这种作用可能通过三条渠道实现：增加行业中间品使用、提高行业生产率和资本密集度。

首先，作为人工智能技术的典型代表，工业机器人不仅在生产环节承担了一系列重复性高和容错率低的工作，减少了生产误差（DeStefano，Timmis，2021），而且在销售环节有效管理和降低了供应链上的风险，提高了供应过程的整体效率（Meltzer，2018）。得益于这些优势，工业机器人应用企业不仅巩固了已有竞争优势，而且改变了行业内的竞争态势，致使市场份额和资源重新分配（Koch et al.，2019）。为了适应这种变化，无论是整个行业，还是相关企业，都需要增加新的生产投入，调整各种投入占比。除了劳动力和常规资本投入，作为必要物质资本投入的中间品同样必不可少。与资本和劳动力等不同，中间品不产生累积效应，更能反映当期生产的变化。与此同时，工业机器人作为新型生产要素，通常比非自动化机器需要更高质量的投入与之配套（DeStefano，Timmis，2021），其中既包括优质的人力资本，如接受过高等教育的科研人员或更具有专业技能的技术人员（Meltzer，2018；Dauth et al.，2019；Bonfiglioli et al.，2020），也包括更高质量的中间品。中间品投入的质量往往决定着产出质量的水平（Kugler，Verhoogen，2012；许家云等，2017），这就使得中间品在生产环节占据着举足轻重的位置。

高质量中间品使用增多，对于提升产品质量大有裨益。具体来说，其一，各个国家和行业根据其比较优势或生产特点，通过配置资源生产不同的产品，其中所需中间品内嵌了其他行业或其他国家的生产技术信息和质量信息（马述忠，吴国杰，2016），对不同国家和行业中间品的使用，能够有效实现不同市场间资源的最优配置，带来更多高质量产品的生产，降低产品升级阻力，缩短行业质量阶梯（许家云等，2017）；其二，来自不同行业或不同国家的中间品具有一定程度的互补性，因此中间品投入增加能够丰富行业可使用的中间品种类，多种类的中间品组合能够降低投入价格、节约生产成本，提升产品质量（Halpern et al.，2015；许家云等，2017）；其三，中间品的重要来源之一是国外进口，而进口的中间品往往代表了更高的质量水平，其数量和质量增加均有助于产品质量的持续提升（Kugler，Verhoogen，2012；Bas，

Strauss-Kahn，2015）。基于此，本章提出：

假说 5-1：人工智能能够促进中间品使用，提升产品质量，实现行业质量阶梯的缩短。

其次，针对工业机器人的生产率效应，国内外学者得出了一致性结论，即机器人能够替代低技能劳动力和提升生产技术，故能带来劳动生产率的提高（Graetz，Michaels，2018；杨飞，范从来，2020）。一方面，智能系统的机械化水平较强，主要用来从事一系列重复性、低技术含量的工作，承担以前由低技能劳动力执行的任务，替代了部分技能欠佳的劳动力，提高了重复性任务的准确性和精度，带来了对生产率的增益效果（Acemoglu，Restrepo，2019；DeStefano，Timmis，2021）；另一方面，作为人工智能技术的典型代表，工业机器人本身就是技术创新的产物之一，是综合了人的特长和机器特长的拟人电子机械装置，不仅可以实现工作自动化，还可以激发人类创造力、判断力和灵活性，有利于革新生产方式，创造崭新生产模式，促进生产率的提升（王永钦，董雯，2020；Acemoglu，2021）。

已有研究表明，生产率较低会导致产品质量升级受阻，难以改变出口贸易低端锁定的不利局面（张夏等，2020）。相反，生产率高的行业对新技术的容纳和接受力度更强，不仅能在出口贸易中占有优势，而且更有能力支付生产高质量产品所需的高成本，从而带来更多更高质量产品的生产和出口（Kugler，Verhoogen，2012）；同时，智能化设备往往被用于承担一系列重复性高和容错率低的工作，产品的生产环节更加规范，生产误差更低（DeStefano，Timmis，2021），故生产出来的产品更趋于标准化，减少了不必要的产品差异，有利于达到缩短行业质量阶梯的目的。也正因为高生产率的诸多优势，这些行业应保持长期持续发展，提高行业技术水平，积极进行产品的质量升级（刘伟丽，陈勇，2012）。据此本章提出：

假说 5-2：人工智能的应用会通过提高生产率来缩短行业质量阶梯。

最后，除增加中间品使用和提高行业生产率之外，工业机器人还可能通过改变行业资本密集度影响行业质量阶梯。资本密集度在一定程度上可以反映行业生产的禀赋状况和比较优势，资本密集度越高，行业越倾向于利用禀赋优势生产并出口更高质量的产品，从而位居较高的阶梯位置（Khandelwal，2010；Hallak，Sivadasan，2013；施炳展等，2013）。

工业机器人投入作为资本的形式之一，可能更多地发生在原本资本密集度更高的行业，这就会模糊工业机器人通过提高资本密集度而发挥的提质作用。但是不可忽视的是，资本密集度不仅涉及资本的增加，而且更多地体现为资本和劳动两种要素的相对比例，即工业机器人在影响资本的同时，对劳动的影响也会改变原有的资本密集度。因此，工业机器人导致行业资本密集度变化的原因至少涉及两方面：从资本方面来说，随着工业机器人的普及，生产过程的智能化和自动化水平不断升高，资本可执行的任务范围扩大，越来越多的生产任务可以用资本代替劳动加以完成，从而使得生产过程中资本相对于劳动的重要性攀升（陈彦斌等，2019），改变了原有的要素配比模式，此时行业会更倾向于使用资本生产更高质量的产品（Hallak，Sivadasan，2013）；与此同时，投资工业机器人不仅能改变当期生产的要素配比和产品优势，更能实现长期的资本积累，带来资本劳动比率的持续增加。这些新的自动化设备不仅能降低生产成本，深化自动化技术，还能提高原有任务中的机器效率，进一步加固行业资本优势（Acemoglu，Restrepo，2018a）。从劳动力方面来说，工业机器人对劳动力的需求取决于两种相悖作用的相对大小："替代论"认为工业机器人的用途相对具体，主要用于替代由人类完成的某些特定工作（Acemoglu，Restrepo，2020），且安装工业机器人的边际成本明显低于初始成本，以更便宜的机器替代人类劳动是有利可图的（Hallward-Driemeier，Nayyar，2019），因此使用工业机器人能够减少生产中对劳动力的需求，产生"机器换人"的现象。与之相反，"创造论"则认为工业机器人的应用能够扩大产出规模、提升生产效率和产品市场份额，从而会增加劳动力需求（李磊等，2021）；同时，在工业机器人使用过程中，需要更多与之相辅相成的专业人员配合，如管理、工程、金融等专业人士，并且会创造出新的工作岗位（Acemoglu，2021）。

假说 5-3： 人工智能能够改变行业资本密集度，从而改变比较优势，实现行业质量阶梯的缩短。

（二）人工智能、侵蚀性竞争和行业质量阶梯

以工业机器人为代表的人工智能在投入生产时，带来了生产效率和质量的提高，夯实和加强自身的竞争优势，有可能改变原有的竞争状态。李磊等（2021）采用中国企业数据，支持了企业引进工业机器人有助于提高行业内就业份额的结论；Acemoglu et al.（2020）的研究进一步发现，企业采用工业机器人后，对自身产生积极就业效应的同时，会造成同行业竞争对手的就业损

失。与之相类似，Kugler et al.（2020）、Faber（2020）均发现美国使用工业机器人产生了产业回流现象，增加了本国就业机会，降低了他国的就业水平。即使同样使用工业机器人，经济主体的收益也并不对称。例如，Stiebale et al.（2020）的研究表明，在工业机器人使用过程中，原本生产率高的企业获益更大，资源的重新分配促进了龙头企业的产生；蔡震坤和綦建红（2021）还发现，工业机器人的使用会带来市场份额的重新分配，初始低质量更低的企业会得到更多的市场份额。这些研究表明，工业机器人在发挥经济效应的同时，可能改变原有的生产模式，从而引致个体之间激烈的竞争效应。

由于各国同一行业提供的往往是相同产品和相似产品，当产品销往有限的国际市场时，就会成为彼此的产品竞争者，势必产生需求市场之间的相互重叠，出口市场重合度过高导致了额外的国际市场风险，无疑会带来巨大的同业竞争。这种同业竞争不仅涉及产品类型的重合，更涉及产品质量的重合，质量相似的出口商群体往往会在同一个目标国市场相遇（Feinberg，2015），进一步加剧了同业竞争。在需求疲软的情况下，这种竞争会演变为侵蚀性竞争，此时经济主体的市场需求存在被其他行业或企业侵蚀的风险，为了扩大需求、弥补利润损失，它们可能偏好通过降低产品质量来缓解竞争的不利影响（侯欣裕等，2020）。因此，侵蚀性竞争的存在，可能使行业产品质量升级阻力变大，不利于后续的质量提升，抵消了部分工业机器人带来的质量促进效应。基于此，本章提出：

假说 5-4： 侵蚀性竞争的存在，弱化了人工智能对产品质量阶梯的提升作用。

已有研究表明，地理距离是影响出口产品质量的重要因素，一般来说，出口目标国距离越远，出口产品质量越高（祝树金等，2019）。这是因为，地理距离在一定程度上可以表征运输成本，更高质量的产品能够克服与距离相关的成本，并且收取更高的市场价格，获取更高的利润，因此更有能力渗透到更遥远的市场（Baldwin，Harrigan，2011；樊海潮，郭广远，2015）。如前所述，尽管工业机器人的应用有利于提升出口产品质量，但是各国各行业在出口时势必受到来自其他国家同行业产品的竞争压力，难以"独善其身"。同行业间侵蚀性竞争的存在，有可能导致某些行业为了规避竞争，改变高质量产品出口目标国的区位选择。具体而言，与国内贸易不同，国际贸易需要承担大量的运输成本和产品损耗成本，加剧了产品销售面临的风险，不利于在激烈的同业竞争中取胜，此时行业可能会倾向于将高质量产品的出口由远距离市场转移至近距离市场，以降低贸易成本和产品质量的折损，保证低价高质的竞争优势。这种规避竞争、保持优势的决策可能引发某国某行业就近出口高质量的现象。

与此同时，配置不同的生产线也是降低地理距离产生成本的方式之一。由于工业机器人类型多种多样，不同的类型决定了它们投入生产时的角色不尽相同。例如，激光焊接机器人由于嵌入了激光技术，在焊接时会具有更高的精准度（DeStefano，Timmis，2021）；相比之下，搬运机器人的工作任务相对简单一些，不会带来生产环节的实质性改变。由于不同类型工业机器人在装配价格、角色定位、生产收益等方面的差异，行业可能会安装不同的智能生产线，以应对地理距离产生的贸易成本。因此，本章提出：

假说 5-5： 侵蚀性竞争的存在，可能会使高质量产品的出口由远距离市场转移至近距离市场，从而出现就近出口高质量产品的现象。

二、人工智能影响行业质量阶梯的实证检验

（一）数据来源

本章行业层面的数据源于 CEPII-BACI 数据库、IFR 全球机器人数据库和 WIOD 数据库。其中，CEPII-BACI 数据库提供了全球 200 多个国家和地区 HS6 产品的贸易数据，本章计算质量阶梯和侵蚀性竞争所使用的贸易数据源于此；IFR 全球机器人数据库提供了 1993 年以来各国各行业工业机器人的安装数据，来源于世界范围内几乎所有的机器人供应商，是当前研究机器人的权威数据之一；2016 版 WIOD 数据库，涵盖了 2000—2014 年 43 个国家（地区）行业层面的基础经济变量，提供了本章所需的控制变量数据。

需要说明的是，三个数据库使用的行业编码并不一致，本章将其统一为与 WIOD 数据库一致的 ISIC Rev.4 行业编码。其中，IFR 机器人数据库根据行业释义将其统一，而 BACI 数据库参照唐宜红和张鹏杨（2020）的做法，根据产品在行业的归属关系匹配，实现 HS 产品编码—ISIC Rev.3 行业编码—ISIC Rev.4 行业编码的转化。本章最终获得 41 个国家（地区）32 个行业的19662 个观测值。

（二）模型设定

为了检验机器人对行业质量阶梯的影响，设定基准模型如下：

$$Indladder_{ijt} = \beta_0 + \beta_1 AI_{ijt} + \beta X_{ijt} + \varphi_i + \lambda_j + \delta_t + \varepsilon_{ijt} \tag{5-1}$$

其中：i、j、t 分别表示国家（地区）、行业和时间三个维度；$Indladder$ 为本章

的被解释变量，代表各国各行业的质量阶梯；AI 为本章核心解释变量，代表各国各行业使用人工智能的状况，以机器人的安装密度衡量；X 为本章控制变量，φ_i、λ_j 和 δ_t 分别表示国家、行业和时间固定效应；ε_{ijt} 为随机扰动项。

1. 被解释变量

本章的被解释变量为行业质量阶梯。质量阶梯代表着产品质量真正的前沿（Khandelwal，2010），这是因为，质量阶梯可以体现产品质量水平，即质量阶梯缩短意味着产品质量升级阻力变小，产品更趋于高质，而质量阶梯延长意味着产品质量存在进一步升级的可能性；更重要的是，质量阶梯还能够反映产品的质量差异化程度，较短的质量阶梯代表产品质量差异程度低，而较长的质量阶梯说明行业产品异质程度明显，存在较大的产业升级空间（Henn et al.，2013；余淼杰，李乐融，2016）。因此，行业质量阶梯不仅代表一国产品在世界市场中的质量地位，而且意味着经济体之间的相互赶超，关注质量阶梯对于各国贸易至关重要（魏方，2019）。

行业质量阶梯的计算如下：

第一步，采用嵌套 Logit 的方法计算进口产品质量。参照施炳展等（2013）的做法，使用双边贸易数据，基于式（5-2）～式（5-3）对每个国家（地区）每个产品进行回归计算，得到各产品的进口质量（式中 λ_{cht}），并对其进行标准化处理。此过程共涉及 216 个进口国（地区）4872 种产品。

$$\ln \frac{s_{cht}}{1-s_{0t}} = \lambda_{1,ch} + \lambda'_{2,t} + \alpha p_{cht} + \sigma \ln \frac{ns_{cht}}{1-s_{0t}} + \gamma \ln pop_t + \lambda_{3,cht} \quad (5\text{-}2)$$

$$\lambda_{cht} = \hat{\lambda}_{1,ch} + \hat{\lambda}'_{2,t} + \hat{\lambda}_{3,cht} = \hat{\lambda}_{1,ch} + \hat{\lambda}_{2,t} + \hat{\lambda}_{3,cht} + \ln s_{0t} + \ln(1-s_{0t}) \quad (5\text{-}3)$$

其中：c、h、t 分别代表出口目标国、产品种类和时间；s_{cht} 为产品 ch 占世界该行业的市场份额；ns_{cht} 为产品 ch 占世界产品 h 的市场份额；s_{0t} 为目标国 h 产品的市场份额；pop_t 为出口国（地区）的人口数量，用来控制产品的水平差异。λ_{cht} 代表产品质量，由三部分构成，其中 $\lambda_{1,ch}$ 表示不随时间变化的特征；$\lambda'_{2,t}$ 代表只随时间变化的特征；$\lambda_{3,cht}$ 表示其他消费者观测到但无法定量搜集的特征。

第二步，由于本国来自其他国家（地区）的进口等同于其他国家（地区）对本国的出口，在计算 216 个进口国（地区）进口产品质量的基础上，对应得到 41 个样本国家（地区）的出口产品质量。之所以采取计算进口产品质量，间接获取出口产品质量的做法，是因为嵌套 Logit 的方法在计算产品质量时做了基于消费视角的假设，故需进行进口国角度的回归，这也与已有文献的做法保持一致（Khandelwal，2010；刘伟丽，陈勇，2012；施炳展等，

2013）。

第三步，依据 Khandelwal（2010）的做法构建产品 h 的质量阶梯 $ladder_h = \lambda_h^{\max} - \lambda_h^{\min}$，并根据产品—行业对应关系，将产品质量阶梯合并至行业层面，求得各行业的质量阶梯，考虑到不同产品在行业中重要程度不同，使用初始年份出口份额作为权重，即

$$Indladder_{ijt} = \sum_{h=1}^{H_m} w_h ladder_h \qquad （5-4）$$

其中：H_m 为 m 行业中产品的种类数；$ladder_h$ 为产品 h 的质量阶梯；w_h 为产品 h 在初始年份的出口份额。

图 5-1 展示了各行业质量阶梯和机器人安装数量之间的关系。首先，竖条代表了各行业的质量阶梯长度，可以看出各行业之间存在明显的差距，其中，以 C15（基本金属制造）为代表的制造业质量阶梯较短（0.362），而以 C46（建筑和工程活动、技术测试和分析）为首的服务业质量阶梯（2.346）较长，这可能是因为制造业的生产更加标准化，产品间差异性较小，而服务业提供的产品和服务更侧重多样化；其次，折线代表了各行业的机器人安装流量，目前机器人安装集中于制造业，服务类行业安装数量较少，IFR 数据显示，制造业安装机器人数量已超过总数量的 80%。这可能是因为服务业中的机器人个性化和专业化明显，需要特殊定制，投入高、产出低，增益效果差，故目前尚未大规模投入使用。综合来看，除个别行业，绝大多数的行业机器人数量和质量阶梯呈现同向变化的关系。

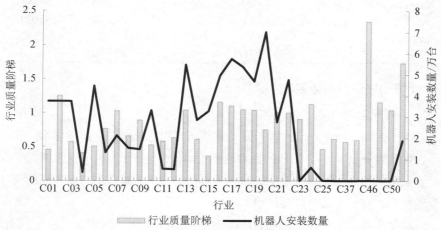

图5-1　各行业的质量阶梯和工业机器人安装数量

2. 核心解释变量

参考 Graetz 和 Michaels（2018）的做法，本章以工业机器人密度 AI（每

百万小时工作的工业机器人数量）作为人工智能的表征，相较于工业机器人安装流量和存量，该指标更能反映各国（地区）各行业工业机器人的实际应用水平（王永钦，董雯，2020）。当然，为了更全面地捕捉人工智能的经济效应，本章也使用工业机器人安装流量、存量和其他密度指标用于稳健性检验。

3. 控制变量

参考 Kugler 和 Verhoogen（2012）、施炳展等（2013）的做法，本章选取如下控制变量：① 行业规模（*Size*），以行业总产出指数衡量；② 人力资本（*Wage*），以劳动力人均薪酬衡量；③ 劳动力状况（*Labor*），以劳动力人数占总人数的比重衡量；④ 要素产出（*FS*），以各行业单位产出的劳动报酬表示；⑤ 资本深化（*CD*），以各行业资本存量与行业增加值之比衡量（杨飞，范从来，2020）；⑥ 人均工时（*Hem*），以各行业投入的劳动力人均工时衡量。相关变量以 2010 年的不变价格来衡量，同时，为减少样本损失，对相关变量采取加 1 取对数的处理。本章变量描述性统计如表 5-1 所示。

表 5-1　描述性统计

变　量	观　测　值	均　值	标　准　差	最　小　值	最　大　值
Indladder	19 662	0.790	0.507	0.000	5.254
AI	19 662	0.103	0.342	0.000	5.949
Size	19 662	4.522	0.253	1.881	6.185
Wage	19 240	4.403	2.252	0.000	13.576
Labor	19 182	0.593	0.160	0.000	0.693
FS	19 662	0.203	0.147	0.000	2.634
CD	19 640	1.146	0.598	−1.831	6.786
Hem	19 180	1.003	0.210	0.000	1.660

（三）实证检验结果

1. 基准回归结果

表 5-2 第（1）～（2）列汇报了基准回归的估计结果。结果显示，不论是否加入控制变量，*AI* 的估计系数均在 1% 水平上显著为负，这表明以工业机器人衡量的人工智能缩短了各国各行业质量阶梯，减少了出口产品质量升级的阻力，有利于提升产品质量。

控制变量结果则显示，行业规模（*Size*）越大、人力资本（*Wage*）越高、资本深化程度（*CD*）越高的行业，越利于质量阶梯缩短，这与 Kugler 和 Verhoogen（2012）、施炳展等（2013）的研究相一致；要素产出（*FS*）的估计系数显著为正，单位产出的报酬越高表明劳动成本越昂贵，不利于质量升级，从而延长了行业质量阶梯；人均工时（*Hem*）的估计系数显著为负，表明在其他条件不变时，人均工时越大，产品中凝结的人力劳动越多，由于工业机器人并不能完全替代人力，对某些特定行业来说，只有人力投入才能发挥其增质效果（Faber，2020；DeStefano，Timmis，2021）。

表 5-2　基准回归结果与内生性检验

变量	基准回归		工具变量法		PSM-DID		
			第一阶段	第二阶段	最近邻匹配	半径匹配	核匹配
	(1)	(2)	(3)	(4)	(5)	(6)	(7)
AI	−0.019***	−0.019***		−0.170***			
	(−3.36)	(−3.37)		(−4.21)			
IV_AI			−8.225***				
			(−9.45)				
Du·Dt					−0.053***	−0.055***	−0.055***
					(−7.89)	(−8.10)	(−8.10)
Size		−0.110***	−0.017*	−0.114***	−0.105***	−0.108***	−0.108***
		(−9.36)	(−1.68)	(−9.69)	(−9.02)	(−9.27)	(−9.27)
Wage		−0.021***	0.002	−0.020***	−0.020***	−0.020***	−0.020***
		(−4.28)	(0.62)	(−4.21)	(−4.11)	(−4.17)	(−4.17)
Labor		0.050	−0.020	0.047	0.031	0.050	0.050
		(1.22)	(−0.68)	(1.13)	(0.75)	(1.21)	(1.21)
FS		0.149***	−0.027	0.144***	0.291***	0.139***	0.139***
		(6.40)	(−1.59)	(6.16)	(6.53)	(5.99)	(5.99)
CD		−0.023***	0.013*	−0.021***	−0.020***	−0.022***	−0.022***
		(−4.42)	(1.75)	(−3.92)	(−3.76)	(−4.31)	(−4.31)
Hem		−0.068**	−0.049*	−0.076**	−0.094***	−0.068**	−0.068**
		(−1.98)	(−1.71)	(−2.20)	(−2.71)	(−1.98)	(−1.98)
国家固定效应	是	是	是	是	是	是	是
行业固定效应	是	是	是	是	是	是	是
时间固定效应	是	是	是	是	是	是	是
Kleibergen-Paap rk F 值			89.215				
N	19 474	19 128	19 128	19 128	19 072	19 158	19 158
R^2	0.611	0.618			0.620	0.619	0.619

注：括号内为 *t* 值，估计系数的标准误为稳健标准误；***、**、*分别表示在 1%、5%、10%的水平上显著。本章下同。

2. 内生性检验

（1）工具变量法

一方面，基准模型设定存在变量控制不全面的可能性，产生遗漏变量的内生性偏差；另一方面，质量越高的行业，越有可能通过安装工业机器人来扩大其优势，也越具备安装工业机器人的基础条件，这种逆向因果的内生性也可能产生结果的偏误。对此，本章采用工具变量法，并使用 2SLS 进行回归，进一步加强结论的可信度。

借鉴 Faber（2020）、杨光和侯钰（2020）的做法，选择世界其他国家行业层面的工业机器人密度（*IV_AI*）作为核心解释变量的工具变量，由其他国家行业层面工业机器人数量除以对应的行业总工时求得。由于世界其他国家同期工业机器人数量在一定程度上能够反映人工智能的发展状况，且受本国行业质量阶梯影响较小，故满足工具变量相关性和排他性的选取要求。

根据表 5-2 第（3）列的估计结果可知，第一阶段中工具变量与核心解释变量呈显著的负相关关系，证实了相关性的成立，估计系数的符号也与杨光和侯钰（2020）的研究保持一致，且有可能是各国工业机器人的使用存在竞争关系所致；同时，Kleibergen-Paap rk F 值为 89.215，大于 10% 水平下的临界值 16.38，可以排除弱工具变量的问题。第（4）列第二阶段的结果显示，*AI* 估计系数显著为负，表明在考虑内生性问题后，工业机器人仍可缩短行业质量阶梯，证实了基准回归结果的可信性。

（2）PSM-DID

各国各行业使用工业机器人会受到行业自身发展情况的影响，并非完全外生，存在"自选择"问题，为此本章采用 PSM-DID 的方法，为每一个工业机器人的行业匹配与之最为相似的未安装工业机器人的行业后，再进行 DID 的分析。

为增加结论的可信性，本章同时使用了最近邻匹配、半径匹配和核匹配多种配对方式，表 5-2 第（5）～（7）列依次列示回归结果。其中 *Du* 为是否为实验组的虚拟变量，若 *i* 国（地区）*j* 行业具有安装工业机器人的记录，则视为实验组，*Du* 取 1，与之对应的对照组取 0；*Dt* 为冲击年份的虚拟变量，安装工业机器人后为 1，安装前为 0，多次工业机器人安装记录的行业以样本期内首次安装年份作为冲击点。回归结果显示，交互项 *Du·Dt* 系数仍显著为负，再证基准结果的稳健性。

3. 稳健性检验

（1）更换变量衡量

由于衡量质量和人工智能的指标多种多样，不同的指标选择可能带来不同的结论。为避免因指标选取产生的偏差，本章更换了被解释变量和核心解释变量的衡量方式。在更换被解释变量衡量时，一是参考 Khandelwal et al.（2013）的做法，重新测算出口产品质量，并据此计算行业质量阶梯 *Ladder*1；二是更换产品—行业转换关系的合并权重，以出口数量占比重新加权得到行

业质量阶梯 *Ladder*2。在更换核心解释变量衡量时，以工业机器人安装流量（*AIF*）、存量（*AIS*）和密度（*AID*）分别反映人工智能的使用情况，其中工业机器人密度以每千名工人操作的工业机器人数量衡量（Acemoglu，Restrepo，2020）。由表 5-3 第（1）～（5）列可知，无论采用何种衡量方式，核心解释变量的符号与显著性均和基准结果相一致。

表 5-3　更换核心变量

变量	更换被解释变量		更换核心解释变量		
	(1) *Ladder*1	(2) *Ladder*2	(3) *AIF*	(4) *AIS*	(5) *AID*
AI	−0.019*** (−4.02)	−0.036*** (−5.06)			
AI′			−0.008*** (−5.04)	−0.008*** (−6.17)	−0.015*** (−3.31)
Du · Dt					
AI · Dt					
控制变量	是	是	是	是	是
国家固定效应	是	是	是	是	是
行业固定效应	是	是	是	是	是
时间固定效应	是	是	是	是	是
N	19 128	19 128	19 158	19 158	19 128
R^2	0.596	0.527	0.618	0.618	0.618

（2）更换估计方法

从已有研究来看，部分学者将安装工业机器人视为新一代工业革命的"事件冲击"，并采用双重差分法（DID）的方法考察人工智能的经济效应（Brynjolfsson et al.，2019；Greenstone et al.，2020；Bessen et al.，2023）。学者们认为，虽然 DID 存在明显的内生性问题，但是可以通过工具变量法在一定程度上加以克服（Artuc et al.，2018）。为此，本章参照上述理念，采用 DID 重新回归，估计结果见表 5-4 第（1）列。同时，考虑到回归中可能存在的序列相关性，本章还采用两期倍差法进行回归，结果见表 5-4 第（2）列。考虑到上述两种方法虽然能够考察工业机器人安装对行业质量阶梯的影响，但是无法捕捉因工业机器人安装力度出现的差异，故将工业机器人密度与 *Dt* 相乘并纳入模型，以体现外部冲击力度变化产生的影响，回归结果见表 5-4 第（3）列。第（1）～（3）列中交互项的估计系数均在 1%的水平上显著为负，证实了基准结果的稳健性。

表 5-4　其他稳健性检验

变量	更换估计方法（DID）			考虑安装工业机器人的时间长度	考虑金融危机
	(1)	(2)	(3)	(4)	(5)
AI				−0.006*** (−5.93)	−0.022*** (−3.43)
AI'					
Du · Dt	−0.055*** (−8.10)	−0.265*** (−18.21)			
AI · Dt			−0.019*** (−3.37)		
控制变量	是	是	是	是	是
国家固定效应	是	是	是	是	是
行业固定效应	是	是	是	是	是
时间固定效应	是	是	是	是	是
N	19 158	1904	19 128	19 158	16 575
R²	0.619	0.724	0.618	0.619	0.623

（3）考虑安装工业机器人时间长度的影响

不同行业安装工业机器人时间并不相同，因此会产生使用时间长短的差异，在上文考虑工业机器人"安装密度"和"是否安装"后，还考虑了工业机器人"安装持续时间"的影响，以排除时间长短引发结论差异的可能性。参照余玲铮等（2021），计算行业安装工业机器人的时间并纳入回归。表 5-4 第（4）列显示，AI 的估计系数依然显著为负，表明安装工业机器人的时间越长，其经济效应越明显，与前文基准结论一致。

（4）考虑金融危机的影响

一方面，受金融危机的冲击，本国的供给和他国的需求均受到影响，导致产品质量大幅度下降（Chen，Juvenal，2015；王雅琦等，2018）；另一方面，危机的出现，各国开始将人工智能作为应对风险和调整产业结构的重要手段，这必然对工业机器人使用带来较大冲击（吕越等，2020）。为消除其干扰，参照 DeStefano 和 Timmis（2021）的做法将 2008—2009 年的样本删除后进行回归。表 5-4 第（5）列显示，AI 的估计系数仍显著为负，与预期结论保持一致，表明工业机器人密度对行业质量阶梯的影响并不会受到金融危机事件的干扰。

4. 作用机制考察

前文表明，各国各行业使用工业机器人能够显著缩短各行业质量阶梯，促进行业产品质量的提高，而这一作用背后的影响机制尚待进一步考察。与传统三步法的中介效应不同，本章参考 Dippel et al.（2020）的方法，使用内生中介效应检验模型研究工业机器人密度对行业质量阶梯的作用渠道。该模型与传统中介效应检验模型估计流程一致，即

$$Indladder = \beta_{Indladder}^{AI} AI + \gamma Control + \varepsilon_{Indladder} \qquad (5\text{-}5)$$

$$M = \beta_M^{AI} AI + \gamma Control + \varepsilon_M \qquad (5\text{-}6)$$

$$Indladder = \beta_{Indladder}^{M} M + \beta_{Indladder}^{AI} AI + \gamma Control + \varepsilon_{Indladder} \qquad (5\text{-}7)$$

其中：M 和 $Control$ 分别表示机制变量与控制变量。

与之不同的是，内生中介效应检验模型的估计基于 2SLS 回归，将核心解释变量的工具变量引入每一步因果识别的过程，最大限度地解决了潜在的内生性问题。后两步识别过程，即式（5-6）～式（5-7）可进一步拆解为式（5-8）～式（5-9）和式（5-10）～式（5-11）：

第一阶段：

$$AI = \beta_{AI}^{IV} IV + \gamma Control + \varepsilon_{AI} \qquad (5\text{-}8)$$

第二阶段：

$$M = \beta_M^{AI} \widehat{AI} + \gamma Control + \varepsilon_M \qquad (5\text{-}9)$$

此步是为了表明核心解释变量和机制变量之间的关系。其中，$\widehat{AI}$ 是第一阶段的估计值，IV 表示工具变量，M 表示机制变量，β 和 γ 是基于 2SLS 方法得到的估计系数。

第一阶段：

$$M = \beta_M^{IV} IV + \gamma_M^{AI} AI + \gamma Control + \varepsilon_{AI} \qquad (5\text{-}10)$$

第二阶段：

$$Indladder = \beta_{Indladder}^{M} \widehat{M} + \beta_{Indladder}^{AI} AI + \gamma Control + \varepsilon_{Indladder} \qquad (5\text{-}11)$$

此步是在控制 AI 时，以 IV 作为 M 的工具变量，探究机制变量对被解释变量的影响。其中，$\widehat{M}$ 是第一阶段的估计值。内生中介效应检验模型提供了式（5-8）和式（5-10）的 Kleibergen-Paap rk F 值，但式（5-10）的 Kleibergen-Paap rk F 值并不具备参考价值，故本章仅报告前者。

根据前文提出的理论假说，本章选取的机制变量为中间品使用（II）、生产率（TFP）和资本密集度（KL）。其中，中间品使用以中间品投入衡量，生产率采用人均增加值衡量，资本密集度采用资本与雇员人数之比衡

量；同时，仍选用其他国家同行业工业机器人安装密度作为核心解释变量的工具变量。

（1）中间品使用

工业机器人的使用改变了原有生产方式，扩张生产规模，中间品使用会随之增加。来自其他国家或其他行业的中间品的组合生产，实现了资源更优化的配置，对优化产业结构和提升产品质量至关重要（Bas，Strauss-Kahn，2015；许家云等，2017）。表 5-5 第（1）列给出了内生中介效应检验模型第二步的回归结果，可以看出工业机器人密度估计系数在 1% 的水平上高度显著，表明安装工业机器人显著促进了中间品的使用；同时，Kleibergen-Paap rk F 值大于 10% 的临界值，拒绝了弱工具变量假设。第（2）列的结果则进一步表明，中间品使用增加有利于缩短行业质量阶梯，带来产品质量的进一步提升。这表明中间品使用确实是工业机器人影响质量阶梯的机制，证实了假说 5-1 的成立。

表 5-5　影响机制检验

变量	中间品使用 *II*		行业生产率 *TFP*		行业资本劳动比 *KL*	
	(1) *II*	(2) *Indladder*	(3) *TFP*	(4) *Indladder*	(5) *KL*	(6) *Indladder*
AI	0.377*** (5.96)	−0.018*** (−3.03)	0.085** (2.04)	−0.074*** (−3.21)	0.109* (1.91)	−0.058*** (−2.72)
II		−0.402*** (−4.08)				
TFP				−0.995*** (−2.74)		
KL						−1.023** (−2.34)
控制变量	是	是	是	是	是	是
国家固定效应	是	是	是	是	是	是
行业固定效应	是	是	是	是	是	是
时间固定效应	是	是	是	是	是	是
Kleibergen-Paap rk F 值	89.215		89.200		89.215	
N	19 128	19 128	18 513	18 513	19 126	19 126

说明：内生中介效应检验模型第一步的回归结果与稳健性检验部分 2SLS 回归结果相同，不再报告；由于篇幅所限，第二步和第三步仅报告第二阶段的回归结果，第一阶段结果备索。

（2）行业生产率

工业机器人在生产中主要从事高精度的重复性工作，标准化的机械生产对生产率的提升毋庸置疑（Graetz，Michaels，2018；Acemoglu，Restrepo，2019）。无论是为满足内销还是进行出口，生产率提高都可以带来产品质量的升级，从而有利于质量阶梯的缩短（张夏等，2020）。表 5-5 第（3）～（4）列给出了工业机器人生产率效应的估计结果。表 5-5 第（3）列显示，AI 对 TFP 的影响显著为正，表明工业机器人的使用显著促进了行业生产率；第（4）列进一步表明，将 TFP 纳入模型后，生产率对行业质量阶梯的影响显著为负，表明生产率的提升会减少质量升级的阻力，有利于缩短行业质量阶梯，验证了假说 5-2 的成立。

（3）行业资本密集度

如前文理论假说所述，工业机器人亦有可能作为资本参与生产环节，改变原有的要素禀赋和生产优势，使其在特定的质量阶梯位置从事生产。根据表 5-5 第（5）～（6）列可知，引入生产率变量前，工业机器人密度对资本劳动比的估计系数在 1% 的显著水平上为正，将资本劳动比纳入回归后，资本劳动比和工业机器人密度的估计系数均显著为负。这说明工业机器人使用能显著地提高资本密集度，带来了行业比较优势的变化，对质量产生了促进作用，从而缩短了行业质量阶梯，这和前文的理论假说 5-3 一致。

由此可见，各国各行业采用以工业机器人为代表的人工智能，通过增加行业中间品使用、提高行业生产率和资本密集度三条渠道，能够缩短质量阶梯的长度，实现产品质量的升级。

三、基于侵蚀性竞争的拓展

前文已经证实，某国某行业安装和使用工业机器人会带来生产率的提高与产品服务质量的提升，夯实并加强该行业的生产优势。对于各行业而言，同行业相似产品和相同产品出口时，产生需求市场之间的相互重叠，带来侵蚀性竞争的压力。基于此，探究侵蚀性竞争、工业机器人与行业质量阶梯的关系，对于全方位认识侵蚀性竞争为工业机器人带来的机遇和挑战至关重要。

（一）侵蚀性竞争的测算

参考 Bloom et al.（2013）、侯欣裕等（2020）的做法，通过计算市场重合度构建侵蚀性竞争压力指标。该指标的好处有两个方面：一方面，这一指标基于产品层面进行，可以借助产品出口额，将出口价格、出口数量、出口质量等信息包含在内，由此计算得到的是一个综合性的竞争指标；另一方面，行业或企业在出售产品时，更多的竞争来源于相同或相似产品，而非差异性产品。不同于以往的竞争指标（如 HHI），侵蚀性竞争考虑了个体出口时面临来自其他个体市场重合的程度（侯欣裕等，2020），能够更精确地衡量竞争程度的大小。

首先，根据式（5-12）测算了各个国家（地区）每种产品 k 的双边出口市场重合度，该过程使用矩阵运算，共涉及 4872 种产品构成的方阵。

$$SIC_{ijk} = \frac{S_{ik}S'_{jk}}{(S_{ik}S'_{ik})^{1/2}(S_{jk}S'_{jk})^{1/2}} \qquad (5\text{-}12)$$

其中：i、j 表示国家；k、d 分别表示产品和出口目的国；$S_{ik} = (S_{ik1}, S_{ik2}, \dots, S_{ikd})$，$S_{ikd}$ 代表 i 国出口产品 k 到目的国 d 的出口额（$Export_{ikt}$）占其产品 k 总出口额（$Export_{ikdt}$）比重的平均水平；SIC_{ijk} 为国家 i 和国家 j 所生产产品 k 在出口市场的重合度，取值为 0～1，取值越大代表国家 i 和国家 j 出口产品 k 的市场重合度越高。

基于上述测算的重合度，利用式（5-13）构建国家 i 在出口产品 k 时面临的侵蚀性竞争压力指数（$Comp$）。由于本章数据为国家—行业层面数据，故根据式（5-14），以产品 k 在所属行业中的出口额占比加权，将竞争指数对应至行业层面，得到国家（地区）i 行业层面的侵蚀性竞争指标（$Competition$），这种处理在一定程度上将行业信息包含在内，也与上文对行业质量阶梯的测算方式保持一致。该指标越大，表明行业在产品市场上受到来自他国同行业的竞争压力越大，出口时受到的侵蚀作用越突出。

$$Comp_{ikt} = \sum_{i \neq j} (SIC_{ijt} \cdot RPV_{ijkt}) \qquad (5\text{-}13)$$

$$Competition_{ikt} = Comp_{ikt} \cdot w_{ikht} \qquad (5\text{-}14)$$

其中：$RPV_{ijkt} = Export_{jkt} / Export_{ikt}$，为国家 i 与国家 j 所生产产品 k 的相对出口销售比，衡量了国家间的相对市场规模，RPV_{ijkt} 越大，表明国家 j 的规模相对更大，则国家 i 面临的竞争也更激烈；$w_{ikht} = Export_{ikht} / Export_{ikt}$，为产品 k 在所属行业 h 中的出口额占比；$Comp_{ikt}$ 为国家（地区）i 产品 k 面临的侵蚀性竞争压力指数；$Competition_{ikt}$ 为国家（地区）i 行业层面的侵蚀性竞争压力指数。

图 5-2 和图 5-3 分别显示了分行业与分年份的侵蚀性竞争压力指数均值。尽管各行业和各年份的侵蚀性竞争大小存在差异，但是由于出口市场重合而产生的竞争压力是普遍存在的客观事实，故考察侵蚀性竞争的经济影响，对各国各行业合理应对激烈的同业竞争至关重要。

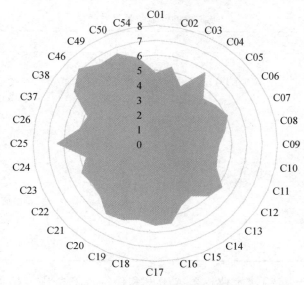

图 5-2　分行业侵蚀性竞争压力指数

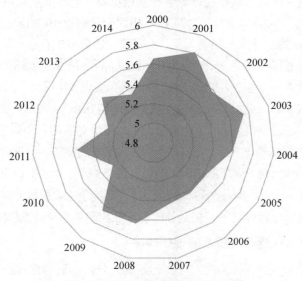

图 5-3　分年份侵蚀性竞争压力指数

（二）侵蚀性竞争的调节效应分析

在表 5-6 第（1）列给出本章基准回归结果的基础上，第（2）列将侵蚀性竞争（*Competition*）纳入回归，结果显示，该变量的估计系数显著为正，表明同业侵蚀性竞争的存在延长了行业的质量阶梯，行业产品质量升级阻力变大，不利于后续的质量提升，这和侯欣裕等（2020）的结论保持一致。

表 5-6　侵蚀性竞争的调节效应

变量	(1)	(2)	(3)
AI	−0.019***	−0.014**	−0.006
	(−3.37)	(−2.57)	(−1.06)
Competition		0.068***	0.069***
		(16.54)	(16.93)
AI·Competition			0.013***
			(4.06)
控制变量	是	是	是
国家固定效应	是	是	是
行业固定效应	是	是	是
时间固定效应	是	是	是
N	19 128	19 128	19 128
R²	0.618	0.632	0.632

　　本章进一步构建工业机器人密度和侵蚀性竞争压力指数的交互项（*AI·Competition*），以考察侵蚀性竞争在工业机器人与行业质量阶梯二者关系中的调节作用。表 5-6 第（3）列表明在对相关变量进行中心化处理的基础上，*AI·Competition* 的估计系数显著为正，说明侵蚀性竞争的存在，弱化了工业机器人密度对质量阶梯的缩短作用，即行业面临的侵蚀性竞争越大，安装工业机器人对行业产品质量的提升作用越弱，这和假说 5-4 保持一致。

　　更进一步来看，此处存在侵蚀性竞争的阈值 0.462（=0.006/0.013），只要侵蚀性竞争不超过该值，使用工业机器人可以抵消竞争的负面效应，实现阶梯位置的攀升。样本数据显示，在本章涉及的所有"国家—行业对"中，约有36.585%（=480/1312）属于此范围，但仍有近 2/3 的行业在出口市场上面临着被侵蚀的风险。因此，提升产品质量、保持产品竞争力，积极应对由于出口产品重合度引致的侵蚀性竞争，仍是各国各行业实现贸易持续发展的重中之重。

（三）侵蚀性竞争与质量的地理转移

　　正如理论假说 5-5 提出的，行业为规避竞争，会更倾向往特定地域出口高质量产品，因此有必要考察在各行业面临侵蚀性竞争时，工业机器人使用是否会产生质量的转移现象。具体而言，就是以贸易双方是否相邻定义出口目标国与本国（地区）的距离远近，以出口至不同目标国产品计算的行业质量阶梯定义出口质量状况。

　　表 5-7 第（1）～（2）列显示，当出口目标国为邻近地区时，工业机器人密度对行业质量阶梯的估计系数不显著，而出口目标国为非邻近地区时，估计系数显著为负，这表明在不考虑侵蚀性竞争时，仅当产品销往距离较远

的非邻近地区时，工业机器人的使用会缩短行业质量阶梯，换句话说，此时非邻近地区享受到了出口国（地区）使用工业机器人带来的产品质量升级的好处，而距离更近的邻近地区并未受到影响，验证了假说 5-5 的成立。

表 5-7 侵蚀性竞争与质量的地理集聚

变量	邻近地区 (1)	非邻近地区 (2)	邻近地区 (3)	非邻近地区 (4)
AI	0.001 (0.20)	−0.031*** (−5.16)	−0.002 (−0.43)	−0.013** (−2.29)
Competition			0.007* (1.70)	0.061*** (15.37)
AI·Competition			−0.007** (−2.24)	0.024*** (6.78)
控制变量	是	是	是	是
国家固定效应	是	是	是	是
行业固定效应	是	是	是	是
时间固定效应	是	是	是	是
N	16 650	19 116	16 650	19 116
R²	0.499	0.592	0.500	0.603

表 5-7 第（3）～（4）列则显示，当出口目标国为邻近地区时，交互项系数显著为负，代表侵蚀性竞争加剧，会强化工业机器人对行业质量阶梯的缩短作用；而当出口目标国为非邻近地区时，交互项系数显著为正，说明工业机器人对质量的提升作用会因侵蚀性竞争而弱化。这一结果表明，面临侵蚀性竞争时，就近出口的产品会更加标准化，更加同质化，质量升级更加明显，而远距离出口的产品升级幅度较小。图 5-4 进一步显示了初始年份往不同出口目标国出口产品的行业质量阶梯状况，可以看出，初期出口至邻近地区的阶梯短于非邻近地区，即在初期，邻近地区从同一个国家（地区）进口比非邻近地区质量更高的产品。辅之表 5-7 第（3）～（4）列的回归结果，由于激烈的同业竞争，各国各行业会利用工业机器人技术，倾斜内部资源配置，进一步升级销往邻近地区的高质量产品。造成差异化结果的可能原因是，与国内贸易不同，国际贸易需要承担大量的运输成本和产品损耗成本，加剧了产品销售面临的风险，不利于在激烈的同业竞争中取胜，此时行业会倾向于出口至地理位置较近的邻近地区，以降低贸易成本和产品质量的折损，保证低价高质的竞争优势，故侵蚀性竞争引发了本国（地区）就近出口高质量产品的现象。

侵蚀性竞争的存在，会导致各国各行业安装工业机器人时，出口到近距离目标国的产品质量得到更显著的提升，但是，一个国家的质量升级还会受到该国与世界质量前沿距离远近的影响（Amiti, Khandelwal, 2013）。若上述效应在产品质量高的国家（地区）更显著，意味着更高质量产品的生产和消费会以该国（地区）为中心聚集，实现区域性的质量集聚；反之，若此效应在产品质量低的国家（地区）更显著，则说明以各个出口国（地区）为中心，世界各区域产销的产品质量趋同。参考 Amiti 和 Khandelwal（2013）、DeStefano 和 Timmis（2021）的做法，本章计算了各国的质量差距以衡量各国的质量水平，即各国质量与质量前沿的距离，质量差距越小，表明该国越接近质量前沿，产品质量越高。同时，根据质量差距的分位数水平，将国家（地区）划分为低质量（质量差距最大的 20%）、中质量（20%～80%）、高质量（质量差距最小的 20%）三个组别分组回归①。其中，质量前沿定义为初始质量最高的国家，国家层面的质量以各行业产出占比加权行业质量得到。

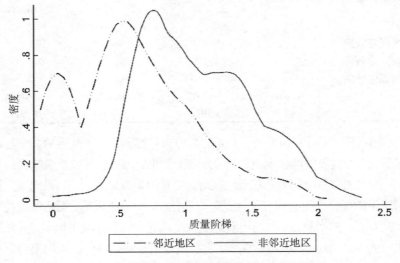

图 5-4　不同出口目标国初始年份的阶梯状况

表 5-8（A）为不考虑侵蚀性竞争的回归结果。可以看出，仅当出口地为非邻近地区时，中、高质量组的估计系数显著为负，表明在更接近质量前沿的国家（地区），行业安装工业机器人后更愿意提高销往远距离地区的产品质量。

表 5-8（B）为考虑侵蚀性竞争的结果，表明在最接近质量前沿的国家（地区），侵蚀性竞争强化了工业机器人对邻近地区产品的质量效应，销往邻近地区的产品质量升级明显，这与前文结论一致，主要是行业规避风险、保证低价高质动机的激励所致；而在中间质量和远离质量前沿的国家（地区），侵蚀

---

① 本章也计算了行业层面质量差距对结果的影响，结论与正文分析高度一致，为该部分的两个结论提供了基于行业质量差距的异质性证据。具体结论如下：第一，提高行业质量是非常必要的；第二，产品质量更高的行业更倾向于出口至邻近国家，带来某行业的区域性集聚。囿于篇幅所限，留存备索。

性竞争均负面影响了工业机器人对质量的提升作用，不同的是，前者仅影响销往非邻近地区的产品，后者影响所有产品，且交互项的系数明显大于前者。这一结论表明：一方面，提高产品质量、高质量参与国际贸易是必要的。尽管存在侵蚀性竞争，对于质量接近前沿的国家（地区），其行业安装工业机器人在一定程度上能够抵消同业竞争的冲击，行业仍具有规避风险、选择目的地区的能力；而其他国家，尤其是远离质量前沿的国家（地区），其行业使用工业机器人的质量效应被侵蚀性竞争的压力大大削弱，极有可能陷入出口低价低质产品的困境。另一方面，质量前沿的国家（地区）更多地将高质量产品销往邻近地区，这会使高质量产品的生产和消费变成区域内活动，即高质量产品的产销会以高质量国家（地区）为中心、在多个小范围区域进行，加深了区域之间的贸易合作。

表 5-8　基于国家质量差距的异质性检验

变量	低质量		中质量		高质量	
	邻近地区	非邻近地区	邻近地区	非邻近地区	邻近地区	非邻近地区
	(1)	(2)	(3)	(4)	(5)	(6)
（A）不考虑侵蚀性竞争						
AI	0.000	−0.029	−0.011	−0.046***	−0.005	−0.029***
	(0.00)	(−0.92)	(−1.53)	(−5.50)	(−0.55)	(−2.75)
控制变量	是	是	是	是	是	是
国家固定效应	是	是	是	是	是	是
行业固定效应	是	是	是	是	是	是
时间固定效应	是	是	是	是	是	是
N	3466	3513	9520	11 294	3664	4309
R^2	0.521	0.621	0.531	0.601	0.511	0.612
（B）考虑侵蚀性竞争						
AI	0.013	−0.001	−0.011	−0.027***	−0.012	−0.015
	(0.50)	(−0.03)	(−1.45)	(−3.81)	(−1.35)	(−1.36)
Competition	0.021**	0.068***	0.002	0.066***	0.004	0.050***
	(2.35)	(6.93)	(0.40)	(13.56)	(0.34)	(5.09)
AI·Competition	0.077**	0.066*	0.001	0.034***	−0.010**	0.008
	(2.31)	(1.65)	(0.23)	(7.83)	(−2.07)	(1.28)
控制变量	是	是	是	是	是	是
国家固定效应	是	是	是	是	是	是
行业固定效应	是	是	是	是	是	是
时间固定效应	是	是	是	是	是	是
N	3466	3513	9520	11 294	3664	4309
R^2	0.522	0.632	0.531	0.615	0.511	0.618

四、基于中国数据的进一步分析

根据前文的理论假说和实证检验，我们可以发现各国各行业使用工业机器人能够显著缩短各行业质量阶梯，有利于后续行业出口产品质量的提高。但是，由于工业机器人的类型并不相同，各自的设计目的、操作任务的公差范围、普及过程和调整成本等均具有明显的差异性，导致投入生产环节时，可能产生不对称的经济效应（DeStefano，Timmis，2021）。因此，工业机器人的不同类型必须加以考虑，并且随之而来的问题有两个方面：一是工业机器人对出口产品质量的影响，是否因工业机器人的不同类型而得出异质性结论；二是既然在侵蚀性竞争的压力下，各行业对特定出口目标国的存在发生地理偏向，那么这种偏向是否因使用不同类型的工业机器人生产线所致，尚不得而知。

考虑到 IFR 并未公布各国各行业不同类型工业机器人的安装信息，难以从行业层面直接考察使用不同类型工业机器人的影响，本章专门聚焦中国，选取中国海关进出口数据和中国工业企业数据的匹配数据来解决这一问题。其中，出口数据提供了计算产品质量的数据，工业企业数据库报告了企业的所属行业类别，据此可以计算出口产品质量及其对应的行业质量阶梯；同时，出口目标国信息也有助于考察不同类型工业机器人的使用是否是为了满足不同出口距离的需要。进口数据近似提供了工业机器人应用数据（Acemoglu，Restrepo，2018b；李磊等，2021），详细的进口记录使研究不同类型工业机器人的影响成为可能。

本章延续第四章的做法，根据海关进口产品的 HS8 编码，识别出进口机器人的样本。统计数据显示，中国进口了全部八种类型工业机器人。针对工业机器人的主要用途，可以进一步归类为搬运机器人、焊接机器人、喷涂机器人、多功能机器人和其他工业机器人。同时，参照施炳展（2014）的做法，本章对每种 HS 编码产品逐一估计，计算出口产品质量和进行标准化处理，并在此基础上测算出相应的行业质量阶梯。

（一）考虑不同类型工业机器人的异质性

图 5-5 给出了不同类型工业机器人与行业质量阶梯关系的关系，可以发现，不同工业机器人对质量的影响呈现出明显的差异性。

其中，图 5-5（a）初步拟合了工业机器人应用数量和行业质量阶梯之间的关系，可以看出，除了多功能机器人外，其他类型工业机器人的应用数量均与行业质量阶梯负相关。在采用双向固定效应模型进行回归的基础上，图 5-5（b）报告了工业机器人应用数量影响行业质量阶梯的估计系数，可以发现与图 5-5（a）完全一致的结论：除了多功能机器人，其他类型工业机器人的使用都显著缩短了行业质量阶梯，这可能是因为多功能机器人的功能虽多，但是无法专一化地从事某一生产环节，对质量阶梯的影响有限。

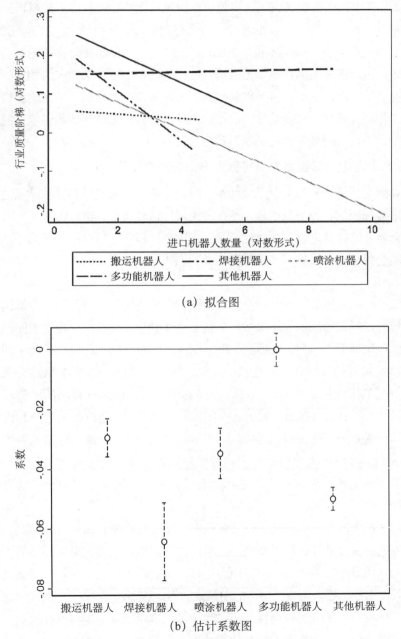

（a）拟合图

（b）估计系数图

图 5-5　不同类型工业机器人与行业质量阶梯的关系

进一步观察估计系数大小以及图 5-5（a）斜率的陡峭程度，可以发现焊接机器人产生的质量效应最为明显，搬运机器人的提质效应相对较弱，究其原因，焊接机器人从事的是精准性要求更高的工作，能实质性地介入产品生产流程，其中的激光焊接机器人更是可以通过激光等技术精准提高机器人工作的精度，属于先进型工业机器人，与现有的劳动力和机器生产技术相比，可以减少生产错误（DeStefano，Timmis，2021），实现质量阶梯的缩短；相比之下，搬运机器人多从事体力或重复性任务，减少了非必要人力物力的浪费，提高了生产的效率，虽然也能起到缩短质量阶梯的作用，但是这种机器人的工作较为基础，只是重复性的搬运，难以对原有生产环节起到较大的改进效果，因而其对质量阶梯的缩短作用有限。

（二）考虑不同类型工业机器人与出口地理距离

如前文所述，在不考虑侵蚀性竞争时，工业机器人使用会显著缩短销往远距离目标国的行业质量阶梯，而在考虑侵蚀性竞争时，出口国为了规避竞争，会转而选择就近出口高质量产品。在这个过程中，出口目标国的不同距离可能会促使企业采用不同类型的工业机器人，二者之间的关系仍需进一步说明。

图 5-6（a）显示了中国企业出口目标国地理距离与各种类型工业机器人的箱形图，所采用的地理距离数据来自 CEPII 数据库。其中，箱子中间的竖线为出口距离的中位数，条形上下限分别是出口距离的上四分位数和下四分位数，左右方的线代表出口距离的范围。可以看出，中国企业虽然会采用各种类型的工业机器人投入生产，但是其出口目标国地理距离的中位数非常接近，均位于[6000km，9000km]的区间内，表明工业机器人类型和出口目标国地理距离的平均水平并无明显关系。与此同时，搬运机器人、喷涂机器人和焊接机器人出口目标国地理距离几近重合，而多功能机器人和其他工业机器人出口距离重合度较高，且后两种工业机器人对应较远的出口目标国。

图 5-6（b）进一步给出了中国企业出口目标国地理距离与各种类型工业机器人的核密度估计。可以发现，当出口目标国地理距离较近时，各类工业机器人使用数量比较类似，但是当出口目标国地理距离较远时，多功能机器人和其他工业机器人则成为生产的主要推动力，这和图 5-6 得到的结论一致。这些证据表明，部分企业会按照出口目标国地理距离来装配自动化生产线，尤其体现在对多功能机器人和其他工业机器人的装配方面。

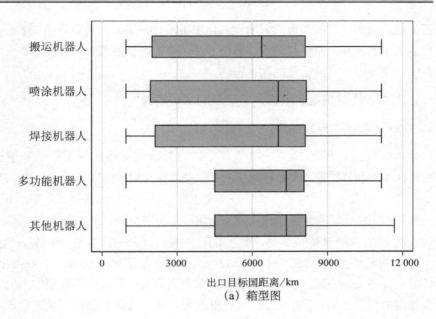

（a）箱型图

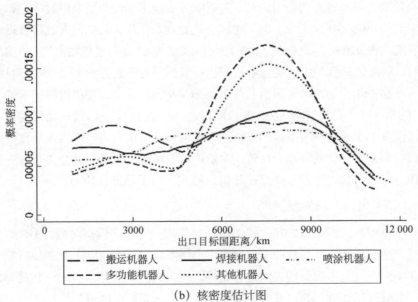

（b）核密度估计图

图 5-6　不同类型工业机器人与出口目标国距离的关系

说明：地理距离数据来源于 CEPII 距离数据库。

第二节　人工智能对企业产品质量的影响

与第一节的行业层面分析不同，本节考察了以工业机器人为代表的人工智能对企业出口产品质量的影响及其作用机制，并进一步从贸易拓展效应、产品竞争效应和先发优势效应等方面着手，更加完整地考察了机器人的应用对中国企业出口产品质量的动态影响。

一、人工智能影响企业出口产品质量的实证设计

（一）数据来源与处理

本章数据来源于 2000—2015 年中国海关数据库和中国工业企业数据库。在匹配和分析前，本章删除了两库中关键指标缺失的（如企业名称、HS 编码等），以及明显异常的（如总资产小于固定资产等）观测值。此外，本章按照联合国统计司网站提供的转码表，将各年份海关数据的 HS8 位编码统一对应至 1996 版的 HS6 位编码，并合并至"企业—产品—目的国—年份"维度。

在判断企业应用工业机器人方面，本章参照 Acemoglu 和 Restrepo（2018a）、Blanas et al.（2019）的做法，采用企业的机器人进口数据作为机器人使用的代理变量。首先，按照工业机器人产品的 HS8 位编码，从进口数据中检索出工业机器人的进口记录，在剔除其中加工和转口贸易的样本后，共计得到 5549 家企业；然后，将《中国工业企业数据库》与机器人进口数据进行匹配，在 920 975 家工业企业中，共识别出 2683 家有过机器人进口记录；最后，将经过识别的工业企业数据与出口数据进行匹配，得到"企业—目的国—产品—年份"四维观测值共计 14 220 339 条。其中，使用过机器人的企业有 2510 家，观测值 777 658 条。换言之，在 2683 家进口过机器人的企业中，仅有 173 家未参与出口。该特征事实也表明，企业进口机器人与自身的出口行为有着密切的联系。此外，本章还将上述数据分别合并至"企业—目的国—年份"和"企业—产品—年份"格式，用于稳健性检验。

（二）出口产品质量测度

本章参照施炳展（2014）等的做法，使用固定效应模型对每种 HS 产品进行了逐一估计，并测算残差。为消除未知参数，且使测度出的产品质量可以在不同产品、不同时期之间进行比较，对出口产品质量进行归一化处理，得到取值区间在[0,1]的、可在各层面进行加总的无单位质量指标：

$$Quality_{icht} = \frac{quality_{icht} - \min quality_{icht}}{\max quality_{icht} - quality_{icht}} \tag{5-15}$$

（三）企业使用工业机器人与出口产品质量的关系初探

为了初步观察企业使用工业机器人与出口产品质量的关系，图5-7绘制了 2000—2015 年出口企业样本中，每年使用工业机器人的企业数、进口机器

人台数，以及使用和未使用工业机器人企业的产品质量。

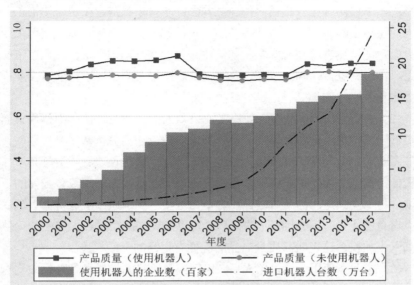

图 5-7 工业机器人进口与出口产品质量的变化趋势

数据来源：根据中国工业企业数据和海关贸易数据整理。

在图 5-7 中，产品质量由各年份所有产品的质量按照出口金额加权得出，代表了制造业企业出口产品质量的整体情况。可以看出，使用工业机器人的企业在出口产品质量方面，明显高于未使用工业机器人的企业。在此基础上，本章进一步依照是否使用工业机器人，将企业分为未使用工业机器人、使用工业机器人之前和使用工业机器人之后三种情形，并在表 5-9 中展示了每种情形下三个代表性指标的基本统计特征，包括企业层面的企业规模（Lab_{it}，以企业员工数量对数衡量）、生产率（Tfp_{it}，使用 LP 法估计）和贸易关系层面的出口产品质量（$Quality_{icht}$）。考虑到高质量产品的出口量和出口金额通常较大，可能导致加权后的质量水平无法充分反映质量较低产品的信息，故此处使用未经过加权的产品质量。通过直接分析比对表 5-9 中各指标的均值和分位数，大体可总结出以下特征事实。

表 5-9 工业机器人与出口产品质量的基本关系

指标名称	Lab_{it}		Tfp_{it}		$Quality_{icht}$			
统计量	均值	中位数	均值	中位数	均值	中位数	90%分位数	99%分位数
未使用机器人	5.45	5.50	6.98	6.90	0.549	0.558	0.724	0.854
使用机器人前	6.27	6.21	7.59	7.50	0.509	0.512	0.730	0.875
使用机器人后	6.61	6.55	7.68	7.55	0.511	0.512	0.731	0.880

（1）使用过工业机器人的企业，其规模和生产率在均值、中位数方面均明显高于未使用过工业机器人的企业，这可能意味着企业在是否使用工业机器人的决策上具有较强的自选择效应，规模越大、生产率越高，使用工业机器人的可能性更高，与现有文献的结论基本一致（Koch et al.，2019；Cheng et al.，2019；Bonfiglioli et al.，2020）；工业机器人的使用还伴随着企业规模的扩张和生产率的提高，但提升幅度相对较小。

（2）关于出口产品质量，使用工业机器人的企业在均值和中位数方面均明显低于未使用工业机器人的企业，但这一情形在高分位数发生了逆转。这可能意味着企业使用工业机器人的动机大体上可分为两类：一类是其产品质量较低，在竞争中处于弱势地位，期望通过工业机器人应用改善当前的不利处境；另一类则是产品质量较高、竞争力较强，期望通过工业机器人巩固和扩大自身的优势。结合图5-7的信息，可以发现产品质量在加权后的均值明显高于未加权，这表明高质量产品的确拥有更高的金额权重。

（3）企业在使用工业机器人后，出口产品质量的均值和各分位数均有所提升，其中高分位数的提升幅度更大。但是，工业机器人是否真的能够提升企业产品质量，并不能完全由分布的变化来反映，准确的结论需要通过更严谨的计量分析来证实。

二、人工智能影响企业出口产品质量的实证结果

（一）变量与模型设定

为了比较企业在使用工业机器人前后，出口产品质量发生了何种变化，此处的被解释变量为企业的出口产品质量（$Quality_{icht}$），核心解释变量为二值虚拟变量（Rob_{it}），将进口过机器人的企业在第一次进口之前赋值为0，之后赋值为1，而未进口过机器人的企业整体赋值为0。

企业层面的控制变量选取参照樊海潮和郭光远（2015）等的做法，包括员工工资（$Wage$），以企业应付职工薪酬与在职员工之比的对数形式衡量，反映了生产要素的质量；资本劳动比（CI），以企业总资产与在职员工之比的对数形式衡量，反映了企业的生产技术；职工人数（Lab）的对数用于反映企业的雇佣和规模情况；固定资产（Cap）的对数反映企业的资产结构；企业融资能力（$Finance$），以利息支出和销售额之比衡量，反映企业的资本结构和盈利能力；企业年龄（Age），以观测年度与企业成立时间之差表示，反映企业经验和创新动力等无形特征。上述变量的统计性描述如表5-10所示。无论是Pearson相关系数检验，还是VIF检验，均证明各变量之间不存在严重的共线性问题。

表 5-10　描述性统计

变量	观测值	均值	标准差	最小值	最大值
Quality	777 658	0.511	0.168	0	1
Rob	15 591	0.697	0.460	0	1
Wage	15 591	3.536	0.813	1.665	8.462
Cl	15 591	6.027	1.078	3.272	11.191
Lab	15 591	6.600	1.255	3.466	11.739
Cap	15 591	11.430	1.571	7.596	17.608
Finance	15 591	0.007	0.014	−0.014	0.118
Age	15 591	10.254	7.152	0	102

为了检验使用工业机器人对企业出口产品质量的影响，设定基准模型如下：

$$Quality_{icht} = \alpha + \beta \cdot Rob_{it} + \sum \gamma \cdot Control_{it} + \xi_{ich} + \mu_t + \varepsilon_{icht} \quad (5\text{-}16)$$

其中：ξ_{ich} 为个体（企业—目的国—产品）固定效应；μ_t 为时间固定效应；ε_{icht} 为随机扰动项，包含其他未被观测到的影响出口产品质量的因素。

（二）基准回归结果

表 5-11 汇报了基于式（5-16）模型的基准回归结果。其中，第（1）～（2）列为全样本下的回归结果，在第（3）～（4）列中，仅保留使用工业机器人的企业样本。估计结果显示，无论是否纳入控制变量，也无论是否加入对照组，都不改变核心解释变量 *Rob* 在 1%的水平上高度显著的结果，这表明工业机器人的使用确实有助于提高出口产品质量。

第（1）列和第（3）列还分别显示，企业在使用工业机器人后，出口产品质量"相对提高"了 0.0118，"净提高"了 0.0076。第（2）列和第（4）列情况也与之类似。导致"净提高"小于"相对提高"的可能原因在于，在工业机器人逐渐普及的环境中，未使用工业机器人的企业不得不直面更加严峻的竞争，其出口产品质量可能会因竞争对手使用工业机器人而降低，从而成为内生的对照组，导致全样本条件下的回归系数被高估。因此，为了控制内生性，在本章的后续分析中，如无说明，样本中将删除对照组，仅保留使用工业机器人的企业（经验证，在所有加入对照组的情况下，回归系数的显著性均强于无对照组的情况）。从控制变量的估计结果看，雇用质量越高、资本劳动比越高、员工人数越多、其产品质量越高，与樊海潮和郭光远（2015）等已有研究结论保持一致。

表 5-11 基准回归结果

变量	全体样本		使用机器人的企业样本	
	(1)	(2)	(3)	(4)
Rob	0.0118***	0.0108***	0.0076***	0.0062***
	(20.43)	(18.72)	(12.10)	(9.91)
Wage		0.0069***		0.0059***
		(75.94)		(13.07)
Cl		0.0090***		0.0151***
		(68.37)		(19.27)
Lab		0.0186***		0.0231***
		(121.84)		(27.52)
Cap		0.0002**		0.0007
		(2.15)		(1.18)
Finance		−0.0000		−0.1059***
		(−0.84)		(−7.42)
Age		−0.00002***		0.00001
		(−3.06)		(−0.08)
企业—目的国—产品固定效应	是	是	是	是
年份固定效应	否	否	是	是
N	14 220 339	14 220 339	777 658	777 658
R²	0.0106	0.0161	0.0186	0.0252

（三）稳健性检验

为了验证基准回归结果的可靠性，本章还进行了如下稳健性检验。

1. 更换核心变量

一方面，为了方便比较，前文对出口质量进行了归一化处理。此处参照 Broda 和 Weinstein（2006）、樊海潮和郭光远（2015）的做法，将弹性系数设定为 10，并使用未经归一化的出口质量进行稳健性检验，结果见表 5-12 第（1）列。另一方面，将核心解释变量由虚拟变量替换为连续变量，分别以企业每年进口机器人金额的对数 *Rob_flow* 和累计进口机器人金额的对数 *Rob_accu* 为核心解释变量。结果见表 5-12 的第（2）列和第（3）列。与二值虚拟变量的结果相比，连续变量的估计系数依然显著为正，均与基准结果保持一致。

2. 更换数据维度

基准模型的估计基于"企业—目的国—产品"层面的贸易关系，本章基于其他两类贸易关系（"企业—目的国"层面、"企业—产品"层面）分别进行稳健性检验，同时将被解释变量替换为相应层面的加权质量，并对个体效应作出相应的调整，结果见表 5-12 第（4）列和第（5）列，核心解释变量依然显著为正，再次验证了本章基准结论的稳健性。

表 5-12　稳健性检验

变量	$Quality_{icht}$ (1)	$Quality_{icht}$ (2)	$Quality_{icht}$ (3)	$Quality_{ict}$ (4)	$Quality_{iht}$ (5)
Rob	0.0133*** (10.23)			0.0069*** (6.52)	0.0029** (2.24)
Rob_flow		0.0004*** (6.62)			
Rob_accu			0.0010*** (10.00)		
控制变量	是	是	是	是	是
年份固定效应	是	是	是	是	是
企业—目的国—产品固定效应	是	是	是	否	否
企业—目的国固定效应	否	否	否	是	否
企业—产品固定效应	否	否	否	否	是
N	777 658	777 658	777 658	215 326	211 812
R^2	0.0257	0.0250	0.0252	0.0524	0.0273

3. 内生性处理

除了遗漏变量或非观测因素，逆向因果同样可能产生内生性，即产品质量越高（或越低）的企业，越有可能使用工业机器人；同时，企业使用工业机器人有可能存在"自选择"效应，即规模越大、生产率越高，使用工业机器人的可能性更高，即样本选择可能存在偏差。

（1）本章使用 Heckman 两步法对使用工业机器人的企业样本选择偏差进行了校正。首先使用面板 Probit 模型对企业层面的全体样本进行估计，控制变量与基准回归保持一致，将计算出的逆米尔斯比率（IMR）匹配至"企业—目的国—产品"层面，并加入基准模型。回归结果见表 5-13 第（1）列，核心解释变量不仅依然显著为正，而且系数大小也与基准结果接近。

（2）考虑到越来越多的学者将工业机器人使用作为人工智能时代的技术冲击，也考虑到不同企业开始使用工业机器人的时点不尽相同，故本章采用广义 DID 中的多时点 DID 模型对全样本进行估计。在式（5-17）模型中，若企业使用过工业机器人，则划入处理组（Treat），取值为 1，反之则为 0；Post 为处理期虚拟变量，仅当处理组个体进入处理期后取值为 1，其余均为 0，下标 ich 表明处理时间点因个体而异，其他与基准模型相同。表 5-13 第（2）列中处理期之前的 2 期均不显著，当期及之后 2 期的平均处理效应（ATT）均显著为正，且 F 统计量为 0.13，通过了平行趋势检验（见图 5-8），均验证了本章结论的稳健性。

$$Quality_{icht} = \alpha + \sum_{s=-2}^{2} \beta_s \cdot Treat_{ich} \times Post_{icht+s}$$
$$+ \sum \gamma \cdot Control_{it} + \xi_{ich} + \mu_t + \varepsilon_{icht}$$

（5-17）

表 5-13　内生性处理

变量	Heckman 两步法	多时点 DID	2SLS	
	$Quality_{icht}$	$Quality_{icht}$	ΔRob	$\Delta Quality_{icht}$
	(1)	(2)	(3)	(4)
Rob_{t-2}		0.0007		
		(0.32)		
Rob_{t-1}		0.0012		
		(0.51)		
Rob_t	0.0060***	0.0051**		
	(9.52)	(2.53)		
Rob_{t+1}		0.0052***		
		(2.72)		
Rob_{t+2}		0.0029**		
		(2.06)		
ΔRob				0.0181***
				(2.90)
Suitable			0.0142***	
			(65.46)	
Rob_P			−0.0321***	
			(−27.22)	
控制变量	是	是	是	是
年份固定效应	是	是	是	是
企业—目的国—产品固定效应	是	是	是	是
Hansen J				0.258
Kleibergen-Paap F				2504.08
N	777 658	549 870	268 166	268 166
R²	0.0252	0.0224		

（3）基准回归选取机器人进口作为工业机器人使用的代理变量，并使用面板数据的组内估计模型，已经在一定程度上缓解了来自行业和企业的内生性。但稳健起见，本章采用 2SLS 进一步处理潜在的内生性问题。

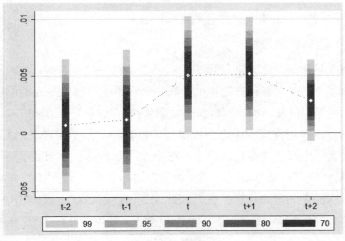

图 5-8　平行趋势检验

首先，参照 Bonfiglioli（2020）的做法，选取企业所在行业对工业机器人的适应性指标作为第一个工具变量，即每个行业 j 内工业机器人资本占行业总资本之比的对数。由于出口产品质量为贸易关系层面变量，而适应性指标为行业层面变量，故可视为外生，其计算公式为

$$Suitability_{jt} = \ln \frac{1 + \sum_{i \in j} rob\_stock_{it}}{\sum_{i \in j} fas\_stock_{it}} \qquad （5\text{-}18）$$

其次，考虑到国际市场上工业机器人价格的波动由全球技术进步所驱动，与某个国家的某个行业不相关，故选取工业机器人进口价格水平作为第二个工具变量。将每个行业内 m 类型工业机器人年均价 P_{mt} 以固定资产投资价格指数进行平减后，按照其进口金额 V_{mt} 占当年该行业机器人进口总金额的权重进行加总，最后取其对数形式。计算公式为

$$Rob\_P_{jt} = \ln \sum_{m=1}^{8} \left(P_{jmt} \frac{V_{jmt}}{\sum_{m=1}^{8} V_{jmt}} \right) \qquad （5\text{-}19）$$

最后，本章参照 Bonfiglioli（2020）的做法，使用 2SLS 对组内一阶差分后的数据进行估计，结果见表 5-13 第（3）～（4）列。第一阶段的回归结果显示，$Suitable$ 系数显著为正，Rob_P 系数显著为负，表明行业对工业机器人的适应程度越高、工业机器人进口价格越低，越有利于工业机器人的普及，符合理论预期；在第二阶段的回归结果中，核心解释变量的估计系数依旧显著为正，与基准回归结果保持一致。其中，Hansen J 统计量显示不能在 10%的显著性水平上拒绝"工具变量均外生"的原假设；Kleibergen-Paap F 统计量均远大于临界值，表明不存在弱工具变量，因此工具变量的选择满足相关

性和排他性约束，总体上合理有效。

（四）影响机制检验

现有文献普遍认为企业使用工业机器人能够提高自身生产率，从而降低边际成本，而从前文理论基础中的分析也表明，生产率的提高能够提升企业出口产品质量。据此，本章同时将全要素生产率（Tfp）和边际成本（Mc）作为中介变量，采用常规的中介效应模型加以检验。其中前者采用 LP 方法计算，反映企业生产率的变化；后者则在企业层面测算企业加成率后，匹配至"企业—目的国—产品"层面，从而测算出边际成本。鉴于 2007 年以后工业企业数据库的中间投入指标缺失，因此此处仅使用 2000—2007 年的样本。

表 5-14 第（1）列首先报告了基准模型下，使用 2000—2007 年样本的估计结果，尽管样本量骤减，且处于没有对照组的严格条件下，但核心解释变量系数依旧显著。第（2）列和第（4）列的结果表明，企业使用工业机器人提高了自身的全要素生产率，并降低了企业的边际成本，这与前文的理论模型推导相一致。第（3）列和第（5）列分别在第（1）列的基础上，加入了 Tfp 和 Mc，而第（6）列将两个变量同时加入。其中 Tfp 系数均显著为正，表明生产率越高，企业的出口产品质量就越高；Mc 系数均显著为负，表明在相同的价格下，产品的边际成本越低，出口产品质量也越高。此外，第（3）列、第（5）列和第（6）列中，Rob 的系数均不再显著，呈现出完全中介效应。由此可见，工业机器人的使用之所以能够提高出口产品质量，是因为提升了企业生产率、降低了生产成本，验证了理论基础中的判断。

表 5-14　影响机制检验

变量	Quality (1)	Tfp (2)	Quality (3)	Mc (4)	Quality (5)	Quality (6)
Rob	0.0033**	0.0442***	0.0022	−0.0419***	0.0015	0.0014
	(2.09)	(12.33)	(1.39)	(−10.64)	(0.95)	(0.90)
Tfp			0.0250***			0.0098***
			(15.65)			(3.29)
Mc				−0.0262***		−0.0180***
				(−14.80)		(−5.69)
控制变量	是	是	是	是	是	是
年份固定效应	是	是	是	是	是	是
企业—目的国—产品固定效应	是	是	是	是	是	是
N	167 823	167 823	167 823	167 823	167 823	167 823
R^2	0.0231	0.4175	0.0273	0.9630	0.0513	0.0515

（五）基于企业异质性的分组检验

前文验证了工业机器人对企业出口产品质量的影响以及机制，与理论基础部分相吻合。本章进一步从企业规模、技术特征、所有权类型等不同特征出发，探讨工业机器人对异质性企业出口产品质量的可能影响。

1. 基于企业规模

不同规模企业的实力、经验、要素构成和决策模式均有较大差异，这些因素将决定企业是否有能力、有必要引进工业机器人。根据国家统计局印发的《统计上大中小微型企业划分办法（2017）》，本章将工业企业中营业收入在 4 亿元以上，且从业人员在 1000 人以上的企业归为大型企业，不能同时满足两指标的企业均归为中小企业，并对不同规模的企业进行了分组回归，结果如表 5-15 第（1）列和第（2）列所示。

表 5-15　异质性检验

| 变量 | 大型 | 中小型 | 高新 | 非高新 | 国有 | 私营 | 外资 |
	(1)	(2)	(3)	(4)	(5)	(6)	(7)
Rob	0.0070***	0.0033***	0.0031*	0.0061***	0.0029	0.0033*	0.0063***
	(9.04)	(2.95)	(1.73)	(8.73)	(0.62)	(1.85)	(7.26)
控制变量	是	是	是	是	是	是	是
年份固定效应	是	是	是	是	是	是	是
企业—目的国—产品固定效应	是	是	是	是	是	是	是
N	551 579	226 079	197 468	580 190	18 807	115 004	448 376
R^2	0.0231	0.0207	0.0197	0.0281	0.0407	0.0354	0.0238

不论是大型企业还是中小企业，使用工业机器人对出口产品质量的影响均显著为正，但对大型企业的提升效果更加明显。可能的原因在于，大型企业在运用先进生产技术方面经验更多，更倾向于进行大批量生产，更容易实现规模经济，有效利用工业机器人的可能性更大（Jäger et al.，2015），即使用工业机器人一方面可以替代中低技能劳动力以节省成本，另一方面可以通过与高技能劳动力形成互补，优化企业内部结构，形成可持续发展的良性循环。对于中小企业来说，更倾向于根据自身情况来调整传统要素的投入比例来实现成本的降低，使用工业机器人所带来的边际投入产出未必更有优势。

2. 基于行业技术特性

不同技术特性的企业技术先进程度和劳动力素质存在较大差异，使用工业机器人的影响可能不同。依据《高新技术企业认定管理办法》（以下简称

《办法》）和《国家重点支持的高新技术领域》，本章按照工业企业数据库中的行业分类进行甄别，将满足《办法》标准的企业归为高新企业，其他归为非高新企业。表 5-15 第（3）列和第（4）列的结果显示，二者系数均显著为正，但是非高新企业出口产品质量的提升程度更高。可能的原因是，一方面，高新技术企业的典型特征是研发投入占比较高，对要素的需求偏向于高技能劳动力，其从事的工作往往具有较高的不可替代性，而工业机器人受当前技术发展水平的限制，并不适宜在这类企业大规模普及；另一方面，即使采用工业机器人，高新技术企业也往往会倾向于利用工业机器人带来的效率提升，培育企业的技术优势，以寻求在长期内增加其市场力量、逐渐在行业中占据主导地位（Autor，Dorn，2020），而并非在短期内就以利益的形式传递给消费者（Bonfiglioli et al.，2020）。

3. 基于所有权类型

企业在资源配置效率和技术水平上因所有权的不同存在较大差异，因此本章以企业各类资本金中占实收资本比重最高的资本类型（相对控股）作为判定依据，选取国有、私营和外资三类企业进行分组回归，结果见表 5-15 第（3）～（5）列。其中，国有企业的样本量最少，且系数不显著，这可能是因为国有企业通常人员变动程度较小，福利待遇水平较高，工业机器人提升生产率的特性难以体现；与之相对的是，工业机器人的特性在外资企业得到了最充分的发挥，其样本数量和系数显著性水平都是三者中最大的。

私营企业的系数仅在 10% 水平上显著，这是因为工业机器人是一种高投入的固定资产，使用工业机器人对多数私营企业来说，会带来规模的迅速膨胀，经本章验证，工业机器人对私营企业 *Cl* 和 *Cap* 的提升效果是三者中最大的，如将这两个控制变量从模型中剔除，私营企业的系数显著性水平和大小将一跃成为三者中最高的。这表明工业机器人的普及对私营企业来说，既是挑战也是机遇，合理地将工业机器人引入生产活动，可使企业规模迅速扩张，并进入规模经济的良性循环。

三、人工智能影响企业出口产品质量的动态效应

工业机器人的应用除了能够显著提升企业的出口产品质量外，还可能引发一系列动态效应。本章从贸易拓展效应、产品竞争效应和先发优势效应等方面着手，更加完整地考察了工业机器人的应用对企业出口产品质量的动态影响。

（一）贸易拓展效应：既有关系 VS 新建关系

企业生产率的提高将提高自身的价值函数（Melitz，2003），达到某些出口市场的最低生产率水平，因此工业机器人的使用可能会促使企业尝试对新市场开启出口。根据本章的统计，企业出口的目的国个数和产品种类在使用工业机器人后，平均增加了 4.8 个和 9 个，贸易关系数量平均增加了 39.2 个，并在 1% 的水平上显著。此外，本章还参照胡翠等（2015）的做法，采用常用的赫芬达尔指数形式，从企业层面出口多样性（*Div*）的角度进行了验证。该指标取值范围为[0,1]，取值越小代表出口多样性程度越高。其计算公式为

$$Div_{it} = \sum_c \sum_h \left(\frac{Export_{icht}}{\sum_c \sum_h Export_{icht}} \right)^2 \tag{5-20}$$

表 5-16 第（1）列的结果表明，工业机器人显著提高了企业出口多样性，同样证实了工业机器人为企业带来的贸易拓展效应。为进一步探究贸易拓展效应对出口产品质量的影响，本章根据贸易关系建立于使用工业机器人之前还是之后，将其划分为既有贸易关系和新建贸易关系两类，并据此生成虚拟变量 *Newrel*，前者赋值为 0，后者赋值为 1。由于同一贸易关系的 *Newrel* 取值要么全部为 0，要么全部为 1，因此选择组间估计量描述不同贸易关系间的产品质量差异。第（2）列的结果表明，新建贸易关系的产品质量显著低于既有贸易关系。第（3）～（4）列中所报告的贸易关系持续到 1 年后和 3 年后的情况，表明二者间的质量差距在短时间内缩小到一定程度后，即保持在一个较稳定的水平。

表 5-16　贸易拓展效应

变量	Div_{it} (1)	$Quality_{icht}$ (2)	$Quality_{icht+1}$ (3)	$Quality_{icht+3}$ (4)	$Quality_{icht}$ (5)
Rob	−0.0171***				0.0079***
	(−2.60)				(11.20)
Newrel		−0.0260***	−0.0162***	−0.0167***	
		(−46.18)	(−22.05)	(−17.28)	
控制变量	是	是	是	是	是
年份固定效应	是	是	是	是	是
企业固定效应	是	否	否	否	否
企业—目的国—产品固定效应	否	是	是	是	否
N	16 401	777 658	490 677	292 980	350 519
R²	0.0783	0.0285	0.0362	0.0350	0.0319

究其原因，一方面，企业对新市场的出口通常存在较高的不确定性，还要面临该市场其他企业的竞争，为确认自身在该市场的盈利能力，企业往往会在出口初期进行试探性质的"出口试验"（Albornoz et al.，2012），而"出口实验"的失败概率通常较高，因此规模较小，产品质量普遍偏低；另一方面，即使企业生产率在使用工业机器人后得以提高，可能也仅达到新市场的准入门槛，并且通常情况下企业不会放弃稳定的已有市场，因此新建贸易关系产品质量难以与既有贸易关系相比。但即使如此，成功进入新市场仍然能够使企业获利。鉴于新建贸易关系可能影响估计结果，且既有贸易关系产品质量的变化能够更加完整地反映工业机器人所带来的影响，表 5-16 第（5）列在基准回归的基础上，剔除了新建贸易关系，结果显示工业机器人对既有贸易关系的提升效果高于基准回归结果，进一步印证了上文的结论。

（二）产品竞争效应：低质量产品 VS 中高质量产品

工业机器人的使用，在提高企业生产率的同时，还会降低企业可变成本，并可能加速企业扩张，但代价是牺牲竞争对手的就业率（Acemoglu et al.，2020a）、从其他未使用工业机器人的企业手中夺取市场份额（Bonfiglioli et al.，2020），呈现出明显的竞争效应。本章中使用的产品质量测度方法意味着在相同价格的情况下，出口数量越多，质量越高。若一种产品的总出口规模不发生较大变化，那么某些企业产品质量的上升，必然伴随着其他某些企业同类产品质量的下降。因此，上述竞争效应可能在产品质量层面得到体现。

考虑到竞争带来的此消彼长最可能发生在初始质量差异较大的产品之间，本章将每组贸易关系在起始年份的质量作为其初始质量，并以初始质量在当年所有样本中所处的分位数水平为依据，将贸易关系划分为低质量（<50%）、中质量（50%~90%）、高质量（>90%）三个组别进行分组回归。由于分组基于初始质量，不随年份变动，故可排除内生分组带来自选择的可能。

表 5-17 第（1）~（3）列的样本中仅包含使用工业机器人的企业，其中低质量组的系数显著为正，且远高于基准回归水平，这表明对于产品质量处于较低水平的出口企业来说，工业机器人能够带来非常明显的提升；而中高质量组的系数却均显著为负，表明尽管使用了工业机器人，中高质量组依旧出现了产品质量下滑，这证明了工业机器人的使用确实会带来市场份额的重新分配，同样是使用工业机器人，低质量组将从中高质量组中"攫取"市场份额，成为"净获胜"的一方。尽管中高质量组在使用工业机器人后出现了绝对质量的降低，但这并不意味着使用工业机器人产生了不好的影响。本章

在表 5-17 第（4）～（6）列中分别加入了相应分位数的对照样本，再次进行了分组检验，结果显示，除了低质量组系数依旧显著为正外，中高质量组的系数也均由负转正。这种绝对质量降低、相对质量却提高的现象隐含着一个事实：初始质量在中高分位数范围、但未使用工业机器人的企业贸易关系（对照组），其产品质量遭受了更为严重的负面影响，而使用工业机器人能够在一定程度上减弱这种负面影响。

表 5-17　产品竞争效应

变量	绝对质量变化（无对照组）			相对质量变化（有对照组）		
	<50%	50%～90%	>90%	<50%	50%～90%	>90%
	(1)	(2)	(3)	(4)	(5)	(6)
Rob	0.0121***	−0.0034***	−0.0086***	0.0063***	0.0026**	0.0042**
	(13.51)	(−2.85)	(−3.62)	(9.10)	(2.52)	(1.97)
控制变量	是	是	是	是	是	是
年份固定效应	是	是	是	是	是	是
企业—目的国—产品固定效应	是	是	是	是	是	是
N	227 173	95 309	28 037	7 617 542	5 205 434	970 224
R^2	0.0958	0.0098	0.0649	0.0819	0.0096	0.0936

（三）先发优势效应：先行者 VS 跟随者

不同企业应用工业机器人的先后顺序，同样可能对质量提升效果造成影响。为了验证在工业机器人的使用上是否存在"先发优势"，本章将使用工业机器人的企业分为两类：第一类是在行业内率先使用工业机器人的"先行者"；第二类则是察觉自身出口产品质量受到负面影响，然后开始使用工业机器人的"跟随者"。在保持质量分位数分组的情况下，对先行者和跟随者进行分组回归。

表 5-18 第（1）～（2）列首先报告了全样本下的结果，先行者的更高系数验证了先发优势的存在。第（3）列、第（5）列和第（7）列中各质量组的先行者，相较于第（4）列、第（6）列和第（8）列的跟随者，也均有明显优势。具体而言，低质量组的先行者，与表 4-17 第（1）列中未区分先行者的系数（0.0121）相比，提升效果再度大幅增加（0.0227）；高质量组在表 4-17 第（3）列质量绝对降低的背景下（−0.0086），先行者的产品质量却能够实现逆势大幅增长（0.0223）；中质量组的变化并未显示出典型特征，可能是因为企业使用工业机器人后，在内部进行了有针对性的资源再倾斜，由于低质量产品的边际投入产出比更高，高质量产品则代表着企业的核心竞争力，因而

企业可能更倾向于"两端抓"，忽视了中等质量的产品。竞争效应和先发优势的存在，也进一步印证了本章在特征事实中对"不同企业使用工业机器人动机不同"的猜测。

表 5-18　先发优势效应

变量	全样本		<50%		50%～90%		>90%	
	先行者	跟随者	先行者	跟随者	先行者	跟随者	先行者	跟随者
	(1)	(2)	(3)	(4)	(5)	(6)	(7)	(8)
Rob	0.0184***	0.0067***	0.0227***	0.0115***	−0.0049	−0.0027**	0.0223**	−0.0104***
	(5.84)	(8.73)	(4.87)	(11.57)	(−1.15)	(−2.07)	(2.29)	(−4.14)
控制变量	是	是	是	是	是	是	是	是
年份固定效应	是	是	是	是	是	是	是	是
企业—目的国—产品固定效应	是	是	是	是	是	是	是	是
N	44 618	305 901	30 275	196 898	11 327	83 982	3016	25 021
R^2	0.0741	0.0282	0.1429	0.0892	0.0304	0.0098	0.0777	0.0674

第三节　本 章 小 结

为了从行业层面和企业层面出发，全面考察人工智能对出口产品质量的影响，本章一方面使用 2000—2014 年 IFR 行业层面工业机器人安装数据库、BACI 双边贸易数据库和 WIOD 数据库的合并数据，考察了各国各行业人工智能使用对行业质量阶梯的影响，并进一步引入由产品市场重合导致的侵蚀性竞争，探析了侵蚀性竞争在二者关系中的作用及其引致的质量集聚现象；另一方面使用 2000—2015 年中国海关数据库和工业企业数据库的微观匹配数据，考察了工业机器人应用对中国企业出口产品质量的静态影响与动态影响。

行业层面的研究发现，第一，以工业机器人为代表的人工智能缩短了行业质量阶梯，有利于行业产品质量的提升，这一结论在经过考虑内生性、更换核心变量、更换估计方法、考虑安装工业机器人时间长短和金融危机冲击等一系列的稳健性检验后依然成立。基于内生中介效应模型的分析表明，工业机器人主要通过增加中间品使用、提高生产率和改变资本密集度发挥作用。第二，侵蚀性竞争在工业机器人影响行业质量阶梯的过程中发挥了负向的调节作用，即随着侵蚀性竞争的加剧，工业机器人的提质效应不断减弱；同时，由于侵蚀性竞争的存在，工业机器人使用会使高质量产品更多地出口至地理距离更近的邻近地区，这一现象在接近质量前沿的国家更加突出，最终可能产生高质量产品在区域上的产销集中现象。第三，聚焦中国数据的分析表明，不同类型的工业机器人对质量的影响存在差异性，其中焊接机器人对行业质量阶梯的缩短作用最为显著；同时，部分企业会按照出口目标国地理距离来装配自动化生产线。

企业层面的研究则发现，工业机器人的使用显著提升了中国企业的出口产品质量，且这一提升作用主要是通过提升全要素生产率和降低企业边际成本的途径来实现的。基于企业异质性的分组回归结果显示，工业机器人对大型企业、非高新企业和非国有企业出口产品质量的提升效果更大。在此基础上，基于动态视角的拓展研究进一步发现，工业机器人的使用将会带来贸易拓展效应，但新建贸易关系的产品质量相对较低；还会带来市场份额的重新分配，低质量的产品将从中高质量产品的手中抢夺份额，引发激烈的竞争效应；而率先使用工业机器人的先行企业获得的提升效果远高于平均水平，存在明显的先发优势。

第六章　人工智能对出口产品范围的影响

由于多产品企业在中国对外贸易中扮演了举足轻重的角色，贡献了中国全部出口额的绝大部分（钱学峰等，2013），因此依然是中国出口高质量发展的主力军。面对人工智能为出口高质量发展带来的各种机遇，多产品企业在出口决策时，无论是调整出口规模与结构，还是调整出口产品质量，都必然涉及不同产品的组合，即出口产品范围问题。例如，根据出口产品的生产过程和用途，可将其划分为中间品、资本品和消费品。由于中间品和消费品的劳动要素含量更高，且一直处于价值链低端位置（蒋灵多，陈勇兵，2015），工业机器人凭借其替代低技能劳动力的优势可能对此类产品产生的影响更大。在应用工业机器人后，多产品出口企业出于生产率提高和利润最大化的原则，必然会对产品范围作出调整，将企业要素资源在不同类型产品之间重新分配。产品范围的调整既是企业出口增长的重要源泉，也是企业内部资源再分配的重要形式（Bernard et al.，2010）。

但产品范围并非越大越好，其带来的各种利好需要满足一定的前提条件。根据 Bernard et al.（2019）的研究，如果企业扩大产品范围对原有产品的盈利能力没有影响，那么企业应当继续增加产品种类，直至最后增加品种的损失超过其边际收益；相反，如果增加产品种类带来的边际溢出效应是负的（如新产品的出现会挤占原有产品的市场份额，降低原有产品的盈利能力），企业则应该提供较少的产品种类（Dhingra，2013）。因此，在满足产品范围扩大的边际溢出效应为正的前提下，本章关注的核心问题在于，面对人工智能带来的各种利好，多产品出口企业究竟"如何"和"为何"调整产品范围。

根据第一章的文献综述，聚焦人工智能对贸易影响的已有文献凤毛麟角，对多产品出口企业影响的文献更是近乎空白。基于此，本章以现阶段人工智能的应用重点——工业机器人为例，重点考察了工业机器人对出口产品范围调整的影响及其作用机理，并进一步讨论了不同应用次序企业的竞争策略。本章的核心内容如下：其一，在研究视角方面，本章重点考察了人工智能应用对多产品企业出口产品范围的影响，丰富和拓展了人工智能与贸易之间的研究。其二，在影响机制方面，本章提出工业机器人作为一种物化性技术，不仅改进了生产率，降低了生产成本，还减少了污染排放，提升了产品质量，同时兼顾效率与质量。在考察产品质量渠道时，本章进一步从产品质量阶梯入手，探讨了受益于工业机器人的企业类型，在一定程度上弥补了现有文献忽视产品质量、低估生产率影响的缺陷（Korinek，Stiglitz，2017）。其三，在内容拓展方面，本章不仅考虑了产品范围在新旧产品和不同行业之间的结构调整，还讨论了不同应用次序企业的竞争策略选择及其对产品范围调整的影响，再次彰显了人工智能之于出口高质量发展的重要性。

第一节　人工智能影响出口产品范围的理论假说

虽然人工智能对资源配置的优化功能得到了学者们的认可（Korinek，Stiglitz，2021；刘斌，潘彤，2020），但是产品范围调整作为企业内部资源配置的重要内容，尚无人关注人工智能对其带来的影响。出口产品范围调整不仅关乎企业内部资源配置的效率，也关乎出口增长的重要边际。结合已有研究，本章梳理了人工智能影响出口产品范围的四种可能渠道：生产率提高渠道、成本变化渠道、绿色减排渠道和产品质量提升渠道，并且认为工业机器人应用企业面对激烈的同业竞争，不得不通过竞争策略调整进一步影响出口产品范围。

已有研究发现，引入人工智能有利于企业提高生产率，而生产率提高是产品范围扩大的重要渠道。根据异质性企业理论，只有生产率高的企业才会进入出口市场，而 Acemoglu 和 Restrepo（2018）、Graetz 和 Michaels（2018）、杨光和侯钰（2020）、杨飞和范从来（2020）等研究均已发现，人工智能通过替代低技能劳动力和提升生产技术，作用于某一特定的生产环节，可以提高生产率，进而提高企业产出与出口数量。虽然工业机器人引致的生产率提高，可以通过降低生产成本、减少污染排放和提高产品质量，间接改变出口产品范围，但是生产率的提升更有可能直接扩大产品范围，实现资源的最优配置和利润最大化（Mayer et al.，2016；易靖韬，蒙双，2017）。这是因为，其一，生产率的提高会促使企业在产品种类丰富的市场上收取相对更高的价格（Bernard et al.，2019），因此企业出于对高额利润的追求，更有动力扩大产品范围；其二，生产率高的企业往往拥有更高效的分销网络（Bernard et al.，2019），会增加企业对高市场份额的渴望，从而更有动力生产和销售更多种类的产品，不断开拓新市场（Feenstra，Ma，2007）；其三，生产率的提升还能均衡企业资源配置，通过将集中于核心产品的过剩产能转移至非核心产品，将某些利润为负的非核心产品扭亏为盈，保持原有市场份额。随着新产品进入的增加和原有产品退出的减少，出口产品范围得以扩大（陆菁等，2019）。据此，本章提出：

假说 6-1：出口企业应用人工智能会通过提高企业生产率，扩大出口产品范围。

人工智能的应用能够通过提高生产率来降低企业生产成本，同时有可能直接提高或者降低生产成本，而成本的升降会影响企业利润所得，促使企业对产品范围作出调整。具体来说，人工智能对生产成本的直接影响在于工业机器人的购置成本、相关管理成本和劳动力替代成本。虽然工业机器人的购置会直接带来高额的固定成本，但是也可以激励企业动态调整生产决策，简化非增值活动，提高供应链管理效率，有效降低企业的生产和运营成本（Agrawal et al.，2018）。相比之下，人工智能对劳动力成本的影响比较复杂，尚无定论。有的学者认为，工业机器人可以从事重复性、低技术含量的工作，造成低技能劳动力失业（Graetz，Michaels，2018；王永钦，董雯，2020），降低企业的实际工资水平，减少劳动力成本（Acemoglu，Restrepo，2020a）。但是，有的学者持相反观点，认为人工智能虽然会替代人力资本密集型工作，造成岗位替代效应，但也会带来岗位创造效应，创造出难以被工业机器人替代的新工作，产生新的劳动力需求，增加对高技术工人的雇佣，提升企业的平均工资水平和劳动力成本（Acemoglu，Restrepo，2018；Humlum，2019；余玲铮等，2021）。根据陆菁等（2019）的研究，劳动力成本的降低会导致所有产品的利润增加，扩大多产品企业的产品范围；反之，当劳动力成本上升时，生产的边际成本随之增加，此时企业必然会调高产品价格以转嫁成本，而产品价格的上升会削弱企业的竞争力，影响企业的产品范围。因此，本章提出：

假说 6-2：出口企业引入人工智能，会根据生产成本的增加（减少）来降低（扩大）调整产品范围。

根据《指导意见》，出口企业必须考虑贸易与环境协调发展。同时，每家制造业企业都会受到碳排放、二氧化硫和其他污染物排放限额的约束，即产品种类的增加不能突破这些排放限额。人工智能作为一种物化性技术进步，除了通过提高企业生产率，减少污染排放外（Huang et al.，2022），还可以直接改变企业的生产方式，从而有效减少污染排放，提高能源利用效率，促进企业绿色发展（Liu et al.，2021）。首先，工业机器人作为"能够实现自动化控制、可重新编程且具有多种用途的机器"，可以对出口企业排污进行实时监管，并提高企业污染治理效率，减少污染排放。随着智能技术的不断更新，具有污染清理功能的工业机器人应运而生，该类工业机器人可以实时监测企业污染物含量，自动寻找污染源，并将污染物进行化学分解，减少污染物的排放。其次，工业机器人的应用可以减少人工操作失误产生的污染。与人力劳动相比，具有"机器学习"功能的工业机器人可以从以往经验中学习和改进，达到极高的生产精度，减少因人力操作不当产生的废料。以轮胎制造企业为例，无论是胎圈成型还是帘布裁剪，均由工业机器人完成，几乎可以实现零误差，大大减少了橡胶废料的产生。最后，新一代工业机器人大多使用清洁能源作为主要供能来源，从源头减少了污染排放。由此可见，工业机器人应用不仅减少了污染排放，还增加了原材料的利用率，使出口企业可以在污染物限额标准内生产更多种类的产品。由此可见，机器人应用不仅减少了污染排放，还降低了能源消耗，使出口企业可以在污染物限额标准内生产更多种类的产品。

机器人的绿色减排效应有可能促进出口企业产品范围扩大，其作用机理主要有二：一是"引致型"产品范围扩大，即在出口库企业生产受到排污限额的约束条件下，机器人的绿色减排效应会缓解排污限额对企业增产的负面影响。污染排放减少可以在一定程度上理解为排污限额的提高，这就意味着企业可以额外增加产量，扩大生产规模（张宁，张维洁，2019），这为企业出口产品种类增加提供了可能。二是"伴生型"产品范围扩大，即机器人应用可以减少乃至避免由于技术限制产生的污染，并将其转化为副产品（陈昊等，2021），实现企业产品种类的增加。以原油加工企业为例，受加工工艺技术的影响，企业除生产成品油外，还会产生一些工业废料（如乙烯、丙烯、丁二烯、芳烃等有毒物质）。机器人应用可以进一步将废料残渣加工成润滑剂、石蜡、沥青等副产品，在减少企业污染的同时伴生性地增加了企业的产品种类。由于并非每家出口企业的每种废料都可用于副产品生产，故"伴生型"作用机制仅存在于原油加工、轮胎制造、农产品加工等少数企业；相比之下，排污限额标准的存在使得"引致型"作用机制更为普遍。因此，本章提出：

假说 6-3： 企业应用人工智能可能会通过促进企业节能减排，扩大出口产品范围。

工业机器人在从事标准化、机械化和重复性的劳动中，不仅比人工效率高，而且其稳定性和准确性也更高。换言之，将工业机器人应用于生产，可以实现生产环节的一体化与层次化，减少产品的损耗，保证生产的质量与准确性（刘斌，潘彤，2020）。人工智能技术与现有技术的最大不同之处在于，由于其对低技能劳动力的替代性和生产的精准性，使得企业在生产率和成本降低的同时，还可以提高产品质量。正如 Bessen（2018）所指出的，人工智能技术的意义不仅是用机器替代劳动，而是在更具竞争性的市场上提高"性价比"。虽然生产率渠道可以直接影响产品质量渠道，但是产品质量渠道与生产率渠道仍存在明显的差别：生产率渠道主要在于提高企业的生产速率，增加企业的投入产出比，而产品质量渠道主要在于保证生产过程更加稳定和准确，减少产品瑕疵。首先，以工业机器人为代表的人工智能技术，不仅能够统一各个环节的生产标准，还可以有效提升产品的稳定性和准确性，通过减少生产过程中的损耗与失误来实现产品质量的提升。一般而言，工业机器人对产品质量的提升主要体现为一系列重复性、高精度的任务（Destefano，Timmis，2021；Montobbio et al.，2022）。例如，搬运和组装小型电子元件、汽车零件的精密焊接和在严格的误差内切割金属产品。其次，相比于人力劳动，工业机器人可以准确识别和筛选质量不合格产品。通过将产品生产标准录入机器人程序，工业机器人凭借其自动扫描等功能，可以更加准确地判断产品质量合格与否，减少了不合格产品的市场流通率，提升了产品质量。最后，工业机器人作为一种精密仪器设备，往往对投入要素的质量要求更高。例如，企业为延长工业机器人的使用寿命，往往会选择更高质量的原材料进行生产。高质量的投入要素加之稳定的生产环节，有利于最终实现产品质量的提升。令人遗憾的是，在人工智能的已有研究中，产品质量作为影响国际贸易的重要因素之一并未被考虑在内。对此，Korinek 和 Stiglitz（2017）强调指出，人工智能的生产率效应之所以被严重低估，其主要原因就在于质量改进作用未被准确评估。虽然以人工智能对产品质量为主题的研究屈指可数，但是产品质量对出口产品范围的影响已被部分学者所认可，即在劳动力成本不断攀升的今天，出口企业会通过"工艺创新效应"和"质量提升效应"提升加成率（诸竹君等，2017），倒逼多产品企业创新，促进出口产品范围的扩大（陆菁等，2019）。因此，本章提出：

假说 6-4：如果人工智能有助于提高出口产品质量，那么将会扩大多产品企业的出口产品范围。

如上所述，工业机器人通过生产率提升渠道、成本节约渠道、绿色减排渠道和产品质量提升渠道扩大了企业的产品范围，而企业产品范围的扩大有可能进一步加剧"侵蚀性竞争"。所谓"侵蚀性竞争"，是指消费市场无法满足过度增长的企业产品供应，企业会侵蚀其他企业的消费市场而产生的竞争（侯欣裕等，2020）。换言之，虽然人工智能时代的来临存在各种利好，但不可否认的是，工业机器人在扩大产品范围的同时，也会引发激烈的同业竞争，甚至会呈现以牺牲同行业竞争对手市场份额和就业率为代价的"零和博弈"（Bonfiglioli et al.，2020；Acemoglu et al.，2020b）。例如，Faber（2020）的研究发现，发达国家使用工业机器人可能会对离岸国家工人带来就业威胁。与之相类似，Kugler et al.（2020）也表明美国工业机器人的普及降低了哥伦比亚工人（特别是女性工人）在当地劳动力市场的就业和收入。以上研究均显示，工业机器人的应用很可能致使同业间良性竞争转变为"侵蚀性竞争"。工业机器人与以往技术的不同之处在于，其不仅可以提高生产率、降低生产成本，还可以凭借其稳定性和准确性提高产品质量。在出口市场相互重叠时，各个企业能够给出的最低报价大致相似，在同价条件下唯有提高产品质量，才有可能获取竞争优势。因此，在"侵蚀性竞争"日益加剧的当下，应用工业机器人的出口企业更有可能采取质量竞争策略突出重围，获取战略优势。据此，本章提出：

假说 6-5：应用工业机器人的多产品出口企业有可能采取质量竞争策略，以获取竞争优势。

第二节　人工智能影响出口产品范围的典型事实

一、数据来源

由于人工智能在生产中的运用主要是通过工业机器人来完成的，且企业应用工业机器人的数量不可得，故本章参考 Acemoglu 和 Restrepo（2020b）、Fan et al.（2021）的做法，以机器人进口数量作为企业应用工业机器人的标准，数据来自中国海关数据库。目前来看，工业机器人的产品编码有宽口径和严口径两种。本章在基准回归中采用 HS6 编码的宽口径[①]，在稳健性检验中则采用 HS8 编码的严口径。若企业进口产品种类包含上述编码产品，则视为该企业应用了工业机器人。

多产品出口企业的相关数据来自 2000—2015 年中国工业企业数据库和海关数据库。具体匹配过程如下：首先，匹配海关数据与工业企业数据库。将中国海关数据库分别按照进口和出口，将月度数据合并至"企业—年份"维度，并以 HS6 为代码为统计标准，加总企业每年的出口产品种类，删除出

---

① 根据宽口径的 HS6 编码，工业机器人产品包括：851531（电弧包括等离子弧焊接机器人）、847950（多功能机器人、其他多功能机器人和机器人末端操纵装置）、851521（其他电阻焊接机器人，汽车生产线电阻焊接机器人）、851580（其他激光焊接机器人、汽车生产线激光焊接机器人）、842489（喷涂机器人）、842890（搬运机器人）、848640（IC 工厂专用的自动搬运机器人）。严口径的 HS8 编码包括：84864031（工厂自动搬运机器人）、84289040（搬运机器人）、85152120（电阻焊接机器人）、85153120（电弧焊接机器人）、85158010（激光焊接机器人）、84248920（喷涂机器人）、84795090（其他工业机器人）、84795010（多功能工业机器人）。

口产品种类小于 1 的企业，然后参照易靖韬和蒙双（2017）的做法匹配两个数据库，共得到 280 427 家多产品出口企业的 688 352 条观测值；其次，以工业机器人 HS6 编码作为筛选条件，从海关进口数据中检索出机器人进口记录，共计 35 517 家企业；最后，将机器人进口数据与第一步得到的出口数据进行匹配，得到"企业—年份"层面的观测值共计 688 352 条。其中，使用过工业机器人的多产品出口企业有 9461 家，共 17 744 个观测值，未使用过工业机器人企业的进口记录赋值为 0。在此基础上，剔除了主要变量缺失、雇员人数小于 10 的样本，并在 1%和 99%分位对主要变量进行了 Winsorize 处理（一种数据预处理方式）。此外，本章采用《中国统计年鉴》公布的固定资产投资价格指数和工业品出厂价格指数，分别对总资产和工业总产值进行价格平减。

二、多产品出口企业与工业机器人应用

图 6-1 展示了 2000—2015 年中国企业应用工业机器人的发展趋势。其中，右一轴代表企业平均进口机器人数量，右二轴代表使用工业机器人企业数，可以看出以 HS6 编码统计的企业数量、工业机器人流量和存量数据均略高于以 HS8 编码的统计数据，但是二者相差不大，且均呈现出不断增加的趋势；左轴同时反映了 HS6 和 HS8 两种编码方式下的机器人进口数量与 IFR统计的中国工业机器人安装流量，可以看出三条数量线不仅走势相同，而且无论是 HS6 还是 HS8 编码统计，机器人进口数量的总和均与权威的 IFR 安装流量统计相差不大，这一发现与 Fan et al.（2021）的研究保持一致，再次说明以机器人进口数量作为工业机器人应用标准的合理性。

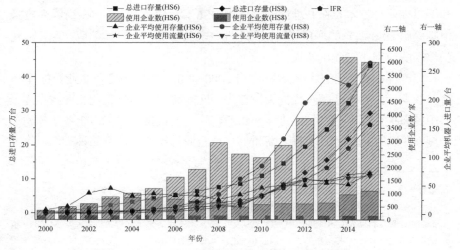

图 6-1　2000—2015 年中国进口工业机器人的数量变化

数据来源：作者根据中国海关数据库整理所得。

　　与此同时，2000—2008 年是中国企业进口机器人的起步阶段，不仅平均数量少，而且进口流量和存量数据在企业间差距巨大；2010 年之后中国企业掀起了进口工业机器人的高潮，流量和存量指标均取得了飞速增长。以 2015 年为例，HS6 编码统计的工业机器人总进口流量已达 10 万余台，存量指标高达 40 万余台。因此，将 2000—2015 年作为本章的研究样本期，能够反映出口企业应用工业机器人的演变过程，但同时需要在后文对不同发展阶段的影响加以考察。

　　本章将同一年出口产品种类（HS6 编码）大于 1 的企业认定为多产品企业，并在图 6-2 中展示了中国多产品出口企业的变化趋势。其中，（a）图按照出口产品种类数目将出口企业划分为五组，分别是出口 1 种、2～10 种、11～20 种、21～30 种和 30 种以上。可以看出，2000—2015 年多产品企业的数量一直在中国出口企业中占据绝对优势，且出口 2～10 种产品的企业数目最多。（b）图则展示了单产品企业与多产品企业出口数量的对比趋势，2000—2004 年单产品企业与多产品企业的出口数量不相上下，但是 2004 年以后，多产品企业的出口数量逐年增加，且与单产品企业的差距逐渐拉大，2013 年之后更是呈现出十分明显的分野趋势。由此可见，多产品企业已经成为我国出口市场的中流砥柱，将多产品企业作为研究对象，对于优化资源配置具有十分重要的现实意义。

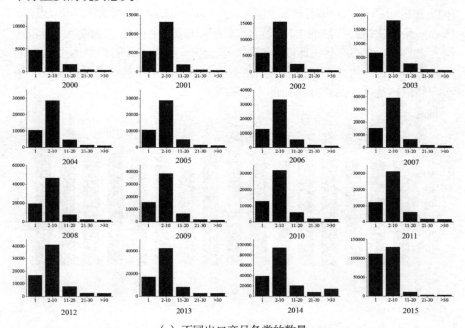

（a）不同出口产品各类的数量

图 6-2　多产品出口企业变化趋势

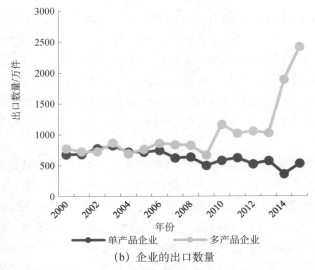

（b）企业的出口数量

图 6-2　多产品出口企业变化趋势（续）

数据来源：作者根据中国海关数据库整理所得。

　　为了进一步考察多产品企业的资源配置状况，本章按照产品出口额从大到小进行排序，将出口额最大的产品定义为核心产品（陆菁等，2019；段文奇，陆晨阳，2020），其他产品定义为非核心产品。图 6-3 绘制了 2000—2015年以 HS6 编码统计的核心产品和非核心产品的出口额占比情况。可以发现，核心产品与非核心产品的出口额占比较为稳定，其中核心产品的集中度占比约为 72%，非核心产品占比约为 28%，这一统计结果与许明和李逸飞（2020）的研究相吻合。由此可见，多产品企业主要将资源用于核心产品的生产，核心产品依然是多产品企业出口的主力军。

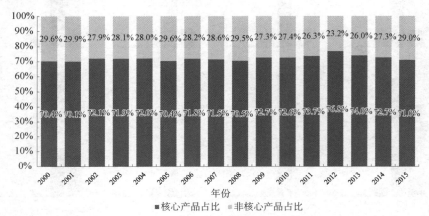

图 6-3　核心产品与非核心产品出口额分布

数据来源：作者根据中国海关数据库整理所得。

在上述数据的基础上，为了初步验证工业机器人对多产品企业产品范围的影响，本章还绘制了应用工业机器人企业和未应用工业机器人企业的核密度函数图（见图6-4）。

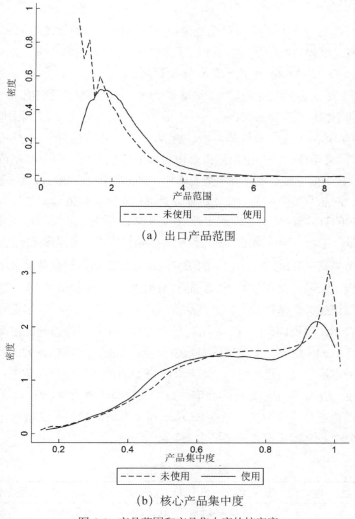

（a）出口产品范围

（b）核心产品集中度

图6-4　产品范围和产品集中度的核密度

数据来源：作者根据中国海关数据库整理所得。

在图6-4中，（a）图为产品范围的核密度函数，可以看出，未应用工业机器人的企业大多产品范围较小，而应用工业机器人的企业产品范围明显高于未应用工业机器人的企业。同理，（b）图为核心产品集中度的核密度函数，应用工业机器人企业的产品集中度均值明显低于未应用工业机器人企业，且企业大多集中于低产品集中度范围，表明工业机器人在促进出口产品范围扩大的同时，也降低了核心产品的集中度。当然，这一因果关系是否成立，尚需下文更为严谨的实证检验。

三、模型设定

为检验工业机器人应用对企业出口产品范围的影响，经由 Hausman 检验，本章选择固定效应模型，具体计量模型设定如下所示：

$$Scope_{it} = \beta_0 + \beta_1 Robot_{it} + \gamma Z_{it} + \lambda_i + \delta_t + \varepsilon_{it} \qquad （6\text{-}1）$$

其中：下标 i 表示企业；t 为年份。被解释变量 $Scope$ 选取了反映出口产品范围变化的两个指标：一是直接指标——企业产品范围（$Variety$），采用企业在 t 年出口的 HS6 产品种类数的对数值衡量；二是间接指标——产品集中度（$Core$），采用核心产品出口额占总出口额的比重衡量。由于产品范围扩大时，企业出口的非核心产品种类数会增加，产品集中度会相应降低，故间接反映了出口产品范围的扩大。核心解释变量 $Robot$ 代表 HS6 编码统计的机器人进口数量的对数值。λ_i 为企业固定效应，以控制企业层面不随时间变化的企业特征向量。δ_t 表示年份固定效应，控制时间趋势因素。ε_{it} 为随机扰动项。

参考易靖韬和蒙双（2017）的研究，本章选取的控制变量集 Z 主要包括企业规模（$Size$），以企业资产总额的对数值表示。Feenstra 和 Ma（2007）认为企业规模越大，越有能力扩大产品范围；企业年龄（Age），用企业年龄的对数值表示；融资约束（FC），用利息支出与固定资产净值的比值衡量；出口规模（Exp），用出口交货值的对数值表示。企业出口规模越大，越有利于掌握国外市场信息，企业出口经验越丰富就越有能力扩大产品范围；企业资本密集度（KL），采用固定资产净值与员工人数的比值衡量。表 6-1 汇报了主要变量的描述性统计结果。经由 Pearson 相关系数检验和 VIF 检验，结果均表明解释变量之间不存在严重的多重共线性问题。

表 6-1　描述性统计

变　　量	观　测　值	均　　值	标　准　差	最　小　值	最　大　值
Variety	688 352	1.834	0.701	1.099	3.912
Core	688 352	0.709	0.238	0.172	0.997
Robot	688 352	0.106	0.554	0.000	16.193
Size	688 329	6.637	2.807	−2.225	15.139
Age	650 481	2.330	0.706	0	7.605
FC	614 844	0.076	6.161	−287.255	4538.000
Exp	622 559	8.760	3.993	0.000	19.044
KL	628 364	0.210	0.329	0.001	1.082

第三节　人工智能影响出口产品范围的实证结果

一、基准回归结果

根据式（6-1）计量模型的设定，表 6-2 给出了多产品企业应用工业机器人对产品范围的影响。可以看出，不论控制哪一种固定效应，本章重点关注的核心解释变量 *Robot* 对 *Variety* 的影响系数始终显著为正，对 *Core* 的影响系数均显著为负，这表明多产品企业应用工业机器人能够显著扩大出口产品范围，降低企业核心产品的出口集中度。具体来说，在控制其他变量和双向固定效应的条件下，企业应用工业机器人增加 1%，其出口产品范围扩大 3.3%，产品集中度降低 0.9%。可能的原因在于，工业机器人对重复性和简单手工任务具有较强的替代性（余玲铮等，2021），能够在短时间内提升企业的单位产出与生产率。生产率的提高促使企业更有动力开拓新市场，获得更高的市场份额，最终扩大企业的出口产品范围（易靖韬、蒙双，2017）。同时，企业出口任意产品都需要投入较高的沉没成本，对于某些利润为负的非核心产品而言，在应用工业机器人后，由于生产率的提升能够使企业保持现有市场份额并扭亏为盈，并通过产品质量升级促使非核心产品更新换代（陆菁等，2019），因此非核心产品的出口额会增加，导致核心产品集中度的降低。

表 6-2　基准回归结果

变量	Variety				Core			
	(1)	(2)	(3)	(4)	(5)	(6)	(7)	(8)
Robot	0.050***	0.043***	0.046***	0.033***	−0.003***	−0.019***	−0.003***	−0.009***
	(15.560)	(9.382)	(14.728)	(7.325)	(−3.412)	(−11.675)	(−2.985)	(−5.674)
Size	0.054***	0.012***	0.059***	0.036***	−0.001***	−0.002***	−0.001***	0.015***
	(43.112)	(8.494)	(47.719)	(20.923)	(−3.796)	(−3.818)	(−3.033)	(27.725)
Age	0.005*	0.028***	−0.009***	0.021***	−0.014***	−0.041***	−0.016***	−0.010***
	(1.757)	(9.001)	(−3.133)	(5.466)	(−17.497)	(−35.349)	(−18.795)	(−7.883)
FC	0.000**	−0.002**	0.000	−0.002***	−0.000***	−0.000	−0.000***	0.000**
	(2.288)	(−2.381)	(1.276)	(−2.600)	(−3.776)	(−0.265)	(−5.162)	(2.315)
Exp	0.026***	0.009***	0.029***	0.010***	−0.001***	0.000	−0.001***	0.000*
	(70.895)	(26.262)	(78.419)	(27.745)	(−8.718)	(1.582)	(−4.553)	(1.784)
KL	−0.785***	−0.256***	−0.572***	−0.221***	0.052***	0.006*	0.102***	0.036***
	(−77.699)	(−24.280)	(−57.044)	(−20.223)	(17.791)	(1.865)	(32.702)	(10.248)
企业固定效应	否	是	否	是	否	是	否	是
年份固定效应	否	否	是	是	否	否	是	是
N	522 766	389 606	522 766	389 606	522 766	389 606	522 766	389 606
R²	0.060	0.746	0.079	0.750	0.004	0.700	0.013	0.715

注：括号内为 *t* 值；使用企业层面聚类稳健标准误；***、**和*分别表示 1%、5%和 10%显著性水平。本章下同。

　　此外，控制变量的估计结果还表明，资产规模越大、成立年限越长和出口规模越大的企业，越有可能扩大出口产品范围，降低产品集中度，与Bernard et al.（2010）、段文奇和刘晨阳（2020）等学者的研究结论保持一致。

　　如前所述，出口产品范围并非越大越好，需要满足产品范围扩大的边际溢出效应为正的前提条件。为此，本章将产品范围和产品集中度及其平方项作为核心解释变量，将企业出口总额的对数值（*Export*）和出口交货值的对数值（*Delivery*）分别作为被解释变量进行实证检验。表 6-3 的估计结果显示，产品范围一次项对企业出口额和出口交货值的影响显著为正，其平方项对企业出口额和出口交货值的影响显著为负，证实了产品范围与出口收益之间的"倒 U 型"关系。同时，对于基准回归结果来说，工业机器人应用对产品范围扩大带来的促进作用（0.033）依然位于对称轴（0.069/2）的左侧，表明在本章的样本期内，工业机器人应用对产品范围的扩大仍然处于正效应的区间内，满足了基准回归结果成立的前提条件。

表 6-3　产品范围扩大对企业出口绩效的影响

变量	Export		Delivery	
	(1)	(2)	(3)	(4)
Variety	1.074***		0.124***	
	(42.399)		(7.843)	
Variety^2	−0.069***		−0.011***	
	(−11.801)		(−2.993)	
Core		−1.983***		−0.196***
		(−26.193)		(−4.015)
Core^2		1.471***		0.134***
		(25.857)		(3.681)
控制变量	是	是	是	是
企业固定效应	是	是	是	是
年份固定效应	是	是	是	是
N	342 371	342 371	335 623	335 623
R^2	0.893	0.879	0.678	0.677

二、稳健性检验

（一）内生性问题

1. 工具变量法

　　考虑到各企业进口机器人与其产品范围之间可能存在逆向因果关系，即出口产品范围越大、产品集中度越低的企业，越有可能进口机器人来夯实其在国际市场中的出口竞争优势与市场份额。为了解决内生性问题，本章分别选取两个工具变量进一步加强结论的可信度。

一是借鉴 Kugler et al.（2020）、Acemoglu 和 Restrepo（2020a）、王永钦和董雯（2020）的思想，选择同一时期美国同行业工业机器人使用量的对数值（*Robot_US*）作为工具变量。这主要是因为，中国和美国均是全球领先的人工智能应用大国，二者工业机器人发展状况存在一定的关联性，但中国企业出口产品范围受美国工业机器人应用的影响较弱，与原残差项基本不存在相关性，故满足工具变量的相关性和排他性标准。本章采用 2SLS 进行估计。表 6-4 第（1）列给出了第一阶段的回归结果，*Robot_US* 和 *Robot* 存在显著正相关关系，且 Kleibergen-Paap rk F 值远大于临界值 16.38，可以排除弱工具变量的问题。第（2）列和第（3）列依次给出了 *Robot* 对被解释变量 *Variety* 和 *Core* 影响的第二阶段回归结果。利用工具变量法矫正内生性问题后，*Robot* 对两个被解释变量的系数略有增大，方向依然与 OLS 回归结果保持一致，证实了基准结论的稳健性。

表 6-4　内生性检验：工具变量法

变量	(1) Robot	(2) Variety	(3) Core	(4) Robot	(5) Variety	(6) Core
Robot_US	0.014*** (17.401)					
Suitability				1.001*** (17.903)		
Robot		0.295*** (5.794)	−0.044** (−2.508)		0.710*** (10.471)	−0.057*** (−3.092)
控制变量	是	是	是	是	是	是
企业固定效应	是	是	是	是	是	是
年份固定效应	是	是	是	是	是	是
Kleibergen-Paap rk F 值	302.801			320.524		
N	389 606	389 606	389 606	381 356	381 356	382 641

二是借鉴 Bonfiglioli（2020）的做法，选取企业所在行业的工业机器人适应度指标（*Suitability*）作为第二个工具变量，其构造公式为

$$Suitability_{ij} = \sinh^{-1} \left(\frac{\sum_{i' \neq i \in j} Robot\_Stock_{i'j}}{\sum_{i' \neq i \in j} Cap\_Stock_{i'j}} \right) \tag{6-2}$$

其中：$\sum_{i' \neq i \in j} Robot\_Stock_{i'j}$ 表示行业 j（除企业 i 外）的初始机器人使用存量；$\sum_{i' \neq i \in j} Cap\_Stock_{i'j}$ 表示行业 j（除企业 i 外）的初始资本存量。行业机器人适

应度反映了企业应用工业机器人的适宜程度，该指标越高的行业，相对来说越适合采用智能化技术，因此行业机器人适应度与企业工业机器人应用之间存在较强的相关性；与此同时，本章的被解释变量属于企业层面，工具变量为行业层面且已经发生，故二者的直接关联相对较弱，满足外生性条件。

表6-4第（4）列为第一阶段回归结果，工具变量 *Suitability* 的回归系数在1%的水平上显著为正，并同样拒绝了弱工具变量假设；在第二阶段中，第（5）列和第（6）列的回归结果表明，*Robot* 依然显著扩大了企业产品范围、降低了产品集中度，进一步证明了上述结论的稳健性。

2. 异方差工具变量法

为进一步确保工具变量满足外生性条件，本章使用 Lewbel（2012）提出的异方差工具变量法再次检验。Lewbel（2012）的研究表明，如果用内生变量对模型中其他外生变量进行回归后的残差是异方差的，则该残差与去中心化后外生变量的乘积是较好的工具变量。表6-5中第（1）列和第（2）列为异方差工具变量的估计结果，*Robot* 对 *Variety* 的影响系数在1%的水平上显著为正，对 *Core* 的影响系数在1%的水平上显著为负，再次证实了基准结果的稳健性。

表 6-5　异方差工具变量与组内差分

变量	异方差工具变量法		组内差分	
	Variety (1)	*Core* (2)	Δ*Variety* (3)	Δ*Core* (4)
Robot	0.285*** (7.050)	−0.113*** (−7.943)		
Δ*Robot*			0.028*** (5.499)	−0.003* (−1.669)
控制变量	是	是	是	是
企业固定效应	是	是	是	是
年份固定效应	是	是	是	是
Kleibergen-Paap rk F 值	158.691			
N	515 500	515 500	389 606	389 606

3. 组内差分

本章借鉴 Jayaraman 和 Milbourn（2012）的做法，通过做组内差分来考察变量之间的动态关系。所谓"组内差分"，是指解释变量和被解释变量与其企业均值进行差分，可以消除一部分不随时间变化的遗漏变量所导致的内生性问题。通过差分变换，我们可以认为在一定期间内企业应用工业机器人是稳定的，即这一方法可以削弱内生性对本章结论的影响。具体结果如表6-5第（1）列和第（2）列所示，*Robot* 对 *Variety* 的影响系数在1%的水平上显著为正，对 *Core* 的影响系数在1%的水平上显著为负，基准结果依然稳健。

（二）样本选择偏差

首先，由于本章的核心解释变量 *Robot* 存在大量 0 值，可能会使估计结果存在偏差。为减少估计偏误，本章将样本限制为进口机器人数大于 0 的多产品企业。估计结果如表 6-6 第（1）列和第（2）列所示，工业机器人对企业产品范围的影响依然与基准回归结果保持一致，验证了本章基准结论的可靠性。

表 6-6　样本选择偏误

变量	仅进口机器人的企业		剔除机器人制造商		企业动态问题	
	Variety	*Core*	*Variety*	*Core*	*Variety*	*Core*
	(1)	(2)	(3)	(4)	(5)	(6)
Robot	0.041***	−0.012***	0.052***	−0.011***	0.040***	−0.007**
	(4.112)	(−3.223)	(9.556)	(−5.733)	(4.441)	(−2.106)
控制变量	是	是	是	是	是	是
企业固定效应	是	是	是	是	是	是
年份固定效应	是	是	是	是	是	是
N	15 232	15 232	191 050	191 050	66 161	66 161
R^2	0.717	0.708	0.782	0.765	0.858	0.833

其次，在样本期内观察到的工业机器人可能由中国机器人制造商以中间投入或研发的目的而进口，并非用于最终产品的生产。为解决上述问题，本章参照 Fan et al.（2021）的做法，通过搜索企业名称中是否包含"机器人"来识别工业机器人制造商，若包含就将其认定为机器人制造商。将机器人制造商剔除后重新对基准模型进行回归，结果如表 6-6 第（3）列和第（4）列所示，估计结果与基准回归结果相比并无显著差异。

最后，前文基于静态样本的分析，并没有考虑企业或者产品在出口市场的进入退出情况。工业机器人应用有可能使得企业在单产品与多产品之间发生转换，也有可能导致企业在出口市场上频繁地进入退出，这些情况均有可能导致估计结果有偏。为此，本章将新进入企业和退出企业剔除，仅保留持续存在的多产品企业进行回归。表 6-6 第（5）列和第（6）列显示，估计结果并未发生实质性改变，与基准结果保持一致。

（三）核心变量替代

由于企业层面的工业机器人应用数量不可直接获得，故代理变量的选取会存在一定的误差。为此，本章采用两种方法对其进行替代：一是应用工业机器人产品的严口径 HS8 编码构造核心解释变量；二是借鉴王永钦和董雯（2020）的办法，使用 IFR 公布的中国工业机器人安装流量数据，构造企业层面的工业机器人渗透度指标（AI）。由于 IFR 的中国工业机器人安装流量数据从 2006 年开始分行业正式发布，故此时的样本时间范围为 2006—2015 年，具体测度方式如下：

$$AI = \frac{PWP_{hit}}{ManuPWP_{ht}} \times \frac{MR_{ht}}{L_{ht=2006}} \qquad （6\text{-}3）$$

其中：$\dfrac{PWP_{hit}}{ManuPWP_{ht}}$ 表示 h 行业 i 企业 t 年员工人数与该行业所有企业员工人数中位数的比值；MR_{ht} 表示 h 行业 t 年的工业机器人安装存量；$L_{ht=2006}$ 表示 h 行业 2006 年（基期）的就业人数。

如表 6-7 所示，第（1）～（2）列和第（3）～（4）列分别为使用严口径方式和企业工业机器人渗透度构造核心解释变量后的估计结果，所有回归结果的符号与显著性均和基准估计结果保持一致，证明了选用 HS6 编码构造核心解释变量的可靠性。

表 6-7　核心变量替代

变量	HS8 编码		IFR	
	Variety (1)	Core (2)	Variety (3)	Core (4)
Robot_HS8	0.175** (2.485)	−0.013** (−2.154)		
AI			0.009*** (3.125)	−0.003*** (−2.699)
控制变量	是	是	是	是
企业固定效应	是	是	是	是
年份固定效应	是	是	是	是
N	389 654	389 654	63 355	63 355
R^2	0.783	0.715	0.857	0.773

（四）更换估计方法

1. 处理效应模型

传统的 OLS 回归忽略了企业进口与应用工业机器人的主观能动性，存在内生性问题，可能导致基准模型估计存在偏误，因此本章将核心解释变量重新定义为企业是否使用工业机器人（*Robot_dummy*），并采用处理效应模型来解决潜在的内生性问题。在使用处理效应模型进行实证检验时，需要寻求企业是否应用工业机器人的工具变量，本章继续沿用前文选择的 *Robot_US* 作为 *Robot_dummy* 的工具变量。表 6-8 第（1）～（2）列的估计结果显示，在使用处理效应模型后，估计结果依然与基准回归结果保持一致。

表 6-8　更换估计方法

变量	处理效应模型		Heckman 两步法		
	Variety (1)	Core (2)	Export (3)	Variety (4)	Core (5)
Robot_dummy	2.062*** (18.515)	−0.229*** (−5.375)			
Robot			0.021*** (34.505)	0.036*** (6.251)	−0.005*** (−2.818)
L.Export			0.194*** (463.126)		
lambda	−0.939*** (−17.275)	0.095*** (4.559)		−0.066*** (−32.503)	0.010*** (13.803)
控制变量	是	是	是	是	是
企业固定效应	是	是	是	是	是
年份固定效应	是	是	是	是	是
N	280 690	280 690	2 622 730	218 303	218 303
R^2	—	—		0.704	0.693

2. Heckman 两步法

考虑到本章的样本是出口企业，不包含非出口企业，存在一定的样本选择偏误。基于此，本章将样本替换为所有工业企业（出口和非出口企业），并使用 Heckman 两步法进行稳健性检验。首先，对企业出口倾向（Export）进行第一阶段的 Probit 估计，并加入企业出口倾向的滞后一期（L.Export）作为控制变量，由此提取逆米尔斯比率（lambda）；然后，将 lambda 作为控制变量纳入第二阶段的估计方程，以出口产品范围和产品集中度作为被解释变量。表 6-8 第（3）列 Heckman 两步法第一阶段的结果显示，企业使用工业机器人显著增加了出口概率；第（4）～（5）列的结果进一步表明，在解决由样本选择带来的内生性问题后，工业机器人应用依然显著促进了出口产品范围的扩大和产品集中度的降低。

（五）样本范围改变

其一，中国进口机器人的行业分布存在明显的差异，某些特定行业进口机器人数量远高于其他行业，有可能主导最终的实证结果。为了确保海关进口数据与 IFR 数据具有可比性，本章按照闫雪凌等（2020）①的做法，将国民经济行业分类与 IFR 行业分类进行匹配，并统计了 2015 年各行业机器人进

① 根据分类标准和行业名称，本章将 IFR 行业代码与国民经济行业代码进行匹配。匹配后，2011 年之前有 13 个行业，2012 年之后汽车制造业从原有的运输设备制造业中独立出来，行业数量变为 14 个。

口存量占比。如图 6-5 所示，在制造业行业中，汽车制造业的进口数量远远领先其他行业，占比高达 49.42%，其次是电子及电气设备制造业（占比 24.42%）与橡胶和塑料制品业（8.82%）。为了避免上述特定行业的高额进口对实证结果产生主导作用，本章分别剔除占比最高（Top1）和占比排在前三位（Top3）的主导行业，并重新进行估计。表 6-9 第（1）～（4）列的估计结果显示，在排除特定行业可能的主导影响后，基准回归结果依然显著成立。

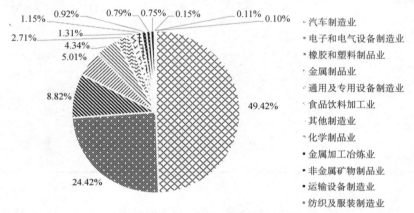

图 6-5　2015 年机器人进口存量行业分布

表 6-9　样本范围改变

变量	排除主导行业				仅保留出口种类大于 5 的企业		删除后出口额后 1% 的企业	
	排除 Top1		排除 Top3					
	Variety	*Core*	*Variety*	*Core*	*Variety*	*Core*	*Variety_cut*	*Core_cut*
	(1)	(2)	(3)	(4)	(5)	(6)	(7)	(8)
Robot	0.048***	−0.003*	0.042***	−0.005**	0.050***	−0.011***	0.102***	−0.011***
	(9.400)	(−1.885)	(6.623)	(−2.202)	(9.178)	(−5.341)	(17.203)	(−6.919)
控制变量	是	是	是	是	是	是	是	是
企业固定效应	是	是	是	是	是	是	是	是
年份固定效应	是	是	是	是	是	是	是	是
N	314 279	314 279	250 608	250 608	189 452	189 452	311 142	311 142
R²	0.808	0.750	0.816	0.756	0.782	0.766	0.806	0.737

其二，为了避免因企业产品种类数过少而频繁调整产品范围，导致基准回归结果被高估，本章借鉴 Eckel et al.（2015）的做法，仅保留出口产品种类数至少为 5 种的多产品企业样本进行稳健性检验。如表 6-9 第（5）～（6）列所示，在剔除了出口产品种类数小于 5 的样本后，工业机器人应用对多产品企业出口产品范围和核心产品集中度的影响，依然与基准回归结果保持一致。

其三，考虑到企业可能存在出口额极小的产品，在理论上会被统计在内，但其在现实中并不属于真正的产品多元化。为避免估计结果被高估的风险，

本章将企业内出口额位于后 1%的产品剔除后，重新构造出口产品范围
（*Variety_cut*）和产品集中度指标（*Core_cut*）。重新估计的结果如表 7 第（7）～
（8）列所示，企业应用工业机器人依然显著提高了产品范围，降低了产品集
中度，与基准回归结果一致。

其四，前文典型化事实部分表明，在 2000—2008 年和 2010—2015 年的不
同时期内，工业机器人应用规模差别明显，特别是在 2000—2008 年企业应用
工业机器人刚刚起步，应用数量及其增长速度较慢，可能会影响到基准结论。

一方面，在 2000—2008 年工业机器人应用的起步阶段，虽然整体来看平
均数量少，但是企业应用工业机器人的数量存在巨大的差异。从流量数据来
看，企业进口机器人最多可达 1347 台，最小仅为 1 台，标准差为 50.47；从
存量数据来看，企业进口机器人最多可达 6287 台，最小仅为 1 台，标准差更
是高达 221.08。

在此基础上，作者进一步绘制了 2001—2008 各年机器人进口量排名前
100 位企业的机器人进口量与产品种类的散点图。如图 6-6 所示，越是出口
产品范围大、出口种类多的企业，其工业机器人应用水平越高，为工业机器
人应用有利于扩大出口产品范围提供了初步的证据。与 2001—2008 年之前
相比，2009 年工业机器人与出口产品范围的拟合线明显出现上扬趋势，标志
着工业机器人在中国的应用进入了更加普及的阶段。

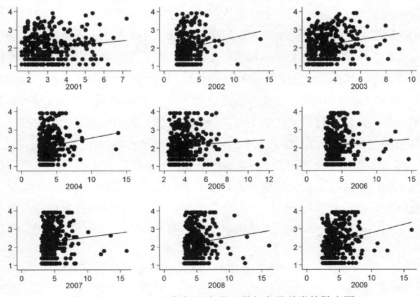

图 6-6　2001—2008 年机器人进口量与产品种类的散点图

注：横轴表示机器人进口量（对数形式），纵轴表示企业出口产品种类（对数形式）；直线表示机器
人进口量与出口产品种类的拟合曲线。

另一方面，本章将样本期划分为 2000—2008 年和 2009—2015 年两个阶段[①]，并分别进行回归。表 6-10 的估计结果表明，无论是在 2000—2008 年还是在 2009—2015 年，企业应用工业机器人均显著地扩大了产品范围，降低了产品集中度。虽然在前期工业机器人应用水平缓慢，但并未影响到本章基准结论。

表 6-10 不同样本区间估计

变量	2000—2008		2009—2015	
	Variety (1)	Core (2)	Variety (3)	Core (4)
Robot	0.059***	−0.005***	0.104***	−0.008***
	(11.045)	(−2.731)	(11.853)	(−3.371)
控制变量	是	是	是	是
企业固定效应	是	是	是	是
年份固定效应	是	是	是	是
N	190 216	190 216	162 974	162 974
R^2	0.826	0.746	0.779	0.783

（六）排除其他事件干扰

其一，自中国在 2001 年加入 WTO 以来，关税减免作为贸易自由化的主要形式对企业进出口行为产生了重大影响，有可能显著扩大企业的出口产品范围；同时，伴随着外资企业进入门槛的降低，外资企业进入带来的竞争效应与溢出效应均有可能对产品范围产生影响。为了排除贸易自由化和外资自由化的影响，本章借鉴周茂等（2019）的做法，将行业进口关税（*Importtariff*）、出口关税（*Exporttariff*）、行业外资企业产出占比（*Foreignratio*）作为控制变量纳入基准方程进行估计，表 6-11 第（1）～（2）列的结果显示，在控制了贸易自由化和外资自由化的影响后，本章的基准结论保持不变。

其二，随着国家对数字经济的高度重视，信息和通信技术（ICT）作为数字技术的核心获得了长足发展。ICT 技术的普及与完善不仅会促进企业应用工业机器人，还会对企业出口行为产生干扰。为了控制 ICT 技术的普及对企业产品范围的影响，本章借鉴孙伟增和郭冬梅（2021）、谢康等（2021）的做

[①] 样本期阶段划分的依据主要有三：其一，根据图 6-1，无论是观察工业机器人的流量还是存量，2000—2008 年是中国应用工业机器人的早期阶段，更快速度的应用则始于 2009 年；其二，2008 年全球金融危机爆发后，中国政府出台的一系列财政刺激计划可能会鼓励企业加快工业机器人的应用步伐（李磊等，2021）；其三，2008 年《劳动合同法》的正式颁布进一步巩固了中国的最低工资标准（王欢欢等，2019），企业的劳动力成本显著增加，会进一步加快企业"机器换人"的步伐（Fan et al.，2021）。基于此，本章将 2009 年及其以后年份定义为工业机器人应用快速增长阶段。

法，在基准模型的基础上增加了各省长途光缆密度（*Cable*）、互联网普及率（*Internet*）、移动基站数量（*Mobile*）等控制变量。从表 6-11 第（3）～（4）列的估计结果可以看出，*Robot* 对 *Variety* 和 *Core* 的影响与基准回归保持一致，印证了本章结论的稳健性。

表 6-11　排除其他事件干扰

变量	增加贸易自由化变量		增加ICT 相关控制变量		加入高维固定效应	
	Variety (1)	*Core* (2)	*Variety* (3)	*Core* (4)	*Variety* (5)	*Core* (6)
Robot	0.030*** (6.836)	−0.008*** (−5.191)	0.032*** (7.263)	−0.008*** (−5.396)	0.025*** (5.538)	−0.009*** (−5.688)
Importtariff	0.009*** (3.331)	−0.006*** (−7.268)				
Exporttariff	−0.014** (−2.340)	−0.000 (−0.069)				
Foreignratio	0.387*** (9.808)	−0.051*** (−4.052)				
Cable			0.082*** (8.350)	−0.003 (−0.935)		
Internet			0.390*** (3.562)	−0.132*** (−3.026)		
Mobile			0.861*** (4.567)	−0.241*** (−3.203)		
控制变量	是	是	是	是	是	是
企业固定效应	是	是	是	是	是	是
年份固定效应	是	是	是	是	是	是
省份—行业—年份固定效应	否	否	否	否	是	是
N	387 071	387 071	387 071	387 071	332 199	33 299
R^2	0.751	0.715	0.751	0.715	0.758	0.720

其三，考虑到影响出口产品范围的干扰因素较多，无法一一列举和控制，本章为了进一步严密控制潜在的遗漏变量导致企业应用工业机器人与产品范围之间存在虚假关联，借鉴毛其淋和盛斌（2021）的做法，在基准模型的基础上加入高维固定效应进行稳健性检验。具体而言，除了控制原有的企业和年份双固定效应外，在模型中进一步控制了省份、行业和年份固定效应的交乘项。表 6-11 第（5）～（6）列给出了重新估计结果，依然与基准回归结果保持一致。

第四节　人工智能影响出口产品范围的作用机制

上文已经表明，以工业机器人为代表的人工智能显著扩大了多产品企业的出口产品范围，降低了核心产品的集中度，而这一促进作用背后的渠道如何，尚待进一步考察。与已有研究不同，一方面，本章在理论假说部分提出，工业机器人影响企业出口产品范围的可能作用渠道既包括生产率渠道，也包括生产成本渠道、绿色减排渠道和产品质量渠道，其中生产率渠道还可能通过其他三种渠道，间接影响出口产品范围。另一方面，鉴于传统中介效应模型存在的诸多缺陷，本章采用 Liu 和 Lu（2015）的内生中介效应检验模型，更为严谨地考察工业机器人改变企业产品范围的多种作用渠道。

基于此，本章选取企业全要素生产率（TFP）、生产成本（MC）、绿色减排（$Emit$）和产品质量（TQ）作为渠道变量，其中，全要素生产率和生产成本反映效率，绿色减排和产品质量反映质量；同时，在 Liu 和 Lu（2015）的内生中介效应模型中，选取美国同行业机器人安装量的对数值（$Robot\_US$）和行业机器人适应度（$Suitability$）作为内生中介模型的工具变量。

一、生产率渠道

工业机器人作为一种物化性技术进步，通过替代低技能劳动力有效提高企业生产效率。使用工业机器人所带来的生产率提高不仅有助于企业均衡资源配置，还可以实现企业产品范围调整的最优化。因此，本章选择生产率作为渠道变量，选用 LP 法测算全要素生产率。

表 6-12 第（1）列给出了核心解释变量与 TFP 关系的第二阶段结果，可以看出工业机器人应用显著促进了企业生产率的提高，且在 1%的水平上高度显著。同时，Kleibergen-Paap rk F 值均大于 10%的检验条件（16.38），说明不存在弱工具变量问题。第（2）～（3）列的结果则进一步表明，将 TFP 纳入模型后，企业生产率的提高显著促进了多产品企业出口范围的扩大，降低了核心产品集中度，证实了假说 6-1 的成立。可能的原因在于，工业机器人能够替代部分人力劳动，能够将"智能"元素嵌入生产环节，有助于提高企业资源配置能力，使企业生产更加高效（王永钦，董雯，2020），而生产率的提高会使企业更有动力开拓新市场、开发更多新产品，最终促使企业产品范围的扩大（易靖韬，蒙双，2017）。

表 6-12　效率提升渠道

变量	生产率效应				成本效应	
	TFP	Variety	Core	MC	Variety	Core
	(1)	(2)	(3)	(4)	(5)	(6)
Robot	0.296***			−0.933***		
	(5.457)			(−5.580)		
TFP		1.038***	−0.160**		2.363***	−0.360***
		(4.343)	(−2.438)		(7.396)	(−5.975)
MC					−1.142***	0.174***
					(−3.476)	(2.862)
控制变量	是	是	是	是	是	是
企业固定效应	是	是	是	是	是	是
年份固定效应	是	是	是	是	是	是
Kleibergen-Paap rk F 值	300.713		31.449	136.443		18.632
N	386 974	386 974	386 974	382 223	382 128	382 128

二、生产成本渠道

根据前文的理论假说，劳动力成本作为生产成本的重要组成部分，在出口企业应用工业机器人后会发生改变，但是不同的学者对劳动力成本是增是减，存在迥然不同的观点。同时，工业机器人应用不仅仅会改变劳动力成本，其购置、保养和维修也会影响到生产成本。因此，本章将上述成本全部考虑在内，并以边际成本的概念来表示。为此，本章首先采用 De Loecker 和 Warzynski（2012）的做法计算成本加成率，然后将成本加成率除以产品价格得到边际成本。

表 6-12 第（4）列显示，Robot 对 MC 的影响显著为负，表明工业机器人的使用显著降低了企业的边际成本；第（5）～（6）列考察了边际成本对出口产品范围的影响，其中为了得到工业机器人对生产成本的直接影响，并排除生产率提升的间接影响，本章同时将全要素生产率纳入模型作为内生变量。估计结果显示，边际成本对出口产品范围的影响显著为负，对产品集中度的影响显著为正，表明边际成本的降低会扩大多产品企业的出口产品范围，降低其核心产品集中度，验证了假说 6-2 的成立。同时，TFP 对产品范围和产品集中度的影响依然与前文保持一致，表明工业机器人应用既会通过生产率提高的渠道降低生产成本，间接影响产品范围，也会对生产成本产生直接影响。可能的原因在于，首先，工业机器人虽然能够增加高技能劳动力的工资水平，但是其对劳动力的替代效应大于创造效应（Acemoglu，Restrepo，2020a），最终实现了劳动力成本的下降；其次，工业机器人能够提高企业的

生产率，也有助于生产成本的节约；最后，企业产品种类的增加降低了均摊到每种产品上的工业机器人应用成本，企业边际成本进一步降低。在生产成本不断下降的条件下，企业作为利润最大化的追求者，必然会选择生产和出口更多种类的产品。综合假说 6-1 和假说 6-2，本章认为工业机器人应用通过提高生产率和降低生产成本，以效率提升的方式促进了出口产品范围的扩大。

三、绿色减排渠道

前文的理论假说表明，工业机器人应用可以通过减少企业污染排放，减小"碳排放"时代的"后顾之忧"，使出口企业扩大产品范围成为可能，故本章使用工业废气排放量与工业总产值比值的对数值（$Emit$）作为绿色减排渠道的代理变量；该值越小，说明单位产值的污染排放越少，企业的生产经营越绿色环保。

表 6-13 第（1）列的估计效果显示，$Robot$ 对 $Emit$ 的影响显著为负，表明工业机器人应用显著减少了污染物的排放，促进了企业绿色升级；第（2）～（3）列的结果进一步表明，绿色减排对产品范围的影响显著为负，对产品集中度的影响显著为正，说明污染减弱能够扩大多产品企业的产品范围，验证了假说 6-3 的成立。究其原因，工业机器人通过对人力劳动的取代，降低了出错概率，减少了"三废"的产生，从而使得出口企业在不突破各种污染排放限额的条件下，能够实现产品范围的扩大。

表 6-13　质量升级渠道

变量	绿色减排效应			产品质量效应		
	$Emit$ (1)	$Variety$ (2)	$Core$ (3)	TQ (4)	$Variety$ (5)	$Core$ (6)
$Robot$	−2.540*** (−7.808)			0.053* (1.752)		
$Emit$		−0.289** (−2.276)	0.054** (2.281)			
TQ					0.125*** (5.844)	−0.016*** (−2.646)
TFP_LP		2.713*** (17.582)	−0.387*** (−13.518)		1.016*** (4.240)	−0.157** (−2.365)
控制变量	是	是	是	是	是	是
企业固定效应	是	是	是	是	是	是
年份固定效应	是	是	是	是	是	是
Kleibergen-Paap rk F 值	136.443	76.279	76.279	299.922	15.541	15.541
N	382 216	382 121	382 121	387 064	386 967	386 967

值得一提的是，伴随着信息与通信技术的应用，生产率的提高会进一步减少污染排放（Altinoz et al.，2020），即企业污染排放不仅归因于工业机器人应用，还归因于企业生产率的提高，故本章在第二阶段回归时，将企业生产率作为内生变量纳入模型，结果发现生产率对产品范围和产品集中度的影响与前文结果保持一致，同时 *Emit* 对被解释变量的影响仍然显著，在证实绿色减排渠道成立的同时，也说明企业生产率既能直接作用于产品范围的调整，也能通过节能减排渠道间接影响产品范围调整。

四、质量提升渠道

如前文理论假说所述，工业机器人的使用亦有可能提高产品质量，引致多产品企业产品范围发生变化，故本章首次将产品质量纳入渠道分析。本章参考 Baldwin 和 Harrigan（2011）、Khandelwal et al.（2013）的方法估计"企业—产品"层面出口产品质量，并借鉴施炳展（2014）的方法进行归一化处理，再将产品质量加总到企业层面，从而计算得出企业层面的出口产品质量（*TQ*）。

表 6-13 第（4）列的估计结果显示，工业机器人应用对企业出口产品质量的影响显著为正，表明工业机器人显著提高了多产品企业的出口产品质量。虽然已有研究表明人工智能的应用会通过提高生产率，促进产品质量升级（Destefano，Timmis，2021），但是人工智能同样有可能直接影响产品质量，因此为了剥离生产率渠道的间接影响，本章在第二阶段分析的同时将生产率作为内生变量。表 6-13 第（5）～（6）列的估计结果显示，产品质量的提高有利于产品范围的扩大和产品集中度的降低，证实了假说 6-4 的成立。可能的原因在于，工业机器人投入生产环节，可以减少生产环节出错概率，提高产品生产的精度。这不仅会提高核心产品的质量，还会提升非核心产品的质量，有助于实现整体产品质量的提升，也有助于实现贸易结构的转型升级。综合假说 6-3 和假说 6-4，本章认为工业机器人的使用通过减少污染排放和提高产品质量，以质量升级的方式促进了出口产品范围的扩大。因此，工业机器人应用不仅可以实现效率提升，还可以兼顾质量升级，使产品更具"性价比"。

虽然工业机器人会从整体上促进企业产品质量提升，但是并非所有企业、所有产品都由此而受益。

一方面，为了进一步探究受益于工业机器人的企业类型，本章借鉴 Khandelwal（2010）的方法，以企业最高产品质量与最低产品质量之差构造产品质量阶梯(*Ladder*),并根据产品质量阶梯的中位数将企业划分为长质量阶梯企业和短质量阶梯企业,分别考察工业机器人对这两类企业产品质量的影响差异。如表 6-14 第(1)～(2)列所示,工业机器人的使用对长质量阶梯企业的产品质量影响显著为正,且在 1%的水平上高度显著,对短质量阶梯企业的产品质量影响则不显著。究其原因,工业机器人的使用不仅会进一步提高高品质产品的质量,也会提升企业原来低品质产品的质量,实现高质量产品和低质量产品的共同提升。长质量阶梯的企业产品质量差异大,存在较大的提升空间(刘伟丽,陈勇,2012),因此工业机器人对产品质量的提升效应在长质量阶梯的企业中体现得更为明显。

表 6-14　产品质量效应的受益企业与产品类型

变量	企业层面		产品层面	
	质量阶梯长	质量阶梯短	核心产品	非核心产品
	(1)	(2)	(3)	(4)
Robot	0.015***	0.003	0.031***	0.008**
	(5.405)	(0.600)	(6.694)	(2.332)
控制变量	是	是	是	是
企业固定效应	是	是	是	是
年份固定效应	是	是	是	是
产品固定效应	否	否	是	是
N	177 820	151 090	386 248	3 634 446

另一方面,为了探究工业机器人对不同种类产品质量的影响,本章将研究视角聚焦至产品层面,分别对核心产品和非核心产品质量进行回归。如表 6-14 第(3)～(4)列所示,*Robot* 对核心产品和非核心产品质量的影响均显著为正,即工业机器人对核心产品和非核心产品的质量都具有显著的提升作用。工业机器人作为生产阶段的投入品,替代的是企业整体的低技能劳动力,而非针对某一类产品,因此其质量提升效应不仅作用于核心产品,而且作用于非核心产品。

第五节　人工智能影响出口产品范围的进一步拓展

一、异质性考察

上述结果表明,工业机器人应用显著促进了多产品企业的出口产品范围扩大,但是这一结论建立在均值回归模型的基础上,解释的是一种平均效应,有可能掩盖企业的异质性反应。因此，本章引入不同维度的企业异质性，进一步观察工业机器人对多产品企业产品范围的影响。

（一）企业产品异质性

不同出口产品具有不同的生产过程和用途，面对工业机器人冲击时也会显现出不同的反应程度。具体而言，对于劳动密集型产品而言，其生产过程中劳动力投入（特别是低技能劳动力）比重相对较高，工业机器人凭借其对低技能劳动力的替代优势，可以有效提高劳动密集型产品的生产效率；相较于劳动密集型产品，资本密集型产品生产中资本投入比其他生产要素投入相对多，且其生产设备一般专用性较高，劳动力素质也更胜一筹，具有流水化作业性质的工业机器人难以进行替代。

根据国际贸易商品的广义经济分类方法（BEC），出口产品可分为中间品、消费品和资本品，本章将资本品定义为资本密集型产品，将中间品和消费品定义为劳动密集型产品，其分组检验结果如表 6-15（A）所示。可以发现，工业机器人的使用主要是促进了劳动密集型产品的产品范围扩大及其产品集中度的降低，对资本密集型产品的影响并不显著。究其原因，资本密集型产品一般对品质要求较高，所需劳动力通常为技术型劳动力，而工业机器人主要替代低技能劳动力，进而致使生产率效应和成本效应失灵。劳动密集型产品一般技术含量低、需求弹性小，而工业机器人主要替代低技术劳动力（Acemoglu，Restrepo，2020a），即提高生产劳动密集型产品的智能化要素比例，一方面可以减少劳动力投入，降低生产成本，即实现成本效应；另一方面可以减少生产中出错的概率，提高产品质量，即获得质量效应，从而有助于扩大出口产品范围，降低产品集中度。

表 6-15 异质性考察

变量	不同异质性企业			
	（A）区分企业产品用途			
	Variety		*Core*	
	劳动密集型	资本密集型	劳动密集型	资本密集型
	(1)	(2)	(3)	(4)
Robot	0.038***	0.016	−0.010***	−0.003
	(7.292)	(1.354)	(−5.597)	(−0.597)
N	325 193	36 894	325 193	36 894
R^2	0.765	0.760	0.729	0.718

续表

变量	不同异质性企业			
	（B）区分企业资源配置			
	Variety		Core	
	集中	分散	集中	分散
	(1)	(2)	(3)	(4)
Robot	0.050***	0.017**	−0.006***	−0.003
	(9.012)	(2.474)	(−3.944)	(−1.248)
N	103 478	120 992	103 478	120 992
R^2	0.755	0.743	0.787	0.725
	（C）区分企业所有制			
	Variety		Core	
	国有	非国企	国有	非国企
	(1)	(2)	(3)	(4)
Robot	0.025	0.036***	0.005	−0.010***
	(0.842)	(7.981)	(0.522)	(−6.049)
N	5308	383 576	5308	383 576
R^2	0.821	0.749	0.694	0.716

注：全部控制企业变量、企业固定效应和年份固定效应。

（二）企业资源配置异质性

多产品出口企业在资源配置中占有重要角色，其产品分布程度在一定程度上反映了企业资源配置状况（Bernard et al.，2010）。对于资源分散型企业而言，企业的资源相对均匀地配置于各种产品，产品之间生产效率差距不明显；对于资源集中型企业而言，企业将资源主要集中于少部分核心产品，导致核心产品与非核心产品之间存在着显著的生产率差异，而工业机器人通过作用于某一生产环节，可以实现资源在不同部门之间的均衡配比，并通过提高非核心产品的生产率来实现企业整体效率的提升。

考虑到工业机器人对不同资源配置状况的企业影响可能存在差异，本章以企业不同产品出口额构造企业层面的泰尔指数，并以泰尔指数的中位数作为划分标准，将企业划分为资源集中型企业和资源分散型企业，若企业的泰尔指数高于中位数，则定义为资源集中型企业，反之则定义为资源分散型企业。表6-15（B）的分组检验结果显示，工业机器人的使用促进了资源集中型企业产品范围的扩大及其产品集中度的降低，对资源分散型企业的影响则不显著。可能的原因在于，资源分散型企业资源错配程度低（许明，李逸飞，2020），企业在应用工业机器人时，对资源配置的增益作用相对较小，从而使得生产率效应和成本效应被弱化。对于资源集中型企业来讲，企业应用工业机器人后，提高了生产效率，降低了生产成本，能够更为有效地将原来集中于核心产品的资源配置于非核心产品，从而扩大产品范围，降低产品集中度，以实现资源配置效率的最大化。

（三）企业所有制异质性

国有企业和非国有企业在生产技术与资源配置效率方面均存在明显差异，而这种差异最终体现为生产效率的差距（龙小宁等，2018），故工业机器人对不同所有制企业产品范围的影响有所不同。表 6-15（C）的分组检验结果显示，与对国有企业影响不显著形成鲜明对比的是，工业机器人应用对非国有企业的产品范围调整带来了显著的促进作用。可能的原因在于，国有企业激励体系不完善，管理人员对企业绩效关注度不足（田利辉，张伟，2013），生产效率较低，且国有企业严格的雇佣管理体系，使得劳动力难以被替代，导致生产率效应和成本效应失灵，故产品范围调整不明显；相比之下，非国有企业中的民营企业融资约束相对更强、出口固定成本更大，更有动机去采用工业机器人来提高生产率、降低成本。非国有企业中的外资企业则受益于外资技术扩散，拥有更高的生产率，在生产和雇佣等方面更具灵活性，可以根据自身需求灵活地调整其产品范围；与此同时，外资企业在接受母公司的机器设备时可以免除关税等费用，与国有企业相比，其工业机器人进口成本更低，不易对生产经营产生不利影响。

二、产品范围扩大的结构来源

前文研究表明，工业机器人应用扩大了企业的出口产品范围，那么，工业机器人应用究竟实现了哪些产品的范围扩容，是否会促使企业跨行业拓展业务，是本章需要进一步解答的问题。

（一）产品范围扩大的来源：新产品还是旧产品？

本章将企业曾经生产过的产品定义为旧产品，反之则为新产品，因此产品范围的扩大可细分为四种情形：旧产品种类增加，新产品种类增加；旧产品种类不变，新产品种类增加；旧产品种类增加，新产品种类不变；旧产品种类减少，新产品种类增加，但新产品种类增加的幅度大于旧产品种类减少的幅度。为此，本章将产品范围的扩大分解为旧产品的变化和新产品的变化，即

$$Variety = \Delta New + \Delta Old \qquad (6\text{-}4)$$

其中：New 为新产品种类；Old 为旧产品种类。

　　本章按照新旧产品的分类，计算企业内新旧产品的产品范围指标，并将新产品和旧产品的出口产品范围与产品集中度分别定义为 *Variety_New* 和 *Core_New*、*Variety_Old* 和 *Core_Old*。为使新旧产品范围分组之后具有可比性，本章使用似无相关回归（SUR）进行检验。在实证检验时，将新旧产品的产品范围指标作为被解释变量，进一步考察出口产品范围扩大的根源。表 6-16 的估计结果显示，*Robot* 对 *Variety_New* 和 *Variety_Old* 的影响均在 1% 的水平上显著为正，对 *Core_New* 和 *Core_Old* 的影响均在 1% 的水平上显著为负，同时，新旧产品范围似无相关检验的卡方统计量为 37.30，新旧产品集中度的卡方统计量为 8.28，即新旧产品范围和产品集中度具有可比性。通过比较可以发现，工业机器人应用会同时显著增加新产品和旧产品的种类，但对旧产品种类的增加幅度大于新产品。换言之，工业机器人应用不仅为新产品的创新与引入提供了动力，而且有利于支撑起旧产品的规模经济，进一步表明工业机器人应用在扩大出口产品范围的同时，有利于实现出口产品组合的优化升级，助推出口高质量发展。

表 6-16　产品范围扩大：新产品还是旧产品？

变量	产品范围		产品集中度	
	Variety_New	*Variety_Old*	*Core_New*	*Core_Old*
	(1)	(2)	(3)	(4)
Robot	0.399***	1.092***	−0.011***	−0.022***
	(6.497)	(25.360)	(−7.910)	(−7.009)
控制变量	是	是	是	是
企业固定效应	是	是	是	是
年份固定效应	是	是	是	是
chi2	37.30***		8.28***	
N	222 986	300 474	222 985	300 474
R^2	0.563	0.516	0.814	0.747

（二）产品范围扩大的来源：跨行业还是同行业？

　　如上所述，工业机器人应用增加了新产品进入，那么，这些新产品究竟是来自同行业还是跨行业？为了回答这一问题，本章按照 HS2 编码的分类，将新产品区分为同行业产品（HS2 编码相同）和跨行业产品（HS2 编码不同），计算出同行业和跨行业的产品范围（*Variety_same* 和 *Variety_diff*）与产品集中度（*Core_same* 和 *Core_diff*），并将其作为被解释变量重新进行 SUR 检验。

　　表 6-17 的估计结果表明，工业机器人应用对同行业和跨行业的产品范围

与产品集中度均产生了显著影响，且卡方统计量均大于 5% 的显著性水平。进一步对比发现，工业机器人对同行业产品范围和产品集中度的影响更大，表明工业机器人应用主要促进产品种类在同行业范围内的增加。究其原因，人工智能应用会提高企业的研发效率和创新水平（刘斌，潘彤，2020），可以帮助企业生产出更多种类的新产品，同时考虑到在同行业内生产相似产品更容易获得规模经济，因此企业在拥有核心技术后，凭借工业机器人降低生产成本、实现节能减排和提升产品质量的优势，会以核心产品为轴心，逐步扩大同行业的产品范围。

表 6-17　产品范围扩大：同行业还是跨行业？

变量	产品范围		产品集中度	
	Variety_diff	Variety_same	Core_diff	Core_same
	(1)	(2)	(3)	(4)
Robot	0.119***	0.281***	−0.010*	−0.013***
	(2.762)	(3.133)	(−1.887)	(−2.691)
控制变量	是	是	是	是
企业固定效应	是	是	是	是
年份固定效应	是	是	是	是
chi2	35.10***		29.88**	
N	140 227	82 089	140 227	82 089
R²	0.134	0.033	0.019	0.005

三、竞争策略与产品范围扩大

已有研究发现，工业机器人的普及与应用会引发激烈的同业竞争，甚至会呈现应用工业机器人的企业以牺牲同行业竞争对手市场份额和就业率为代价的"零和博弈"（Bonfiglioli et al.，2020；Acemoglu et al.，2020b）。一方面，如上所述，工业机器人扩大了出口企业的产品范围，但是新增产品范围既包括旧产品，也包括同行业的新产品，这也意味着出口企业产品范围的扩大可能使企业的出口市场更加重叠，进一步加剧"侵蚀性竞争"。由企业间市场重合引发的竞争压力对企业最优产出决策、市场均衡和市场战略调整等均有显著影响（Sengul，Dimitriadis，2015）；另一方面，同样是应用工业机器人的出口企业，其先后次序的不同也会导致其对产品范围调整的不同。如图 6-7 所示，本章根据同一行业内企业应用工业机器人的先后次序，将其划分为率先应用机器人的"领跑企业"和后续应用机器人的"追随企业"，据此绘制了领跑企业和追随企业扩大产品范围的概率分布图。我们可以直观地发现，领跑企业凭借其先发优势扩大产品范围的概率明显高于追随企业。

　　本章在拓展部分关注的话题是，在同业"侵蚀性竞争"日趋激烈的现实背景下，领跑企业和追随企业分别会采取何种竞争策略，是企业内产品价格和销售额呈正向关系的质量竞争策略，还是二者呈负向关系的成本竞争策略，而不同的竞争策略又会如何进一步影响出口产品范围的调整？

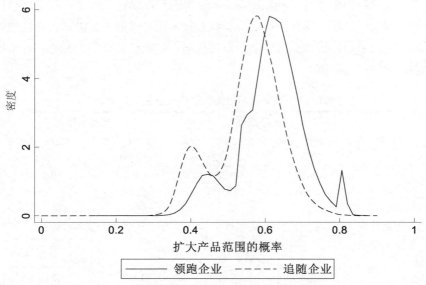

图 6-7　领跑企业和追随企业扩大产品范围的概率分布

　　为了回答这一问题，本章借鉴 Eckel et al.（2015）的做法，构建如下模型以获取每个多产品企业采取的竞争策略：

$$\ln Price_{ijt} = \delta_0 + \delta_1 Rank_{ijt} + \varepsilon_{ijt} \qquad (6\text{-}5)$$

其中：j 为商品种类；$\ln Price$ 表示出口产品价格的对数值；$Rank$ 表示对多产品出口企业内各个产品根据出口额从小到大得到的产品排序变量，$Rank$ 越大，表明离出口额最大的核心产品距离越近。根据竞争策略的含义，当 δ_1 大于 0 时，企业采取的是质量竞争策略，反之则为成本竞争策略。

　　本章在基准模型中引入竞争策略变量 $Comp$，若企业采取质量竞争策略，赋值为 1；若采取成本竞争策略，赋值为 0。图 6-8 描绘了领跑企业和追随企业的竞争策略选择对比，可以看出在工业机器人应用后，无论是领跑企业还是追随企业，选择质量竞争策略的倾向都明显提高。从这个意义上讲，作为中国出口主要贡献者的多产品企业在应用工业机器人之后，会偏好追求质量竞争策略，而非成本竞争策略，有助于缓解中国出口产品低质低价的突出问题。这主要是因为，与以往技术不同，工业机器人是一种可自动控制、可重复编程、执行多用途的多轴机器，能够与人共同协作执行任务，甚至可以独立完成生产作业，这就决定了工业机器人不仅能够提高企业生产率、降低生产成本，还能够降低生产过程中出错的概率，有效提高产品质量，故企业在应用工业机器人后会凭借其独有的质量提升优势来应对竞争。

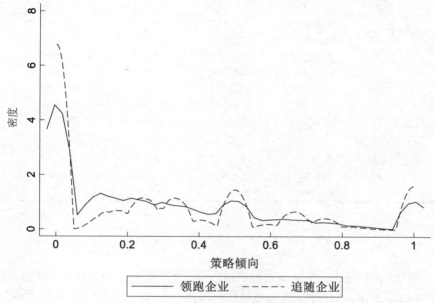

图 6-8　领跑企业和追随企业的竞争策略选择

在此基础上，将竞争策略变量 *Comp* 与 *Robot* 构建交乘项纳入基准模型，进一步验证不同竞争策略对出口产品范围调整的影响。表 6-18 的结果显示，*Robot · Comp* 对领跑企业和追随企业的影响显著为正，证实了假说 6-5 的成立，这表明在企业应用工业机器人后，领跑企业和追随企业在激烈的同业竞争中，均积极地采取质量竞争策略以扩大出口产品范围，且对追随企业的影响系数明显高于领跑企业。与之相类似，*Robot · Comp* 对领跑企业和追随企业产品集中度的影响均显著为负，且对领跑企业影响系数的绝对值更大。虽然在分组检验中，影响系数并不具备直接可比性，但是二者较为明显的系数差异能够在某种程度上折射出追随企业的后发优势。在工业机器人应用初期，第一个吃"螃蟹"的领跑企业往往会面临较大的风险，而在追随企业应用工业机器人时，工业机器人技术已经相对成熟，使用成本也相对较低，可以减少工业机器人的适应性风险，因此追随企业凭借其推延应用机器人所获得的成本、生产率和质量方面的后发优势，以质量竞争策略更为积极地扩大产品范围，降低产品集中度，以应对更为激烈的同业竞争。这一结论为其他未应用工业机器人的出口企业发出了一个积极的信号，也彰显出人工智能作为出口高质量发展推动力的意义所在。

表 6-18　工业机器人调整产品范围的后发优势与竞争策略选择

变量	产品范围		产品集中度	
	领跑企业	追随企业	领跑企业	追随企业
	(1)	(2)	(3)	(4)
Robot·Comp	0.034***	0.048***	−0.003	−0.006***
	(4.338)	(7.707)	(−1.562)	(−3.618)
Robot	0.060***	0.070***	−0.006**	−0.006***
	(7.453)	(10.358)	(−2.344)	(−2.694)
Comp	−0.114***	−0.111***	0.025***	0.025***
	(−20.462)	(−48.078)	(13.056)	(28.946)
控制变量	是	是	是	是
企业固定效应	是	是	是	是
年份固定效应	是	是	是	是
N	155 766	218 441	155 766	218 441
R^2	0.854	0.803	0.770	0.721

第六节　本 章 小 结

在中国追求出口高质量发展的过程中，人工智能作为重要的推动力，有可能改变企业出口决策。本章以多产品出口企业作为观察对象，采用 2000—2015 年中国工业企业数据库与海关数据库的匹配数据，考察了工业机器人应用对其出口产品范围的影响、作用渠道及其竞争策略。估计结果显示：其一，工业机器人的应用能够促进多产品企业出口产品范围的扩大与核心产品集中度的降低，在经过内生性检验、替换解释变量、改变样本范围、考虑样本选择偏差、排除其他政策干扰等一系列稳健性检验后，该结论依然成立。其二，工业机器人对多产品企业出口产品范围的促进作用具有鲜明的异质性特征，对劳动密集型产品出口企业、资源集中型企业、非国有企业的促进作用更为显著。其三，与已有研究不同，本章发现工业机器人不仅会提高企业生产率和降低边际成本，而且会通过减少污染排放和提升产品质量，即通过兼顾效率和质量来扩大多产品企业的出口产品范围，这一结论在长质量阶梯企业中尤为突出。其四，工业机器人应用扩大了出口产品范围，但是新增产品范围既包括旧产品，也包括同行业的新产品，有可能引发激烈的同业竞争。为此，本章进一步从应用工业机器人的不同次序出发，发现无论是领跑企业还是追随企业，在应用工业机器人后选择质量竞争策略的倾向明显提高，其中追随企业凭借其后发优势，以质量竞争策略更为积极地扩大产品范围，降低产品集中度，以应对更为激烈的同业竞争。综上所述，本章为应用人工智能优化资源配置、实现出口高质量发展提供了新的研究视角。

第七章　人工智能对出口贸易利得的影响

近年来，全球价值链（Global Value Chains，GVCs）已成为国际生产最重要的组织形式之一。《2019 年全球价值链发展报告》统计，超过 2/3 的国际贸易是通过参与 GVCs 完成的。一方面，GVCs 分工位置不仅能够反映一国在贸易中的获利能力，而且能够决定该国对 GVCs 的控制程度与"经济话语权"（Antràs，Chor，2021；唐宜红，张鹏杨，2018）；另一方面，在 GVCs 分工体系下，与传统贸易规模指标包含大量他国价值相比，出口国内附加值率更能准确反映一国在 GVCs 中的地位和真实贸易利得，更能体现一国出口竞争力的重塑问题（张杰等，2013；Kee，Tang，2016；邵朝对，苏丹妮，2019）。因此，在当前中国"双循环"格局的构建过程中，提升企业在 GVCs 中的位置，特别是提升出口 DVAR，成为保障国际循环贸易利得、国内循环顺利进行的重要前提，也是中国出口高质量发展的重要组成部分。

反观中国现实，中国凭借要素成本优势，在嵌入全球分工体系后，逐步成为全球产品的制造基地和加工枢纽。得益于外商直接投资的大量进入和中间品贸易自由化等促进因素，中国的出口 DVAR 总体上稳步提升（毛其淋，许家云，2018；诸竹君等，2018）。但是长期以来，中国出口 DVAR 的提升主要依赖从事加工贸易的外资企业的推动，本土企业的推动作用相对有限（张杰等，2013），这种提升模式在当前国内和国际环境下，可能难以为继。一方面，中国经济经过长期高速增长，劳动力成本优势不再，加之人口老龄化带来的劳动力相对短缺，致使国内外跨国公司倾向于将外包环节转移到劳动力成本更低廉的国家；另一方面，近年来西方"逆全球化"思潮抬头，发达国家为缓解其产业空心化导致的社会和经济问题，普遍谋求制造业回流本国，加剧了产业链回缩的趋势。近年来人工智能领域的迅猛发展，加速了工业机器人的普及进程，也为摆脱当前困境、推动出口 DVAR 的提升创造了一个契机。

基于此，本章尝试从国家、行业和企业层面，分别考察人工智能对提高 GVCs 分工位置[①]和出口贸易利得的影响及其作用机制，其核心内容如下：其

[①] 本书在国家层面选取 GVCs 分工位置指标，而不是 DVAR 等指标，主要原因有二：一是 GVCs 分工位置不仅能够反映一国在贸易中的获利能力（贸易利得），而且能够决定该国对 GVCs 的控制程度与"经济话语权"（Antràs，Chor，2021；唐宜红，张鹏杨，2018）。从这个角度来看，GVCs 分工位置不仅可以作为贸易利得指标的代理变量，而且能够在一定程度上从全球分工的视角反映高质量出口。二是可以和行业层面、企业层面采用 DVAR 等指标有所区别，从而展示与贸易利得有关的更多内容。

一，在国家层面，本章不仅工业考察了工业机器人对所在国家所在行业 GVCs 分工位置的影响，即能否"独善其身"，还考察了工业机器人对其他国家其他行业 GVCs 的横向和纵向溢出效应与机理，即能否和为何"兼济天下"，为全面理解工业机器人对出口贸易利得的影响奠定基础；其二，在行业层面，本章讨论了工业机器人安装对中国各行业出口贸易利得的非线性影响，并且从行业生产率、劳动力成本和产品质量出发，考察了非线性影响背后的作用机制，也考察了工业机器人对下游行业出口贸易利得产生的"涟漪效应"及其实现方式；其三，在企业层面，本章实证检验工业机器人应用对企业出口贸易利得的影响机制，进一步揭示了工业机器人应用影响出口高质量发展的内在机理。

第一节　人工智能对 GVCs 分工位置的影响：国家层面

本节以人工智能在生产中的实现技术——工业机器人为例，考察了工业机器人对包括中国在内的各国 GVCs 分工位置的影响及其溢出效应，以期为后文考察出口贸易利得奠定基础。

一、人工智能影响 GVCs 分工位置的理论分析

（一）人工智能对 GVCs 分工位置的影响效应

首先，人工智能作为科学技术的最新产物，带来了科技的高效和生产的个性，对生产率的提升作用已得到国内外学者的普遍认可（Graetz, Michaels, 2018；杨飞，范从来，2020）。一方面，人工智能在生产中的运用主要是通过工业机器人来实现的，而工业机器人和劳动力在生产中的角色不同，具有各自的生产优势（王永钦，董雯，2020），其中工业机器人主要用来从事一系列重复性、低技术含量的工作，在部分环节替代了人力，有效降低了生产成本，实现了生产环节的机械化和自动化，可以达到提高生产效率的目的（Acemoglu, Restrepo, 2019a）；另一方面，工业机器人作为资本投入的形式之一，不仅能打造当期的生产优势，更能实现长期的资本积累，深化技术进步，提高原有自动化任务中的机器生产率，实现在较长时期的生产率增长（Acemoglu, Restrepo, 2018；李磊等，2021）。生产率在国际生产分工中举足轻重，不同的生产率水平决定了各国或地区嵌入 GVCs 分工体系的位置差异。已有研究也表明提高劳动生产率有助于 GVCs 分工位置的攀升，且生产率较高的国家会从事生产的后期阶段，位于 GVCs 较高的环节，而生产率较低的国家则可能位于 GVCs 较低的环节，如从事进口资本或者

技术密集型生产环节（Costinot et al.，2013；刘斌，潘彤，2020）。据此本章提出：

假说 7-1：人工智能的应用会通过提高生产率来实现 GVCs 分工位置的攀升。

其次，与生产率效应形成鲜明对比的是，学者们对于人工智能的劳动力市场效应（特别是就业效应）众说纷纭、意见不一。有的学者证实了"替代论"的观点，即工业机器人主要从事一系列重复性、低技术含量的工作，承担以前由劳动力执行的任务，因此会替代低技能劳动力，造成失业现象（Graetz，Michaels，2018），这一观点得到了 Bonfiglioli et al.（2020）、孔高文等（2020）的支持。有的学者提倡"创造论"，即人工智能的使用能带来经济增长，产生新任务，人类在新的和更复杂的任务中具有相对优势，从而会增加劳动力需求（Acemoglu，Restrepo，2018）。尽管两种观点争执不下，但是学者们逐渐均认同替代效应和创造效应会改变生产的任务内容与劳动力，最后的总效应由二者综合决定。相关研究也表明，处于中间层的程式化岗位、生产性工人、管理人员、低技能的劳动者更容易被替代（Acemoglu，Restrepo，2017b；Graetz，Michaels，2018；李磊等，2021），"机器换人"无疑降低了无谓的生产成本损失；与此同时，工业机器人的使用更加强调生产中特定的工人技能，需要更多与之相辅相成的工作，如经理、技术科学家、非生产工人等，这些高技能工作岗位的就业增加，带动了人力资本的提升（Meltzer，2018；Bonfiglioli et al.，2020；Dauth et al.，2021）。不容置疑的是，无论是哪种效应，对就业的影响都会带来劳动力要素投入的变化，改变各国各行业的竞争优势，从而影响其嵌入 GVCs 分工体系（吕越等，2020）。基于此，本章认为：

假说 7-2：人工智能可以通过影响劳动力投入（替代就业或创造就业）来实现 GVCs 分工位置的攀升。

最后，与劳动、资本等传统生产要素的投入不同，人工智能作为技术进步的产物，将"智造"嵌于生产环节，成为推动国民经济"高质量发展"的重要力量（王永钦，董雯，2020）。一方面，以工业机器人为典型代表的智能化技术，能够使生产环节更加高效，生产标准更加统一，产品稳定性和准确性也更高，从而带来产品质量的提升；同时，工业机器人通常比非自动化机器需要更高质量的投入，对高级生产要素的需求更大，高质量要素相互碰撞，使生产过程事半功倍，生产出的最终产品也拥有更高的质量。DeStefano 和 Timmis（2021）的最新研究也证实了机器人确实有助于提升产品质量。另一方面，严格的质量标准往往是嵌入 GVCs 的先决条件，产品质量加固了各国各行业的竞争力，不仅有利于各国在已有的生产环节中更广泛、更深层次地参与 GVCs 分工（DeStefano，Timmis，2021），而且有利于带动后续生产环节分布在高附加值区域，实现向高端价值链的攀升，最终有利于摆脱"低端锁定"的困局，实现高质量发展（郑江淮，郑玉，2020）。因此，本章提出：

假说 7-3：人工智能的使用能够提升行业产品质量，进而促进 GVCs 分工位置的攀升。

（二）人工智能对 GVCs 分工位置的溢出效应

Goldfarb 和 Trefler（2018）率先将人工智能的经济效应拓展到贸易领域，强调人工智能对贸易的规模效应、竞争效应、知识创造和知识扩散等均会带来深远的影响。在有关 GVCs 的研究中，国内学者吕越等（2020）、刘斌和潘彤（2020）已经初涉该领域，发现人工智能可以促进价值链分工，但是并未考虑人工智能溢出的技术特点。事实上，Acemoglu et al.（2020）采用法国数据，发现采用工业机器人技术的企业降低了成本，并以牺牲竞争对手为代价进行扩张。无独有偶，Faber（2020）也发现美国使用工业机器人会显著降低墨西哥国内的就业，即工业机器人使用会产生离岸业务回流。这些研究说明，人工智能具有明显的技术溢出特性，因此在研究其对 GVCs 的影响时，有必要将溢出效应考虑在内。

工业机器人偏向性技术进步的特征使它们在应用到生产时，扭曲原有的市场结构，产生生产要素（如劳动力）的流动，由于产业间关联效应的存在，引致了产业链上下游行业生产环节的调整，从而对其他行业产生溢出效应（孔高文等，2020；杨飞，范从来，2020）。无独有偶，根据 WIOD 数据库提供的世界投入产出表，各个国家各个行业之间几乎都存在投入和产出的联系，这也导致某行业安装机器人可能通过"连锁效应"关联到其他国家，从而影响其他国家的 GVCs 分工位置。故某行业使用工业机器人不仅"独善其身"，对自身的 GVCs 分工位置产生影响，而且有可能对其他国家或其他行业产生"兼济天下"的溢出效应。这种溢出效应可以进一步分为横向溢出效应和纵向溢出效应，前者反映本行业使用机器人对其他国家同行业 GVCs 分工位置的影响，后者则反映了本行业使用机器人对同一国家其他行业 GVCs

分工位置的影响。基于此，本章提出如下假说：

> **假说 7-4：** 人工智能的使用有可能对其他国家或其他行业产生"兼济天下"的溢出效应。

二、人工智能影响 GVCs 分工位置的典型事实

（一）数据来源

本节的数据基础是 2000—2014 年"国家—行业—年度"三维数据，来自 IFR 数据库、UIBE GVC Indicators 数据库和 WIOD 数据库。其中，IFR 提供了 1993 年以来工业机器人的安装数据，覆盖多个国家和地区的多个行业类别，为当前研究工业机器人提供了全面且细化的数据；UIBE GVC Indicators 提供了有关增加值贸易核算和 GVCs 的测算数据，为本章提供了各国各行业 GVCs 分工位置的测算指标；2016 版 WIOD 数据库涵盖了 2000—2014 年 43 个国家（地区）的世界投入产出表和基础经济数据，包括总产出、劳动报酬、中间品投入、增加值、就业等经济变量。

由于上述三个数据库所采用的行业代码并不完全一致，本节根据行业释义将其统一为 WIOD 数据库使用的 ISIC Rev. 4 代码，涉及 C01～C56 共 56 个行业。考虑到 C56 为域外组织和机构的活动，本节予以删除，最终得到 41 个国家（地区）、55 个行业、15 年的数据，观测值 33 825 个。

（二）GVCs 提升的衡量指标

本节的被解释变量是世界各国各行业在 GVCs 中的分工位置。从已有研究来看，GVCs 分工位置的衡量指标多种多样，考察角度也各有侧重，本节参照 Fally（2012）和 Antràs et al.（2012）的做法，采用 GVCs 上游度指数来表征，其选取理由如下：一方面，上游度从产出角度出发，在一定程度上显示了各行业对整体国民经济的带动作用（Fally，2012），而本节在考察人工智能对 GVCs 分工位置影响的基础上，还基于整体视角考察了人工智能带来的溢出效应，与上游度的经济含义最为吻合；另一方面，上游度能够较好地揭示生产和贸易模式的演变，在 GVCs 研究中已经得到了广泛应用（唐宜红，张鹏杨，2018；Antràs，Chor，2021）。当然，考虑到 GVCs 分工位置指标的多样性，本节在稳健性检验中也使用了其他位置类指标进行替换，以期得到更加可信的结论。

从理论上讲，行业 i 的上游度是其从作为投入品进入生产到最终需求所经历的阶段数的加权平均值，其计算公式为

$$Pos\_up_i = 1 \cdot \frac{F_i}{Y_i} + 2 \cdot \frac{\sum_{j=1}^{N} d_{ij} F_j}{Y_i} + 3 \cdot \frac{\sum_{j=1}^{N} \sum_{k=1}^{N} d_{ij} d_{kj} F_j}{Y_i}$$
$$+ 4 \cdot \frac{\sum_{j=1}^{N} \sum_{k=1}^{N} \sum_{l=1}^{N} d_{il} d_{kl} d_{kj} F_j}{Y_i} + \cdots\cdots$$

（7-1）

其中：Y_i 表示行业 i 的总产出；F_j 表示 j 行业作为最终需求的产出；d_{ij} 表示生产每单位最终产品 j 所需要用到 i 行业的产出，等式右边的数字（1～4）为权重，表示距离最终产品的"距离"。上游度指数越大，表明该生产环节距离最终消费越远，越接近上游，反之越接近下游（Antràs et al.，2012；唐宜红，张鹏杨，2018）。

图 7-1 展示了 2000—2014 年来全球各行业 GVCs 分工位置的平均值，其中 C10（焦炭和精炼石油产品制造）GVCs 的上游度指数最高，约为 3.92；而 C55（家庭作为雇主的活动、家庭自用的无差别商品和服务生产活动）GVC 的上游度指数最低，约为 1.11。各行业 GVCs 分工位置的参差不齐，也在一定程度上说明了在实证检验时控制行业固定效应的必要性。

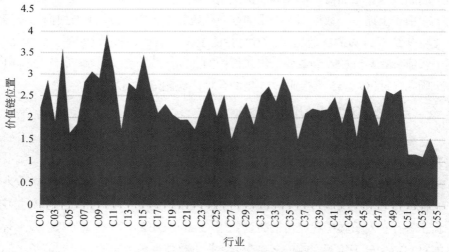

图 7-1　全球分行业的 GVCs 分工位置

（三）二者关系初探

为了初步探究人工智能与 GVCs 分工位置的相关性，本节绘制了工业机器人安装数量和上游度指数的散点图及其拟合线，如图 7-2 所示。鉴于本节数据的三维特征，故选取安装机器人最多的五个年份（图 7-2 第一行）、五个国家（图 7-2 第二行）和五个行业（图 7-2 第三行）进行拟合，这些样本的变化趋势在全样本中举足轻重，具有较好的代表性。拟合结果显示，除个别国家和行业外，工业机器人安装与 GVCs 分工位置大多呈现正向关系，当然这一结果是否成立，尚需下文更为严谨的实证检验；同时，工业机器人安装与GVCs 分工位置的关系因国家和行业而异，故本节在实证中控制了国家效应和行业效应，并进一步考察国家和行业的多维异质性。

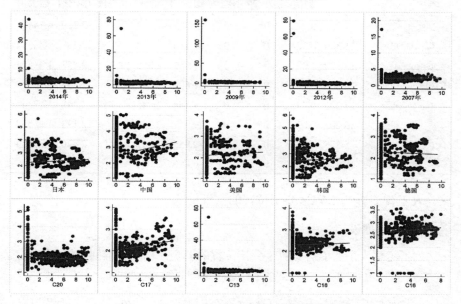

图 7-2　人工智能与 GVC 上游度指数的散点图

注：横轴表示工业机器人安装流量，纵轴表示行业上游度指数；直线表示人工智能与价值链上游度指数的拟合曲线。

在实证检验分析之前，本节对不同国家和行业安装机器人与所处 GVCs 分工位置的情况进行了简要描述。正如表 7-1 所示，在更容易接受新技术的国家、自动化程度高的行业、竞争程度低的行业和生产类 GVCs 行业，工业机器人安装流量的均值更大，机器人能够更快实现普及。与此同时，自动化程度高的行业和生产类 GVCs 行业的上游度均值越大，占据了相对更高的 GVCs 分工位置，在一定程度表明了机器人对 GVCs 分工位置的促进作用；但是，在更容易接受新技术的国家和竞争程度低的行业，较多的机器人安装却位于较低的分工位置，这可能是由于更容易接受新技术的国家和竞争程度低的行业早已率先实现了机器人的普及进程，并利用自身的优势深度嵌入到了 GVCs 分工体系。考虑到表 7-1 的描述统计仅粗略反映机器人和 GVCs 分工位置在不同国家与行业之间的差异，异质性检验部分将对其进行更加详细的实证分析，更严谨地把握因国家和行业不同产生的异质性结论。

表 7-1　不同国家行业机器人和 GVCs 分工位置的情况

异质性类别	分类	观测值	工业机器人安装流量				GVCs 上游度			
			均值	最小值	中位数	最大值	均值	最小值	中位数	最大值
国家技术接受度	高	17 325	0.772	0	0	9.957	2.199	1	2.219	6.744
	低	16 500	0.324	0	0	7.426	2.348	1	2.337	159.554
行业自动化程度	高	17 220	1.087	0	0	9.957	2.355	1	2.252	159.554
	低	16 605	0.000	0	0	1.609	2.185	1	2.295	5.160
行业竞争程度	高	17 220	0.298	0	0	9.444	2.345	1	2.348	12.734
	低	16 605	0.819	0	0	9.957	2.196	1	2.173	159.554
GVCs 类型	生产类	15 375	1.098	0	0	9.957	2.497	1	2.420	159.554
	服务类	18 450	0.100	0	0	6.890	2.084	1	2.682	5.160

三、人工智能影响 GVCs 分工位置的实证检验

（一）模型设定

为了考察人工智能对 GVCs 分工位置的影响，构建基准回归模型如下：

$$Pos\_up_{ijt} = \alpha_0 + \alpha_1 \cdot AIF_{ijt} + \alpha Z + \delta_t + \lambda_j + \varphi_i + \varepsilon_{ijt} \qquad (7\text{-}2)$$

其中：下标 t 表示年份，j 表示行业，i 表示国家；Pos_up_{ijt} 代表上游度指数，衡量 i 国 j 行业第 t 年在 GVCs 体系中的分工位置；AIF_{ijt} 是本节的核心解释变量，采用机器人安装流量的对数形式来表示，反映了人工智能的应用程度；α_1 则反映了人工智能对 GVCs 的影响。Z_{ijt} 代表控制变量；回归中还同时控制年份固定效应 δ_t、行业固定效应 λ_j 和国家固定效应 φ_i，以捕捉由于时间、行业和国家带来的差异，ε_{ijt} 为随机扰动项。

本节参照王孝松等（2017）代表性文献，选取如下控制变量：① 行业规模（$Size$），以行业总产出衡量；② 要素产出（FS），以各行业单位产出的劳动报酬表示；③ 中间品使用状况（II），以各行业中间投入来反映；④ 资本劳动比（KL），以各行业资本存量和劳动人数之比衡量；⑤ 资本深化（CD），以各行业资本存量与行业增加值之比的衡量（杨飞，范从来，2020）；⑥ 劳动力成本（$Wage$），以各行业劳动力人均工资表示。相关变量经对数处理后纳入回归，描述性统计如表 7-2 所示。同时，无论是Pearson 相关系数检验还是 VIF 检验，均表明各解释变量不存在严重的多重共线性问题。

表 7-2　描述性统计

变量	含义	观测值	均值	标准差	最小值	最大值
Pos_up	GVC 上游度指数	33 825	2.272	1.498	1.000	159.554
AIF	机器人安装流量	33 825	0.554	1.421	0.000	9.957
Size	行业规模	32 444	10.069	3.214	−2.303	21.831
FS	要素产出	32 443	−1.461	0.724	−7.618	2.559
II	中间品使用状况	32 045	9.437	3.204	−2.303	21.409
KL	资本劳动比	31 307	5.803	2.451	0.083	16.391
CD	资本深化	31 993	0.630	0.938	−4.469	6.965
Wage	劳动力成本	33 117	4.405	2.263	0.000	13.576

（二）基准回归结果

表 7-3 汇报了式（7-2）模型的估计结果。其中，第（1）列为 OLS 的估计结果，*AIF* 回归系数在 1% 的水平上显著为正，说明以工业机器人为代表的人工智能显著促进了各国各行业 GVCs 分工位置的攀升。从控制变量来看，规模越小、中间投入越高、资本劳动比越高、资本深化程度越低、工人工资越低的行业，GVCs 分工位置提升越明显，这与王孝松等（2017）、吕越等（2020）的结论保持一致。可能的原因在于，规模小的行业生产的灵活性更强，可能会更多使用进口中间品，从而有效提高生产效率，带来 GVCs 分工位置的攀升；人工智能的使用替代了低素质劳动力，带来了资本收益率的提升，加强了资本要素的生产效率（陈彦斌等，2019），有利于生产环节上游化；虽然资本在生产中起着至关重要的作用，但是有些专业任务本身是通过劳动力和技术资本结合生产的，资本并不能完全替代人力（Gregory et al.，2022），资本深化程度过高反而适得其反，对 GVCs 产生负向影响；工资的降低反映了劳动成本的下降，高成本会阻碍价值链的正常运行，成本的节约使企业或行业能够游刃有余地从事生产流程。

考虑到各行业机器人安装数量与其 GVCs 分工位置之间可能存在逆向因果关系，即位于相对上游的国家和行业，更有可能安装机器人来夯实其在 GVCs 分工体系中的竞争优势。为了解决内生性问题，本章尝试采用 2SLS 进行估计，以加强结论的可信度。对于工具变量，本节选取了如下两个。

一是选择各国居民专利申请量作为工具变量，考虑到专利数量并不能即刻见效，故进行滞后一期（*L_IVPAT*）处理，专利数据来自世界银行。一方面，专利申请数量能够反映一国的科技发展状况和对科技的重视程度，与各国人工智能的发展应用密切相关，满足相关性要求；另一方面，居民专利申请数量属于居民或企业自身的创新行为，滞后一期的处理使其不会影响当期

各行业在 GVCs 分工位置的高低，满足排他性标准。二是参考 Acemoglu 和
Restrepo（2020）、Artuc et al.（2018），使用相似收入国家行业层面的机器人
安装情况（*L_IVAIF*），考虑到行业之间可能存在的溢出效应，进行了滞后一
期处理，在反映人工智能使用情况的同时，也能保持较好的排他性。表 7-3
的第（2）列和第（4）列汇报了第一阶段的回归结果，工具变量的回归系数
均在 1%的水平上显著为正，表明了工具变量和核心解释变量之间的正相关
关系，且 Kleibergen-Paap rk F 值远大于临界值 16.38，可以排除弱工具变量的
问题；第（3）列和第（5）列依次汇报了第二阶段回归结果，在消除内生性
问题后，*AIF* 的估计系数仍显著为正，证实了基准结论的稳健性。

表 7-3　基准回归结果

变量	OLS	工具变量 1：居民专利申请数量滞后一期		工具变量 2：同收入水平国家行业安装机器人滞后一期	
	(1)	(2)	(3)	(4)	(5)
AIF	0.009***		0.071**		0.120***
	(3.205)		(2.138)		(3.258)
Size	−0.358***	0.210***	−0.336***	0.160***	−0.397***
	(−4.325)	(6.735)	(−4.315)	(5.606)	(−4.245)
FS	0.144	−0.184***	0.148	−0.128***	0.175*
	(1.603)	(−5.491)	(1.579)	(−4.176)	(1.766)
II	0.255***	−0.091***	0.237***	−0.005	0.273***
	(5.108)	(−3.008)	(5.465)	(−0.165)	(4.972)
KL	0.125**	−0.208***	0.132**	−0.165***	0.153**
	(2.183)	(−5.676)	(2.344)	(−5.041)	(2.356)
CD	−0.099**	0.264***	−0.119***	0.217***	−0.130***
	(−2.343)	(7.009)	(−2.701)	(6.526)	(−2.580)
Wage	−0.158**	0.337***	−0.173**	0.226***	−0.203**
	(−2.142)	(8.690)	(−2.335)	(6.444)	(−2.331)
L_IVPAT		0.009***			
		(7.824)			
L_IVAIF				0.140***	
				(27.796)	
年份固定效应	是	是	是	是	是
行业固定效应	是	是	是	是	是
国家固定效应	是	是	是	是	是
KP (*F-stat*)		61.216		772.622	
N	31 222	26 944	26 944	29 142	29 142
R^2	0.369	0.527	0.418	0.531	0.350

注：括号内为 t 值；估计系数的标准误为稳健标准误；***、**和*分别表示 1%、5%和 10%的显著性
水平。本章下同。

（三）稳健性检验

1. 更换核心变量

为了增强基准回归结果的稳健性，避免由于变量测度产生的估计偏差，本节更换 GVCs 分工位置和人工智能的衡量指标。一方面，参照 Wang et al.（2017）的做法，以前向价值链生产步长 Plv 和后向价值链生产步长 Ply 重新定义各行业在 GVCs 中的分工位置，数据来自 UIBE GVC Indicators 数据库，具体计算公式为

$$Plv = \frac{\hat{V}BB\hat{Y}}{\hat{V}BY} = G\mu', \quad Ply = \frac{VBB\hat{Y}}{VB\hat{Y}} = \mu B$$

其中：V、B、Y 分别表示增加值系数矩阵、列昂惕夫逆矩阵和总产出矩阵；μ' 是 $1 \times N$ 的单位向量；G 表示高斯逆矩阵。生产步长作为一国（部门）的初级投入与另一国（部门）最终品之间的阶段数，反映了最初中间品投入与最终品生产之间的"距离"（刘斌，顾聪，2019），并且能够间接反映 GVsC 分工位置的变化。另一方面，以工业机器人安装存量 AIS 和工业机器人密度 $Density$（Graetz，Michaels，2018）重新衡量人工智能使用情况。表 7-4 第（1）～（4）列显示，无论采用何种衡量方式，人工智能应用对 GVCs 分工位置的影响仍在 1% 的水平上显著为正。

表 7-4　稳健性检验：更换变量和改变样本范围

变量	更换核心变量				改变样本范围
	更换被解释变量		更换解释变量		
	(1) Plv	(2) Ply	(3)	(4)	(5)
AIF	0.009***	0.009***			0.009***
	(3.205)	(15.512)			(3.205)
AIS			0.015***		
			(4.768)		
$Density$				0.166***	
				(2.610)	
控制变量	是	是	是	是	是
年份固定效应	是	是	是	是	是
行业固定效应	是	是	是	是	是
国家固定效应	是	是	是	是	是
N	31 222	31 222	31 222	31 222	31 222
R^2	0.369	0.946	0.369	0.375	0.369

2. 改变样本范围

虽然 IFR 报告了日本和俄罗斯的工业机器人安装数据，但是这些国家的

数据经历了重大的重新分类，可能导致其报告的数字不具有横向和纵向可比性。因此，本章参照 Acemoglu 和 Restrepo（2019b）的做法，剔除这两个国家的样本观测值后再次回归。根据表 7-4 第（5）列可知，在剔除日本和俄罗斯样本后，工业机器人对各国各行业 GVCs 分工位置的攀升仍然呈现显著的促进作用，与基准回归结论一致。

3. 更换估计方法：多时点 DID

不同国家不同行业安装机器人的起始年份不尽相同，如奥地利 C01 行业 2006 年首次安装机器人，而澳大利亚 C01 行业首次安装机器人的时间发生在 2011 年，这两个国家 C04 行业首次安装机器人分别发生在 2003 年和 2012 年。为了进一步解决基准模型中由此可能存在的内生性问题，本节构造了多时点 DID 模型，将各国各行业安装机器人作为事件冲击，再次考察机器人对各国各行业 GVCs 分工位置的影响。结果报告于表 7-5 第（1）～（2）列，其中 Du 为行业是否安装机器人的组别虚拟变量，Dt 为安装机器人的时间虚拟变量，安装前为 0，安装后为 1，具有多次机器人安装记录的行业以首次出现年份作为冲击点；与此同时，考虑到 Dt 为二值虚拟变量，而 GVCs 分工位置的变化可能并非仅由是否安装机器人所致，而是归因于同期其他因素，故本章还采用 AIF 与 Du 进行交互并纳入回归，不仅解决时间虚拟变量的内生性问题，而且体现了外部冲击的力度变化。估计结果显示，交互项的回归系数均在 1% 的水平上显著为正，说明相比未安装工业机器人的行业，机器人安装后能显著促进 GVCs 的提升，再次证实了本章结果的稳健性。

4. 更换估计方法：PSM-DID

考虑到各国各行业使用人工智能受到行业自身发展情况的影响，并非完全外生，必然会出现"自选择"问题，为此本章采用 PSM-DID 的方法，为每一个使用人工智能的行业找到与之最具备可比性、但未使用人工智能的行业后，再进行 DID 分析。表 7-5 第（3）～（5）列的估计结果显示，无论是采用最近邻匹配[①]，还是采用半径匹配和核匹配，在不同的匹配方式下，交互项 $Du \cdot Dt$ 的系数均在 1% 的水平上显著为正，表明了机器人安装对 GVCs 分工位置的促进作用。

5. 分位数回归

前文对式（7-2）的估计是建立在均值回归之上的，其结果反映了行业机器人安装量对 GVCs 分工位置的平均效果。但若工业机器人安装的分布不对称，则这种平均效果就不能全面地刻画其对 GVCs 分工位置的影响。相比之

---

① 囿于篇幅所限，在此仅汇报了 1∶1 的最近邻匹配结果，1∶5、1∶10 的匹配结果留存备索。

下，分位数回归不仅能够在 GVCs 分工位置的整体分布上呈现机器人的影响，而且不受 GVCs 异常值的影响，对误差项分布也无很强的假设条件，估计结果更为稳健。如表 7-5 第（6）～（8）列所示，在 25%、50% 和 75% 的分位数下，*AIF* 系数仍显著为正，与基准回归结果保持一致；与此同时，*AIF* 系数估计值随分位点的增大而下降，说明当某国某行业嵌入 GVCs 分工位置较低时，安装机器人的正向作用较大；但是，当其嵌入的 GVCs 分工位置不断攀升时，这种正向作用明显减弱。可能的原因在于行业位于 GVCs 低端位置时，其拥有更加广阔的增长空间，故工业机器人安装的促进作用更大；而行业 GVCs 分工位置较高，其技术已近乎饱和，工业机器人安装的促进作用相对有限。

表 7-5　稳健性检验：更换估计方法

变量	多时点 DID		PSM-DID			分位数回归		
------	------	------	最近邻匹配	半径匹配	核匹配	q25	q50	q75
	(1)	(2)	(3)	(4)	(5)	(6)	(7)	(8)
$Du \cdot Dt$	0.102***		0.122***	0.148***	0.148***			
	(4.346)		(3.346)	(6.742)	(6.816)			
$Du \cdot AIF$		0.009***						
		(3.205)						
AIF						0.010***	0.008***	0.006***
						(4.297)	(4.239)	(2.911)
控制变量	是	是	是	是	是	是	是	是
年份固定效应	是	是	是	是	是	是	是	是
行业固定效应	是	是	是	是	是	是	是	是
国家固定效应	是	是	是	是	是	是	是	是
N	31 222	31 222	15 144	31 125	31 222	31 222	31 222	31 222
R^2	0.370	0.369	0.290	0.346	0.346	0.330	0.342	0.336

（四）异质性检验

1. 国家技术接受度

人工智能作为科学技术的最新产物，其应用与推广并非一蹴而就，而是取决于各国接受程度与普及速度（Bonfiglioli et al.，2020）。在现实经济生活中，各国对技术接受程度并不相同，这就使得安装工业机器人的作用可能存在异质性。由于信息通信技术本身具备技术进步的特性，并可以与其他生产要素产生互补性，引致后续技术进步和结构优化（张三峰，魏下海，2019），故本章以信息通信技术数据作为技术接受程度的代理变量，将样本国家分为技术接受度（*ICT*）高和低两个子样本，ICT 数据选取国际电信联盟

（International Telecommunication Union，ITU）发布的移动蜂窝订阅数量。选择移动蜂窝订阅数量这一变量的原因有两个方面：一方面，与工业机器人等人工智能技术类似，移动蜂窝也是新技术发展进程中的产物之一，对移动蜂窝的订阅数量能够在一定程度上反映新技术在各国的普及速度；另一方面，拥有广泛移动蜂窝订阅数量或者大规模安装工业机器人的国家，在引进新技术时，通常拥有较适宜的技术与之匹配，否则难以消化新技术（余泳泽，张先轸，2015），故使用该数据反映各国对技术的接受程度有其合理性。

根据表 7-6 第（1）列，技术接受度变量与机器人变量的交互项系数显著为正，表明人工智能对技术接受度更高的国家 GVCs 分工位置攀升的促进作用更加明显。可能的原因有二：其一，对新技术包容性强的国家会率先应用机器人投入生产，以先行优势使其迅速建立起新生产模式，更快发挥工业机器人的经济效应；其二，信息通信技术发达的国家，绝大部分属于发达经济体，机器人普及有效解决了这些国家劳动力数量有限的瓶颈问题，而快速的人口结构变化又带来了更广泛的机器人或自动化技术使用，能有效缓解人口红利衰弱的冲击（Acemoglu，Restrepo，2019b；陈彦斌等，2019），由此产生的促进作用也更为明显。

表 7-6　异质性考察

变量	国家技术接受程度 (1)	行业自动化程度 (2)	行业竞争程度 (3)	GVCs 类型 (4)
$AIF \cdot ICT$	0.011* (1.919)			
$AIF \cdot Aut$		0.139*** (3.497)		
$AIF \cdot Com$			0.039*** (8.418)	
$AIF \cdot Gvc$				0.021*** (2.614)
AIF	−0.000 (−0.056)	−0.130*** (−3.260)	−0.001 (−0.242)	−0.011 (−1.368)
控制变量	是	是	是	是
年份固定效应	是	是	是	是
行业固定效应	是	是	是	是
国家固定效应	是	是	是	是
N	31 222	31 222	31 222	31 222
R^2	0.369	0.369	0.369	0.369

2. 行业自动化程度

一方面，作为生产过程的重要投入要素，资本和劳动发挥着不同的作用，其要素配比影响着生产的效率和产成品的性质，机器人的投入改变了原有的资本劳动配比，会影响各行业嵌入 GVCs 分工体系的位置；另一方面，作为新型的生产要素，机器人将智能化和自动化引入生产，革新生产方式，创造了新生产模式（王永钦，董雯，2020），其渗透程度也影响着机器人效应的发挥。借鉴 Acemoglu et al.（2020）的做法，本章以可调整的机器人渗透率（APR指数）作为划分标准，将行业分为高自动化和低自动化的行业。APR 指数能够反映行业资本对劳动的替代程度，APR 指数大，则表明资本替代劳动的程度高，机器人的普及率更广，相应的行业自动化水平较高；反之，在 APR 指数低的行业中，劳动被替代的程度低，机器人渗透率低。考虑到劳动和资本的要素配比可能带来异质性的结论，本章构建反映自动化程度的虚拟变量（*Aut*）与核心解释变量的交互项，并纳入回归。

　　根据表 7-6 第（2）列的结果，交互项 *AIF* · *Aut* 显著为正，表明在自动化程度高的行业中，人工智能对 GVCs 分工位置的提升效应更为显著。一方面，人工智能能够增加资本积累，将"智能"元素融入生产环节，有效提高了生产的智能化和自动化程度，越来越多的生产任务可以用资本代替低技能劳动加以完成，从而使得生产过程中资本相对于劳动变得更加重要，资本回报率提升明显（陈彦斌等，2019）；另一方面，新的自动化设备能降低生产成本，产生生产率效应，深化自动化技术进步，提高原有自动化任务中的机器生产率（Acemoglu，Restrepo，2018），故在自动化程度较高的行业，工业机器人使用对 GVC 分工位置的攀升作用更加显著。

　　3. 行业竞争程度

　　技术进步往往是非中性的，即使行业内各个企业均使用机器人，也可能会产生收益的差别，生产率高的"龙头企业"、拥有规模和技术优势的大型企业往往增益更多（Autor et al.，2020）。换言之，行业竞争程度能够带来经济主体的市场势力和收益的不同（王永钦，董雯，2020），有可能影响这种非中性的增益效果，并产生机器人对 GVCs 分工位置影响的异质性。借鉴杨飞和范从来（2020）的做法，计算行业价格加成率，并作为行业竞争程度的代理变量，以行业价格加成率的中位数作为划分标准，将行业分为竞争程度高、低两个子样本，若行业竞争程度高于中位数，则分组变量（*Com*）为 1，反之为 0，将 *Com* 分别与 *AIF* 相乘构建交互项并纳入模型。

　　表 6-6 第（3）列显示，*AIF* · *Com* 的系数估计值显著为正，表明与竞争程度低的行业相比，竞争程度高的行业 GVCs 分工位置提升效应更易受到人工智能使用程度的影响。安装机器人能有效地节约劳动力成本，提高生产效率，并以牺牲竞争对手为代价提高自身市场份额（Acemoglu et al.，2020），在高

竞争性行业，更多的企业有动力在生产中使用机器人，从而该行业所生产的产品价格下降更多，进而增加消费者的需求，扩大生产规模（王永钦，董雯，2020）；同时，在竞争性低、集中度较高的行业中，人工智能带来的益处不能平等惠及，新一轮智能技术具有明显的规模偏向，对拥有规模和技术优势的大型经济主体增益更多（Autor et al.，2020），产生内部差异，甚至产生马太效应，不利于行业 GVCs 的提升，故相较于竞争程度低的行业，竞争程度高的行业人工智能促进效应更大。

　　4. GVCs 类型

　　在本节中，机器人覆盖的 55 个行业既包括生产类行业，也包括服务类行业，其生产方式各具特点，与人工智能技术的融合程度也有所差别（郭凯明，2019）。同时，不同于生产类的机器人，服务业中的机器人个性化和专业化明显，需要特殊定制，这些差异可能带来机器人对 GVCs 分工位置影响的异质性。根据麦肯锡全球研究院 2019 年报告中对行业价值链的分类方法，将样本中的 55 个行业分为生产类 GVCs 与服务类 GVCs，并构建二值虚拟变量（*Gvc*）与核心解释变量的交互项，以考虑不同 GVCs 行业安装机器人带来的影响。

　　如表 7-6 第（4）列所示，交互项系数显著为正，表明相较于服务类 GVCs 行业，生产类 GVCs 行业安装机器人带来的攀升效果更显著。究其原因，一方面，现阶段机器人大多安装在生产类 GVCs 行业，服务类行业安装数量很少，且由于服务贸易壁垒的存在，发展中国家生产受限、发达国家决策改变，不利于 GVCs 分工体系的完善（刘斌，赵晓斐，2020）；另一方面，工业机器人的安装和使用虽然能够替代劳动力，但并不能实现"无人工化"（Faber，2020），特别是不同于生产类的机器人，服务业中的机器人需要特殊定制，投入高、产出低，增益效果差。因此，当机器人安装数量增加时，该类价值链难以有效地将技术创新转化为全球化增长的动力。

四、人工智能影响 GVCs 分工位置的机制考察

　　基准回归结果表明，人工智能有利于各国各行业在 GVCs 体系中分工位置的提升，而这一促进作用背后的影响机制如何，尚待进一步考察。与吕越等（2020）的研究不同，本节认为人工智能影响各国各行业 GVCs 分工位置的途径至少包括三个方面：行业生产率（*Prod*）、劳动力投入（*Labor*）和产品质量（*Quality*）。同时，为了克服传统三步法中介效应模型的内在缺陷，参考 Liu 和 Lu（2015）的做法，机制检验的每一步均嵌入工具变量进行处理。

（一）行业生产率

前文的理论假说已经表明，生产率可能是人工智能促进 GVCs 分工位置攀升的机制之一，故本章参照王孝松等（2017）的做法，选取人均增加值指数来衡量行业生产率。根据表 7-7 第（1）列的结果可知，人工智能显著促进了行业生产率的提高；而第（2）列的结果进一步表明，行业生产率的提高显著促进了其 GVCs 分工位置的攀升。这和预期一致，表明了人工智能生产率效应的存在，验证了研究假说 7-1 的成立。

表 7-7 影响机制

变量	行业生产率		劳动力占比		产品质量					
	(1) Prod	(2) Pos_up	(3) Labor	(4) Pos_up	(5) Quality	(6) Pos_up	(7) Va_pi	(8) Pos_up	(9) Go_pi	(10) Pos_up
AIF	0.141*** (5.083)		0.043*** (3.050)		0.011*** (6.498)		0.098*** (4.462)		0.118*** (6.016)	
M		0.486** (2.285)		1.645* (1.949)		5.788** (2.142)		0.553** (2.117)		0.571** (2.129)
控制变量	是	是	是	是	是	是	是	是	是	是
年份固定效应	是	是	是	是	是	是	是	是	是	是
行业固定效应	是	是	是	是	是	是	是	是	是	是
国家固定效应	是	是	是	是	是	是	是	是	是	是
N	26 944	26 944	26 944	26 944	26 944	26 944	26 944	26 944	26 944	26 944

注：此处选取居民专利申请数量滞后一期作为工具变量；第一步人工智能对 GVCs 分工位置的影响同内生性处理部分，不再额外报告；囿于篇幅所限，仅报告第二阶段的回归结果，第一阶段结果备索。下同。

（二）劳动力投入

正如已有文献所述，人工智能对就业的总效应取决于替代效应和创造效应的大小，但不同技能的劳动力对机器人使用的敏感程度并不相同，这就使得机器人对劳动力市场的影响不仅体现在数量层面，还体现在劳动力质量层面。

首先，本章使用就业人数占总人数的比重衡量劳动力投入，以检验劳动力数量变化在机器人影响 GVCs 分工位置的作用。由表 7-7 第（3）列可知，机器人对劳动力指标的回归系数显著为正，表明人工智能的使用显著扩大了各国各行业的就业水平，创造效应带来的就业大于因替代效应带来的失业；第（4）列的估计结果则进一步说明，劳动力投入的增加带来 GVCs 的攀升。究其原因，一方面，机器人通过替代低技能劳动力和更多地雇用高技能劳动力，有效提升了行业的人力资本水平，优化了劳动力质量结构，这对于嵌入 GVCs 分工体系至关重要（吕越等，2020）。为论证该观点的成立，本节采用 2013 版 WIOD 数据库提供的高、中、低技能劳动力数据加以检验。如表 7-8

所示,第(1)~(6)列的被解释变量依次为高、中、低技能劳动报酬占劳动报酬总额的份额及其工作时数占总时数的份额。可以发现,使用机器人后,高技能劳动力的报酬占比和工时数占比均出现显著上升,而低技能劳动力的报酬占比和工时数显著减少。这一结果与预期结论相符,也与已有文献保持一致,即机器人使用的替代效应主要体现在替代低技能劳动力(Bonfiglioli et al.,2020;孔高文等,2020),而创造效应更多地带来高技能工人就业增加,如经理、技术科学家或非生产工人(Meltzer,2018;Bonfiglioli et al.,2020;Dauth et al.,2021)。另一方面,对劳动力的创造,使得原有的生产要素配比改变,配合智能化设备的使用,更容易将增加的"人口红利"转化为"人才红利",从而实现 GVC 的攀升(戴翔,刘梦,2018)。上述结果支持了研究假说 7-2,即人工智能可以通过影响劳动力投入(主要是创造新就业)来实现 GVCs 分工位置的攀升。

表 7-8　人工智能对不同技能劳动力的影响

变量	劳动报酬占比			工作时间数占比		
	高技能	中技能	低技能	高技能	中技能	低技能
	(1)	(2)	(3)	(4)	(5)	(6)
AIF	0.006***	−0.000	−0.006***	0.003***	0.002***	−0.005***
	(10.084)	(−0.573)	(−10.731)	(7.039)	(3.562)	(−9.382)
控制变量	是	是	是	是	是	是
年份固定效应	是	是	是	是	是	是
行业固定效应	是	是	是	是	是	是
国家固定效应	是	是	是	是	是	是
N	11 240	11 240	11 240	11 240	11 240	11 240
R^2	0.818	0.843	0.868	0.835	0.867	0.894

这一结论不同于吕越等(2020)的结论,但是并不矛盾。吕越等(2020)发现人工智能通过减少劳动力要素投入减少成本,进而促进中国企业参与 GVCs 分工。一方面,本节使用的是跨国跨行业的数据,样本中包含发展水平各不相同的 41 个国家(地区),而吕越等(2020)将中国作为研究样本,由于中国大规模安装工业机器人的时间较晚,与使用工业机器人较早的发达国家样本有所不同,可能会造成结论的不一致;另一方面,中国嵌入 GVCs 分工体系更多的是依赖其劳动力成本优势,工业机器人的引入带来就业替代效应,进而提升 GVCs 分工位置无可厚非,而本章样本中的其他国家(地区),并非完全依赖劳动力优势嵌入 GVCs,增加机器人安装对就业的创造效应更强,这也是结果存在差异的一个重要原因。

（三）产品质量

尽管人工智能可能通过其他机制变量影响到质量，进而影响 GVCs 分工位置，但也可以直接通过质量发挥作用，故与已有文献不同，本节首次将产品质量纳入作用渠道，产品质量以单位产出的增加值衡量。同时，为了增强结论的可信性，本章还借鉴 Schott（2004）、Baldwin 和 Harrigan（2011）的做法，以单位价值表示产品质量，并选取各国各行业的增加值价格（Va_qi）和产出价格（Go_qi）分别表征行业产品的单位价值。表 7-7 第（5）列、第（7）列、第（9）列的估计结果显示，无论使用何种指标衡量产品质量，人工智能对产品质量均产生了显著的正向影响，与本节的预期相一致；第（6）列、第（8）列、第（10）列的估计结果进一步说明，产品质量对 GVCs 分工位置的攀升具有显著的促进作用，即产品质量是机器人实现各国各行业 GVCs 分工位置攀升的重要途径，论证了研究假说 7-3。

虽然提高产品质量是人工智能促进 GVCs 分工位置攀升的途径，但是这并不意味着所有行业都会走上以质量取胜的道路。为探究哪些行业更能把握住机器人带来的质量效应，本节从各行业产品质量的平均水准和波动程度两个角度入手，以期更全面地理解人工智能的质量效应。根据各个行业产品质量均值的分位数水平，本章将行业划分为低质量（<50%）、中质量（50%～90%）、高质量（>90%）三个组别进行分组回归。表 7-9 第（1）～（3）列显示，低质量组和高质量组的系数显著为正，中质量组的系数却显著为负，这表明由于质量的差异，在生产环节中出现了偏向两端的生产模式，质量高的行业倾向使用机器人继续夯实优势，质量低的行业致力利用人工智能的质量效应摆脱"低端锁定"的困境；观其系数大小，低质量组的系数明显大于基准回归（0.009）和高质量组（0.005），表明低质量组能够最大限度地发挥人工智能的质量提升作用，也在一定程度上肯定了质量机制的存在。与此同时，第（4）～（5）列报告了根据各行业产品质量方差中位数分组的结果，方差反映了质量的波动程度，波动程度大代表行业的生产不稳定，产品流程未形成完备规模。根据回归结果可知，对于波动程度小的行业，AIF 回归系数显著为正，而波动大的行业，AIF 系数不显著，表明质量波动小的行业往往能利用机器人提升质量，而波动程度大的行业生产不够稳定，生产线环节有待完善，使用机器人不能充分发挥其优势。

在此基础上，本节参照 Liu 和 Lu（2015）的处理方法，对上述三条作用机制进行了比较，即根据各机制变量效应与总效应的差距值（生产率机制为 0.0025，劳动力投入机制为 0.0003，以单位产出增加值衡量的产品质量机制为 0.0637），可以发现机器人主要通过促进劳动力投入影响 GVCs 分工位置，其次是提高生产率，最后是提高产品质量。尽管三种机制的作用程度有大小之分，但是其系数差距的量级较小，再次表明在机器人实现 GVCs 分工位置攀升的过程中，生产率效应、劳动力投入和产品质量均发挥了重要作用。

表 7-9　人工智能质量效应的进一步检验

变量	质量平均水准			质量波动程度	
	<50%	50%～90%	>90%	波动程度大	波动程度小
	(1)	(2)	(3)	(4)	(5)
AIF	0.035***	−0.007*	0.005***	0.001	0.009***
	(4.184)	(−1.799)	(4.359)	(0.754)	(4.868)
控制变量	是	是	是	是	是
年份固定效应	是	是	是	是	是
行业固定效应	是	是	是	是	是
国家固定效应	是	是	是	是	是
N	0.952	0.992	0.998	0.998	0.993
R²	2689	15 546	12 986	15 317	15 905

五、人工智能影响 GVCs 分工位置的溢出效应

（一）是否存在溢出效应

正如上文研究假说 7-4 所述，某行业使用机器人可能对其他国家或其他行业的 GVC 分工位置产生横向或纵向溢出效应。我们参照 Acemoglu et al.（2020）的做法，构建式（7-3）模型检验机器人使用过程中产生的横向溢出效应和纵向溢出效应：

$$Pos\_up_{ijt} = \gamma_0 + \gamma_1 AIF_{ijt} + \gamma_2 AIH_{ijt} + \gamma_3 AIV_{ijt}$$
$$+ \gamma Z + \delta_t + \lambda_j + \varphi_i + \varepsilon_{ijt} \qquad (7\text{-}3)$$

其中：$AIH_{i'jt}$ 是除本国 i 外其他国家同一行业安装机器人的流量指标，其计算公式为

$$AIH_{ijt} = \sum_j m_{ij} \cdot \sum_{i' \neq i} s_{ji'} \cdot AI_{i'jt}$$

其中：s 和 m 表示 i 国的产出在行业 j 中的份额；AIV_{ijt} 表示本国除本行业 j 外其他行业安装机器人的指标，其计算公式为

$$AIV_{ijt} = \sum_i m_{ji} \cdot \sum_{i' \neq i} s_{ij'} \cdot AI_{ij't}$$

其中：s 和 m 代表 j 行业在 i 国的产出份额；其他变量设定与式（7-2）基准模型保持一致。

表 7-10 第（1）～（3）列的回归结果显示，无论是单独考虑横向溢出或

纵向溢出，还是同时考虑两种溢出，核心解释变量 *AIH* 的系数始终显著为正，*AIV* 的系数则始终显著为负，表明某行业使用机器人对本国同一行业产生了正向溢出作用，而对本国其他行业产生了负向溢出作用。考虑到某行业在 GVCs 中的位置越高，越有可能带来横向与纵向溢出效应，本章选取工具变量，采用 2SLS 进行回归处理逆向因果问题。第（4）～（6）列的结果表明，无论单独考虑两种效应还是同时考虑，其估计系数的符号和显著性并未发生改变，再次证实了横向溢出效应和纵向溢出效应的存在。

表 7-10　溢出效应

变量	(1)	(2)	(3)	(4)	(5)	(6)
AIH	0.088***		0.087***	0.112***		0.111***
	(3.231)		(3.218)	(3.150)		(3.142)
AIV		−0.218***	−0.216***		−0.262***	−0.260***
		(−4.287)	(−4.275)		(−3.467)	(−3.453)
AIF	0.010***	0.009***	0.010***	0.010***	0.009***	0.010***
	(3.405)	(3.099)	(3.304)	(3.286)	(3.006)	(3.231)
控制变量	是	是	是	是	是	是
年份固定效应	是	是	是	是	是	是
行业固定效应	是	是	是	是	是	是
国家固定效应	是	是	是	是	是	是
KP (F-stat)				80 035.196	36 416.432	18 204.207
N	31 222	31 222	31 222	29 142	29 142	29 142
R^2	0.369	0.369	0.369	0.362	0.362	0.362

（二）为何存在溢出效应

1. 横向溢出效应

Acemoglu et al.（2020）发现，企业采用机器人技术后，对自身产生积极就业效应的同时，却对同行业竞争对手的就业产生负面溢出效应。进一步扩展至国际市场，同一行业提供的往往是相似或相同产品，在需求疲软的情况下，同业竞争就会演变为侵蚀性竞争（侯欣裕等，2020），此时，各行业必然会采取相应措施，以冲抵侵蚀性竞争的影响。安装机器人的诸多好处夯实和加强了自身的竞争优势，带来生产的智能，可能造成产品的差异化，改变原有的同业竞争状态。换言之，这种同行业的竞争效应决定了机器人的使用不仅影响本行业 GVCs 的分工位置，而且有可能对其他国家同行业的 GVCs 分工位置产生横向溢出效应。

本节参考侯欣裕等（2020）的做法，计算了行业层面的产品重合度指标

（*SIC*）作为同业竞争的表征，借以考察同业竞争在横向溢出中的作用机制，回归结果见表 7-11 第（1）～（3）列。第（1）列表明在使用工具变量消除内生性后，*AIH* 通过 1% 显著性水平检验，横向溢出效应的存在；第（2）～（3）列显示，安装机器人能够显著减少行业产品的重合度，降低了侵蚀性竞争压力，此时各行业会不断提升其在 GVCs 中的分工位置，以持续保持在同业中的竞争优势。

表 7-11　横向溢出效应影响渠道

变量	(1) *Pos_up*	(2) *SIC*	(3) *Pos_up*
AIH	0.112***	−0.421***	
	(3.150)	(−13.443)	
AIF	0.010***	0.010***	0.013***
	(3.286)	(3.025)	(3.607)
SIC			−0.265***
			(−3.061)
控制变量	是	是	是
年份固定效应	是	是	是
行业固定效应	是	是	是
国家固定效应	是	是	是
N	29 142	29 142	29 142
R²	0.362	0.442	0.329

2. 纵向溢出效应

尽管机器人对本国其他行业产生了负向溢出效应，但考虑到生产中存在的上下游关系可能干扰机器人的溢出效应，本章采用完全消耗系数或者完全分配系数 $\theta_{ij't}$ 作为权重，构建包含紧密程度的机器人数量指标，即 $AIV_{ijt} = \sum_{j' \neq j} \theta_{ij't} \cdot AI_{ij't}$，进一步区分了行业之间的上下游关系，将溢出效应分解为前向溢出效应和后向溢出效应，以探析上游（下游）行业使用机器人对下游（上游）行业 GVC 的影响。其中，以前者为权重时，*AIV* 衡量上游行业机器人安装数量，以后者为权重时，*AIV* 衡量下游行业机器人安装数量。

机器人之所以有可能对上下游行业产生溢出效应，究其原因，就前向溢出效应来说，上游行业为下游行业提供生产和服务所需的中间品，而上游行业使用机器人后，可能改变供给中间品的状况，进而影响下游行业的 GVCs 分工位置；就后向溢出效应来说，下游行业在使用机器人的过程中不断提高生产效率，有可能改变对上游行业产品或服务的需求数量，促使上游行业改变要素投入及其产出数量，进而改变其嵌入 GVCs 的分工位置。

表 7-12 第（1）～（2）列的估计结果显示，考察前向溢出时，核心解释

变量 *AIV* 的估计系数在 5%水平显著为负，后向溢出中 *AIV* 的系数不显著，表明某国某行业机器人的安装和使用，不利于其下游行业的 GVC 分工位置攀升，而对其上游行业的 GVC 分工位置无影响，即存在负的前向溢出效应，无后向溢出效应。

表 7-12　纵向溢出效应及其影响渠道

变量	溢出效应		影响渠道					
	前向溢出	后向溢出	前向溢出	后向溢出	影响渠道 (*For_M*)	*Pos_up*	影响渠道 (*Back_M1*)	影响渠道 (*Back_M2*)
	(1)	(2)	(3)	(4)	(5)	(6)	(7)	(8)
AIV	−0.051**	−0.021	−0.086**	−0.023	−0.034***		−0.002	0.002
	(−2.113)	(−1.280)	(−2.138)	(−0.989)	(−3.289)		(−1.003)	(0.255)
AIF	0.009***	0.009***	0.009***	0.009***	−0.007***	0.027**	0.001**	0.006***
	(3.217)	(3.219)	(3.086)	(3.082)	(−6.770)	(2.489)	(2.335)	(8.095)
For_M						2.545*		
						(1.814)		
控制变量	是	是	是	是	是	是	是	是
年份固定效应	是	是	是	是	是	是	是	是
行业固定效应	是	是	是	是	是	是	是	是
国家固定效应	是	是	是	是	是	是	是	是
N	31 222	31 222	29 142	29 142	29 142	29 142	28 978	29 142
R²	0.369	0.369	0.362	0.362	0.403	0.181	0.553	0.720

进一步解读产生纵向溢出效应的潜在原因，一方面，引入行业中间品价格（*For_M*）考察前向溢出产生的原因，鉴于价格指标的最大优势在于它能同时反映成本和质量双特征，即中间品价格不仅可以反映成本，还可以作为中间品质量的代理变量（Manova，Yu，2017），故能够反映上游行业提供中间品的"性价比"；另一方面，引入行业的资本投入（*Back_M1*）和劳动力投入（*Back_M2*）考察后向溢出的机制，以此作为下游行业安装机器人引致上游行业改变自身生产的代理变量，资本投入以资本报酬占比表征，劳动力投入沿用前文指标。表 7-12 第（3）～（4）列显示，在使用了工具变量后，机器人安装仍存在负的前向溢出效应，无后向溢出效应；尽管上文已表明人工智能存在生产率效应和质量效应等利好，但自动化的好处并不必然导致产品价格下跌，消费者（此时为下游行业）的部分收益会被加价所抵消（Bonfiglioli et al.，2020），即上游行业安装机器人好处并不能完全转嫁至下游，中间品性价比的下降，对下游行业的 GVC 产生负面的溢出效应，这与第（5）～（6）列回归结果相一致；第（7）和（8）列显示，*Back_M1* 和 *Back_M2* 均不显著，表明下游行业使用机器人后，并不会产生足够的需求促进上游行业的 GVCs 分工位置攀升，故不存在后向的溢出效应，这可能是因为样本期间机器人安装尚处初期，还不足以引致上游行业规模变动。

第二节　人工智能对中国出口贸易利得的影响：行业层面

如前所述，中国正站在经济转型的十字路口，不得不直面老龄化程度加深和适龄工人数量下降的严峻挑战，并在近年来饱受劳动力成本上升和"贸易战"关税成本增加的多重困扰。如何克服成本劣势、提升出口增加值已成为中国提高出口竞争力的当务之急，本节将采用 IFR 和 WIOD 数据库提供的行业层面数据加以分析与讨论。

一、人工智能影响中国 GVCs 出口增加值的理论分析

从理论上讲，人工智能有可能通过以下三种渠道影响出口增加值：首先，工业机器人的应用有利于提高生产率。Graetz 和 Michaels（2018）采用 17 国的机器人数据，提出人工智能对 1993—2007 年经济增长贡献了约 10%，并将生产率至少提高了 15%，其效果可以和 19 世纪蒸汽机的使用相媲美。无独有偶，Cockburn et al.（2018）也指出，人工智能不仅能够大大提高现有经济效率，而且作为一种新型通用技术，其能够对技术创新和生产率产生更大的影响。陈彦斌等（2019）采用动态一般均衡模型，同样发现人工智能可以提高资本回报率和全要素生产率。其次，机器人的应用有可能改变劳动力成本，但是究竟是降低还是提高这一成本，学者们并未达成共识。一种观点以 Graetz 和 Michaels（2018）、Acemoglu 和 Restrepo（2020a）为代表，提出机器人不仅可以从事重复性、低技术含量的工作，造成低技能劳动力失业，而且对劳动力的替代效应大于生产率效应，最终降低企业的实际工资水平，减少劳动力成本。具体至中国情形，吕越等（2020）同样发现机器人对中国企业参与全球价值链分工的促进作用主要通过降低劳动力成本和提高生产率来实现。另一种观点则以 Acemoglu 和 Restrepo（2018）为代表，认为机器人有可能在新领域创造出新工作，有助于提升劳动力就业，并提高平均实际工资水平。最后，机器人在从事标准化、机械化和重复性的劳动中，稳定性和准确性也更高，有利于提升产品质量。正如 Bessen（2018）所指出的，人工智能新技术不是仅仅用机器替代劳动，而是在更具竞争性的市场上提高产品质量。令人遗憾的是，这一结论迄今未得到证实。

由此可见，机器人应用有可能带来行业生产率的提高、劳动力成本的降低或者产品质量的提高，从而有可能扩大出口增加值。但是，尽管出口增加值剔除了出口中包含的国外价值增值和本土价值增值回流，更加真实地还原了一国从贸易中获得的贸易利益，但是仍然存在"为他人作嫁衣"的可能性，

即出口中的国内附加值率（DVAR）未必提升（张杰等，2013；吕越，尉亚宁，2020）。

　　假说7-5：从短期看，工业机器人应用有可能提高出口增加值，但是未必提高DVAR。

　　已有研究还发现，工业机器人应用的经济效应在短期和长期内可能有所不同。在生产率效应方面，由于"奇点"在将来不可能到达，且额外的生产率效应需要巨大的科研投入（Nordhaus，2015；Bloom et al.，2017），因此Korinek和Stiglitz（2017）预测人工智能的生产率效应是不连续的。在劳动力成本效应方面，人工智能对劳动收入份额变动的影响并非单一的线性影响，很可能在不同阶段有着不同的表现（Graetz，Michaels，2018）。正如郭凯明（2019）所指出的，人工智能会促使生产要素在产业部门间流动，流动方向的不同将最终导致劳动收入份额的不同变动。

　　假说7-6：从长期看，工业机器人应用有可能对出口增加值的规模和比率产生非线性影响。

　　已有研究发现，工业机器人应用可能存在"涟漪效应"。所谓"涟漪效应"，是指在实际生产过程中，各个行业之间并非完全独立，而是存在不同程度的投入和产出联系，在相互协调中完成生产。由于以机器人为代表的人工智能技术具有极其鲜明的渗透性和溢出性特征，这就意味着在存在生产网络的条件下，机器人在影响本行业的同时，还会通过产业之间的上下游联系，对其他行业的生产成本、劳动力需求和工资收入产生影响，从而产生所谓的"涟漪效应"（王林辉等，2019）。

　　具体到本节，上游行业机器人的应用之所以有可能对下游行业的出口增加值产生"涟漪效应"，是因为"成本机制"和"质量机制"的传递。从"成本机制"来看，上游行业机器人的使用有可能降低生产成本，根据Johnson（2018）的研究，当最终产品的生产被分割在不同行业时，贸易成本的变化会导致中间投入品购买价格的变化，此时贸易成本的变化会被转移到下一个生产过程，从而产生"溢出效应"和"瀑布效应"，而这种成本节约以更低中间投入品价格的方式传递到下游行业，有可能影响下游行业的出口增加值。从"质量机制"来看，在要素流动的逻辑框架下，上游行业的机器人使用如果能够实现产品质量的提升，那么这种产品质量升级也会通过产业间的投入产出关系，影响下游行业的产品质量。

假说 7-7：上游行业的工业机器人应用有可能通过"成本机制"/"质量机制"，影响下游行业的出口增加值及其比率，从而产生"涟漪效应"。

二、人工智能影响中国各行业出口增加值的实证检验

（一）变量选择

1. 被解释变量

本节的被解释变量是中国各行业的出口增加值。为了增强结论的说服力，本节采用三个指标从不同的视角加以衡量，数据均来自 UIBE GVC Indicators 数据库。

（1）增加值贸易（VAX），以增加值出口的对数形式来衡量，强调最终消费国必须在国外，不包含最终返回国内消费的贸易增加值，以反映一国或地区在全球价值链上的分工地位（Johnson，Noguera，2017）。

（2）出口国内增加值（DVA），即某行业出口中扣除进口中间品的部分（对数形式），故为出口中的国内增加值（Koopman et al.，2014）。与上文的增加值贸易指标相比，该指标强调的是出口中的国内增加值，体现了各国之间的贸易利益分配。

（3）出口国内附加值率（$DVAR$），增加值统计方法剔除了出口中包含的国外价值增值和本土价值增值回流，有效纠正了传统贸易估计出口价值方法的偏误，但是为了更加真实地还原中国各产业从贸易中获得的实际贸易利得，还需进一步计算出口国内附加值率，即出口国内增加值占出口额的比例（Kee，Tang，2016）。

2. 核心解释变量

本节借鉴吕越等（2020）的做法，采用中国各行业的机器人安装密度（AID，台/千人）作为核心解释变量，并在稳健性检验中采用各行业机器人的安装流量（AIF，千台）和安装存量（AIS，千台）作为替代指标，数据均来自 IFR 数据库。

3. 其他变量

参照已有文献，本节选取的行业层面控制变量如下：① 行业规模（K），用行业资本存量的对数形式来衡量，单位为百万元；② 行业资本密集度（$CAPGO$），以行业资本报酬占总产出的比例来表示；③ 行业价格水平（PI），以 2010 年为基期的行业总产出的价格水平来表示。根据理论假说部分，还选取了三个中介变量：① 行业生产率（$PROD$），用每单位劳动的行业总产出

的对数形式表示；② 劳动力成本（*LAB*），以各行业劳动力报酬的对数形式衡量；③ 产品质量（*QL*），借鉴 Khandelwal（2010）和施炳展（2013）的做法，采用行业质量阶梯来反映。除非特别说明，上述指标均来自 WIOD数据库。

各变量的统计性描述如表 7-13 所示。Pearson 相关系数检验表明，各解释变量之间的相关系数均不高于 0.5；同时，方差膨胀因子检验表明，VIF 均不超过 2，表明该基准模型不存在严重的多重共线性问题。

表 7-13　各变量的统计性描述

变　　量	样 本 数	Mean	标 准 差	最 小 值	最 大 值
VAX(对数)	825	3.338	1.510	0	5.351
DVA(对数)	825	3.345	1.514	0	5.365
DVAR(对数)	825	0.180	0.136	0	0.605
AID	817	0.024	0.175	0	3.084
AIS	825	0.512	3.509	0	67.560
AIF	825	0.179	1.204	0	21.106
K(对数)	825	4.978	2.137	0	7.776
CAPGO	825	0.158	0.134	0	0.714
PI	825	92.358	17.266	40.868	156.180
PROD(对数)	825	4.413	2.098	0	8.645
LAB(对数)	705	11.955	1.276	6.841	15.406
QL	482	1.109	1.099	0.072	6.547

（二）基准回归结果

根据上述变量选择，以被解释变量为出口国内增加值为例，基准回归模型设定为

$$DVA_{it} = \alpha_0 + \alpha_1 AID_{it} + \alpha_2 K_{it} + \alpha_3 CAPGO_{it} + \alpha_4 PI_{it} + \mu_t + v_i + \varepsilon_{it} \quad (7\text{-}4)$$

其中：i 代表行业；t 代表年份；μ_t 和 v_i 分别代表时间与行业固定效应；ε_{it} 为随机项。

为了控制潜在的变量异方差和序列相关问题，本节对所有回归系数的标准误在行业层面聚类处理。表 7-14 的估计结果显示，无论被解释变量是增加值贸易（*VAX*）还是出口国内增加值（*DVA*），核心解释变量机器人安装密度（*AID*）的影响系数始终在 1% 的水平上显著为正，并稳定地维持在 0.114 的水平，说明各行业机器人的安装密度越高，中国的出口增加值就越高。控制变量的结果则表明，除行业资本密集度（*CAPGO*）外，各行业的规模（ln*K*）

越大，价格水平（PI）越高，出口增加值也越高，且这些正向关系均在1%的水平上显著成立。但是，当被解释变量为出口的国内附加值率（$DVAR$）时，实证结果恰恰相反，机器人安装反而造成$DVAR$出现了不显著的下降，证实了假说7-5的成立。可能的原因在于，2000—2014年样本期内，中国各行业机器人安装密度较低，虽然能够通过生产率提高效应促进出口增加值规模的提高，但是由于机器人应用同时带来了成本增加效应，而产品质量效应短期内尚未显现，导致实际贸易利得占比反而有可能下降。

表 7-14　基准回归结果

变量	VAX		DVA		DVAR	
AID	0.114***	0.114***	0.114***	0.114***	−0.005*	−0.001
	(4.32)	(4.32)	(4.30)	(4.30)	(−1.81)	(−0.20)
K		0.582***		0.586***		−0.028
		(6.63)		(6.64)		(−1.43)
$CAPGO$		0.340		0.338		0.085
		(0.74)		(0.74)		(1.20)
PI		0.006***		0.006***		0.000
		(3.78)		(3.78)		(0.13)
时间固定效应	是	是	是	是	是	是
行业固定效应	是	是	是	是	是	是
N	817	817	817	817	817	817
R^2	0.387	0.387	0.389	0.389	0.001	0.031

注：括号内为t值，并对所有估计系数的标准误在行业层面上聚类处理；***、**和*分别表示1%、5%和10%的显著性水平。本章下同。

（三）稳健性检验

1. 内生性检验

在基准模型中，被解释变量和核心解释变量之间可能存在逆向因果关系，即出口增加值越高的行业，越有可能通过安装机器人的方式来维持乃至进一步提高增加值水平。逆向因果的存在有可能导致基准回归结果产生偏误，故本节通过工具变量的方法来处理内生性问题。

本节参照 Acemoglu 和 Restrepo（2020a）的做法，选用同等经济发展水平国家的机器人安装数量作为工具变量，数据来自 IFR。选用该工具变量的原因有两个方面：一方面，同等经济发展水平国家的机器人安装，可以反映包括中国在内的发展中国家使用机器人的技术进步；另一方面，中国与同等经济发展水平的国家，在推广和普及机器人方面往往具有关联性。也就是说，中国和同等经济发展水平的国家，均面临进口竞争和工资上涨的趋势，此时一国某行业的机器人使用，可能会对其他国家的同一行业产生冲击，并使得其他国家的同一行业也相继采用机器人，以应对可能出现的负面冲击。基于此，本节选取两个工具变量：一是与中国经济发展水平相似的其他三个"金砖国家"的均值（AVE）作为工具变量；二是同时将其他三个"金砖国家"的机器人数量——印度（IND）、俄罗斯（RUS）、巴西（BRA）以多个工具变量的方式引入模型，并使用 2SLS 进行估计。

根据表 7-15 的估计结果，在第一阶段中，工具变量（AVE）的估计系数显著为正，说明随着其他同类经济发展水平国家机器人的普及，中国各行业的机器人安装密度也相应增加，证实了二者的相关性；同时，Kleibergen-Paap Wald 检验的 F 值为 5850，远大于拇指法则下的临界值，拒绝了弱工具变量假设，说明本节选取的工具变量有效。在第二阶段中，AID 对 VAX 和 DVA 的影响依然全部显著为正，对 DVAR 的影响仍不显著，与基准回归结果一致。同理，多个工具变量也满足相关性和排他性的要求，不仅 Kleibergen-Paap Wald 检验拒绝了弱工具变量，而且 Hansen J 检验排除了过度识别问题，此时 AID 对 VAX 和 DVA 的影响依然全部显著为正，对 DVAR 的影响仍不显著，也与基准回归结果保持一致。

表 7-15　内生性检验（工具变量）

| 变量 | 工具变量 1 | | | | 工具变量 2 | | | |
| | 第一阶段 | 第二阶段 | | | 第一阶段 | 第二阶段 | | |
	AID	VAX	DVA	DVAR	AID	VAX	DVA	DVAR
AID		0.108***	0.108***	0.002		0.101***	0.100***	0.003
		(4.00)	(3.97)	(0.41)		(3.87)	(3.84)	(0.54)
AVE	2.961***							
	(73.75)							
IND					1.361***			
					(58.18)			
RUS					−1.369***			
					(2.74)			
BRA					1.039***			
					(7.31)			
控制变量	是	是	是	是	是	是	是	是
时间固定效应	是	是	是	是	是	是	是	是
行业固定效应	是	是	是	是	是	是	是	是
弱工具变量检验		5850	5850	5850		3497	3497	3497
Hansen J 统计量						1.706	1.723	1.376
Hansen J 的 p 值						0.426	0.422	0.502
N	817	817	817	817	817	817	817	817
R^2	0.854	0.387	0.389	0.030	0.867	0.387	0.389	0.030

2. 指标替代

为了验证基准回归结果的稳健性，本节还采用各行业机器人的安装存量（*AIS*）和安装流量（*AIF*）分别替代基准回归模型中的 *AID*，其估计结果如表 7-16 所示。无论是使用存量指标还是流量指标，机器人数量对出口增加值规模的影响都显著为正，对 DVAR 的影响仍不显著，与基准回归结果一致。

表 7-16　稳健性检验（指标替代）

变量	VAX				DVA				DVAR			
AIS	0.004*** (3.17)				0.004*** (3.18)				−0.001 (−0.47)			
AIF		0.015*** (3.85)				0.015*** (3.86)				−0.001 (−0.13)		
AID （3 年）			0.151*** (4.17)				0.151*** (4.15)				−0.003 (−0.44)	
AID （5 年）				0.192*** (4.24)				0.192*** (4.22)				−0.001 (−0.14)
控制变量	是	是	是	是	是	是	是	是	是	是	是	是
时间固定效应	是	是	是	是	是	是	是	是	是	是	是	是
行业固定效应	是	是	是	是	是	是	是	是	是	是	是	是
N	825	825	809	809	825	825	809	809	825	825	809	809
R^2	0.433	0.435	0.359	0.384	0.435	0.437	0.361	0.385	0.018	0.018	0.029	0.425

3. 移动平均法

考虑到机器人一旦安装，其功能作用就会持续发挥，也为了降低样本期内各变量的波动性，本节分别采用 3 年简单移动平均值和 5 年简单移动平均值进行稳健性检验，结果如表 7-16 所示。无论是 3 年移动均值，还是 5 年移动均值，机器人对三个被解释变量的影响结果均与基准结果保持一致。

4. 安慰剂检验

考虑到机器人有可能只是影响各行业出口增加值的偶然事件，导致本节未捕捉到影响出口增加值的真实因素，因此需要对样本进行安慰剂检验，以控制某些观测不到的个体因素。对此，本节借鉴许年行和李哲（2016）的方法，将核心解释变量 *AID* 随机分配给样本行业，并将随机分配的这一变量与相应行业的被解释变量进行回归，此随机分配和回归过程重复 1000 次。本节的原假设是，随机重组的实验组回归后，核心解释变量的系数不再显著。图 7-3 展示了每次模拟之后 1000 个 *t* 值的密度分布图。可以看出，对于任一被解释变量而言，多次重复回归的结果并不能拒绝正态分布的原假设，偏度未显著不等于 0，因此本节构建的虚拟处理效应并不存在，基准回归结果依然稳健。

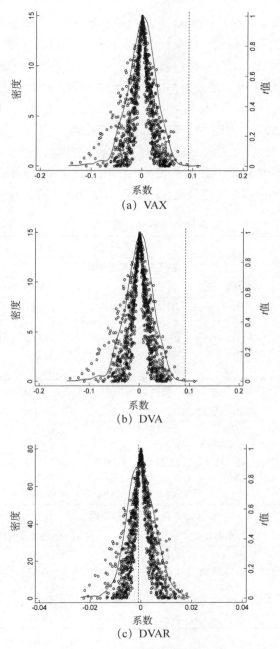

(a) VAX

(b) DVA

(c) DVAR

图7-3　安慰剂检验结果

（四）异质性检验

1. 基于机器人渗透率

Acemoglu 和 Restrepo（2020c）提出的"可调整的机器人渗透率"（Adjusted

penetration of robots，APR）指标，可以反映机器人在某一行业中的普遍增长和资本对劳动的不断替代，以及行业增长对机器人自动化效应进行调整的情况。本节参照这一划分标准，并结合中国机器人在各行业的增长情况，将不同行业的 APR 程度划分为"高"和"低"两组，并据此进行分组检验。表 7-17（A）的分组估计结果显示，与 APR 较低组的结果均不显著形成对比的是，在 APR 较高的一组，由于机器人得以普遍推广，其技术运用更为成熟，同时对劳动的替代程度高，较好地发挥了机器人在降低生产成本、提高生产效率方面的积极作用，其结果是机器人的使用在 1% 的水平上显著提升了 APR 较高行业的出口增加值规模，相比之下对 DVAR 的影响仍不显著。

表 7-17　行业异质性分组检验

变量	不同行业					
	（A）基于机器人渗透率					
	APR 低			APR 高		
	VAX	DVA	DVAR	VAX	DVA	DVAR
AID	−3.242	−3.097	4.365	0.112***	0.111***	0.032
	(−0.48)	(−0.46)	(0.42)	(4.67)	(4.65)	(0.64)
N	502	502	492	315	315	315
R²	0.489	0.491	0.083	0.096	0.096	0.061
	（B）基于价值链类别					
	生产价值链			服务价值链		
	VAX	DVA	DVAR	VAX	DVA	DVAR
AID	0.099***	0.099***	0.082	4.327***	4.331***	15.611***
	(5.06)	(5.03)	(1.24)	(2.89)	(2.89)	(3.98)
N	360	360	360	369	369	361
R²	0.140	0.140	0.188	0.426	0.096	0.078
	（C）基于资本劳动比					
	高资本劳动比			低资本劳动比		
	VAX	DVA	DVAR	VAX	DVA	DVAR
AID	0.112***	0.112***	0.153	−0.422***	−0.420***	−0.794***
	(3.63)	(3.63)	(1.41)	(−3.31)	(−3.29)	(−3.21)
N	335	335	335	354	354	354
R²	0.260	0.261	0.249	0.032	0.032	0.062

2. 基于价值链类别

麦肯锡全球研究院根据贸易强度、要素投入和国家参与情况，将全球价值链分为两大类：生产价值链（24 个行业）和服务价值链（25 个行业）。表 7-17（B）沿用这一划分标准，其分组结果显示，无论是在生产价值链还是服务价值链中，机器人的应用均促进了出口增加值规模的提高，但是在生产价值链中，其对 DVAR 的影响没有通过显著性检验；而在服务价值链中，这一促进作用不仅在 1% 的水平上高度显著，而且影响系数也明显增大。可能的原因在于，机器人主要是通过机械智能、分析智能、直觉智能和移情智能四种形式来模拟人类智能，其中机械智能主要运用于生产性行业，而四种智能均可以在服务业中大显身手，有助于提升行业生产率和服务质量，进而同时提升出口增加值的规模与比率。

3. 基于资本劳动比

已有研究表明，资本劳动比的高低不仅可以体现一个行业技术进步与要素禀赋的适宜性，而且可以体现对全要素生产率的促进作用（孔宪丽等，2015；Liu，Mao，2019）。基于此，本节根据资本劳动比的中位数，将各行业分为资本劳动比高和资本劳动比低的行业。表 7-17（C）的分组结果显示，在高资本劳动比行业，除 DVAR 指标外，机器人应用对出口增加值发挥了显著的正向促进作用；与之形成鲜明对比的是，机器人的使用反而降低了低资本劳动比行业出口增加值的所有指标。究其原因，近年来我国劳动力成本逐年攀升，人口红利逐步消失，低资本劳动相比行业的人工成本优势已不复存在，迫切需要"机器换人"。但是，低资本劳动相比行业的信息化和智能化程度较低，导致机器人使用后的经济效应（出口增加值效应）往往低于预期。一方面，低资本劳动比行业资本充裕度较低，所获利润较薄，而前期对机器人的采购是大额投资，后续的折旧和维修等费用也居高不下；另一方面，与汽车、电子等高资本劳动比的行业相比，低资本劳动比行业对机器人的安装、调试和适用都需要更长的时间，成本也更为高昂，其对出口增加值规模与比率均呈现出和预期相反的负向作用。

（五）非线性与机制讨论

考虑到机器人普及是一个长期的过程，在这个过程中其对出口增加值的影响有可能存在非线性关系，故本节进一步在式（7-6）基准模型中加入安装密度的平方项（AID^2），估计结果发生了明显改变。从表 7-18（A）可以看出，随着机器人安装密度的提高，其对 VAX 和 DVA 的影响系数从显著为正转变为显著为负，说明大规模的机器人安装反而抑制了出口增加值规模；对 DVAR 的影响虽未通过显著性检验，但由负转正，证实了假说 7-6 的成立。

为了对上述非线性结论作出解释，本节进一步考察了机器人安装对三个中介变量的影响。表 7-18（B）的估计结果显示，在机器人应用初期，AID 显著提高了行业生产率，这也是扩大出口增加值规模的重要源泉，但是 AID 同时显著提高了劳动力成本，降低了产品质量，导致 $DVAR$ 出现下降。在加入 AID 的平方项之后，机器人对行业生产率的影响由显著正向转变为显著负向，可能的原因在于额外的生产率提升需要巨大的研发投入（Bloom et al., 2017），否则难以为继；与此同时，机器人不再显著提升劳动力成本和降低产品质量，而是被成本降低效应和质量提升效应逐渐代替，这也是随着机器人的不断普及，其对 $DVAR$ 开始呈现出提升效应的主要原因。

表 7-18　非线性关系及其作用机制

（A）非线性关系考察

变量	VAX		DVA		DVAR	
AID	0.263**	0.268***	0.265**	0.268***	−0.014	−0.002
	(2.54)	(2.99)	(2.54)	(2.99)	(−1.01)	(−0.07)
AID^2	−0.063*	−0.063**	−0.064**	−0.064**	0.004	0.00002
	(−1.84)	(−2.17)	(−1.84)	(−2.18)	(0.74)	(0.03)
控制变量	否	是	否	是	否	是
时间固定效应	是	是	是	是	是	是
行业固定效应	是	是	是	是	是	是
N	817	817	817	817	817	817
R^2	0.012	0.389	0.012	0.391	0.001	0.031

（B）作用机制考察

变量	PROD		LAB		QL	
AID	0.213***	0.621***	0.193***	0.302	−0.379***	−0.857**
	(3.37)	(2.93)	(3.61)	(1.40)	(−3.03)	(−2.03)
AID^2		−0.169**		−0.045		0.196
		(−2.53)		(−0.63)		(1.50)
控制变量	是	是	是	是	是	是
时间固定效应	是	是	是	是	是	是
行业固定效应	是	是	是	是	是	是
N	817	817	817	817	817	817
R^2	0.307	0.315	0.298	0.298	0.069	0.073

三、人工智能影响中国各行业出口增加值的"涟漪效应"

尽管上述实证结果表明，机器人的使用会显著提高中国各行业的出口增加值规模，但是我们认为，上述影响有可能被低估。这是因为，在我国各细分行业中，行业之间并非"各自为战"，而是存在"你中有我，我中有你"的关联性。

（一）上下游行业之间的关联程度

机器人使用对其他行业出口增加值规模和比率的影响程度，在很大程度上取决于各行业之间的关联程度，对此，我们可以从 WIOD 数据库提供的中国各行业之间的投入产出系数中得出结论。图 7-4 以中国安装机器人最多的行业——汽车行业（C20）为例，以图例的方式分别从投入视角和产出视角更加形象地描述了 2014 年汽车行业与其他行业的投入产出程度。其中，从投入视角看，汽车行业与计算机、电子和光学产品（C17）、机械设备（C19）、纺织品、服装和皮革制品（C06）、电气设备（C18）等行业关联系数较高，与机器设备维修与安装（C23）、汽车批发与零售（C28）、出版业（C37）、广播电视（C38）、（金融和保险辅助业（C43）、建筑工程（C46）、广告和市场研究（C48）、家庭活动（C55）、其他（C56）等行业则不存在关联。在这种情况下，汽车行业作为上游行业，其机器人的使用有可能会对下游关联行业的生产和出口产生影响。同理，从产出视角看，汽车行业与橡胶塑料制品（C13）、金属业（C15）、仓储和交通支持活动（C34）、科学研发（C47）等行业关联度较高，但与 C23、C28、C37、C38、C43、C46、C48、C55、C56 等行业则不存在关联。这意味着汽车行业作为下游行业时，上游关联行业的机器人投入也有可能对其生产和出口增加值带来影响。

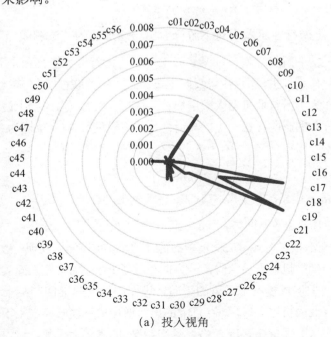

(a) 投入视角

图 7-4　2014 年汽车行业与其他行业的关联程度

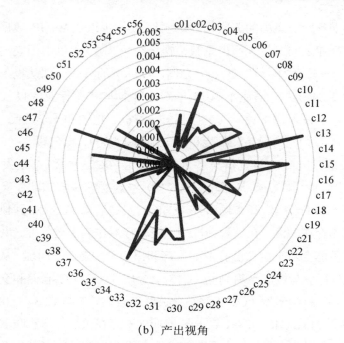

（b）产出视角

图 7-4　2014 年汽车行业与其他行业的关联程度（续）

数据来源：根据世界投入产出数据库（WIOD）整理而得。

（二）上游行业机器人对下游行业出口增加值的"涟漪效应"

基于上文的解释，本节以 WIOD 公布的上游行业 j 之于下游行业 i 的投入产出系数作为权重，不仅用以反映上下游行业的关联程度（吕越等，2020），而且以此作为上游行业机器人数量加总的依据。同时，考虑到上游行业机器人对下游行业的影响存在一定的滞后性，故将模型（7-4）重构为

$$\ln DVA_{it} = \alpha_0 + \alpha_1 \sum_{j \neq i} IO_{jt-1} AID_{jt-1} + \alpha_2 AID_{it}$$
$$+ \alpha_3 Control_{it} + \mu_t + v_i + \varepsilon_{it} \tag{7-5}$$

其中：$Control$ 代表控制变量；j 代表 i 行业的上游行业，且 $j \neq i$；IO_{jt} 表示 j 行业作为上游行业在 t 期与 i 行业之间的投入产出系数。

表 7-19 汇报了对式（7-5）模型的估计结果。实证结果发现，当纳入上游行业滞后一期的机器人投入时，一方面，除了 i 行业的机器人安装密度依然对其出口增加值规模产生显著的正向促进作用、与基准回归结果保持一致外，上游行业的机器人应用对 i 行业的出口增加值规模同样产生了正向促进作用，影响系数保持在 0.17 左右，且均在 5% 的水平上显著。这说明上游行业的机器人投入对下游行业的出口增加值规模带来了比较明显的"涟漪效

应"，在一定程度上验证了假说 7-7 的成立。另一方面，与基准结果相似，上游行业的机器人投入也未带来 DVAR 的显著提升。表 7-19 还比较了当期和滞后一期上游机器人的"涟漪效应"，发现上游机器人对下游出口增加值的影响确实存在滞后性，且影响系数明显高于当期系数。

表 7-19　"涟漪效应"检验

变　量	VAX		DVA		DVAR	
$\sum\limits_{j\neq i} IO_{jt-1}AID_{jt-1}$	0.175**		0.177**		0.019	
	(2.19)		(2.20)		(0.89)	
$\sum\limits_{j\neq i} IO_{jt}AID_{jt}$		0.072***		0.074***		0.006
		(2.69)		(2.74)		(0.65)
AID_{it}	0.070***	0.090***	0.069***	0.090***	−0.003	−0.003
	(3.43)	(4.60)	(3.38)	(4.54)	(−0.83)	(−0.79)
控制变量	是	是	是	是	是	是
时间固定效应	是	是	是	是	是	是
行业固定效应	是	是	是	是	是	是
N	770	817	770	817	770	817
R^2	0.432	0.390	0.435	0.392	0.031	0.031

（三）上游行业机器人对下游行业"涟漪效应"的实现方式

上文的实证结果表明，上游行业机器人的使用对下游行业的出口增加值规模产生了"涟漪效应"。正如理论假说部分所提出的，"涟漪效应"是源于"成本机制"还是"质量机制"（Bessen，2018），需要进一步判断。与此同时，"成本机制"与"质量机制"不仅体现了"涟漪效应"的实现方式，也体现了机器人应用对中国出口竞争优势的塑造和转型过程。

为此，本节参考 Baldwin 和 Ito（2011）的做法，选择各行业的增加值价格水平（VAPI）来表征出口竞争方式，该指标既能反映各行业产品的成本水平，也能反映产品的质量水平。如果核心变量的符号为正，那么质量竞争为主；反之，则更多地体现为成本竞争。

图 7-5 的估计结果显示，不管是考虑当期影响，还是考虑滞后一期，上游机器人的投入对 VAPI 的影响均显著为负，即上游机器人的使用只是降低了各行业出口产品的成本水平，并未提升产品质量，这也是上游行业的机器人投入并未带来 DVAR 提升的原因。同时，各行业机器人的安装对 VAPI 的正向影响均不显著，也支持了产品质量并未得以提升的结论。由此可以判断，在现阶段各行业机器人的使用，虽然既带动了所在行业的出口增加值规模，也产生了"涟漪效应"，带动了下游行业出口增加值规模的提升，但是这种提升作用仍然依赖于成本竞争，而非质量竞争，导致 DVAR 始终未得到提升，

机器人对中国出口竞争新优势的塑造还有很长的路要走。

在此基础上，本节继续按照机器人渗透度将全样本划分为 APR 高和 APR 低两组，从图 7-5 的估计结果中发现了一些更为积极的信号：在机器人渗透度高的行业，虽然"涟漪效应"的实现方式再次验证了依赖成本竞争，而非质量竞争的结论，但是机器人的使用对所在行业出口增加值的实现依赖于产品质量的提高，这是一个积极的信号；而在机器人渗透度低的行业，其"涟漪效应"的实现方式虽然没有通过显著性检验，但是从负到正的符号转变，说明在资本难以替代劳动、无法依靠机器人来降低劳动成本的条件下，这些行业已经开始通过质量竞争来寻求 DVAR 的提升。

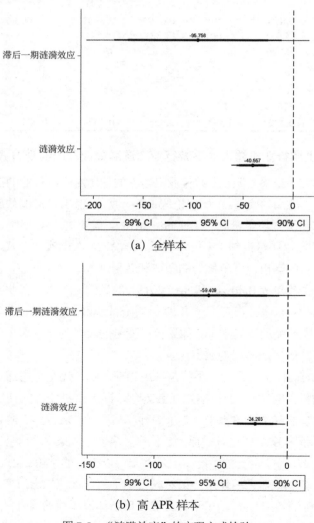

（a）全样本

（b）高 APR 样本

图 7-5　"涟漪效应"的实现方式检验

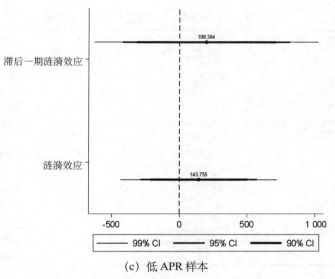

(c) 低 APR 样本

图 7-5　"涟漪效应"的实现方式检验（续）

但是，上游行业使用机器人的经济收益是否能够传递给下游行业，导致下游行业出口增加值规模与比率发生改变，还有可能取决于上下游行业之间的市场势力。为此，本节引入行业 k 的赫芬达尔指数（HHI），以反映各行业的竞争程度，该指数越高，市场越集中，竞争程度越小。借鉴王永进和施炳展（2014）的做法，该指标的测算公式为

$$HHI_{kt} = \sum_{i=1}^{N}(scale_{ikt}/scale_{kt})^2 \qquad (7\text{-}6)$$

其中：$scale_{kt}$ 表示行业 k 在 t 年的总规模；$scale_{ikt}$ 表示 t 年行业 k 内企业 i 的规模；$scale_{ikt}/scale_{kt}$ 表示企业规模占行业总规模的比重；N 表示该行业内的企业数，数据来自中国工业企业数据库。[①]

在此基础上，将 HHI 指数及其与上游企业机器人投入变量的交互项同时引入模型。表 7-20 汇报了对核心变量中心化处理后的估计结果，可以看出，无论是全样本还是按照机器人渗透度分组的分样本，交互项均显著为负，说明上游行业的市场集中度越高，其对下游行业"涟漪效应"的影响越小。换言之，虽然机器人作为人工智能的典型技术，具有较强的技术溢出性，但是如果上下游行业之间的竞争程度不够，就会严重阻碍"涟漪效应"的发挥。

---

① 囿于服务业企业数据的不可得，这里只计算了制造业行业的 HHI 指数。

表 7-20　市场势力对"涟漪效应"的调节作用

变　量	全　样　本	APR 高	APR 低
$\sum\limits_{j\neq i} IO_{jt-1}AID_{jt-1}$	−13.265	−15.807	23.748**
	(−0.47)	(−0.52)	(2.61)
HHI_{jt}	−24.132	−59.511	43.184
	(−0.26)	(−0.60)	(0.79)
$HHI_{jt-1}*\sum\limits_{j\neq i} IO_{jt-1}AID_{jt-1}$	−1597.659*	−1826.109**	−418.053*
	(−1.80)	(−2.16)	(−1.79)
AID_{it}	22.652***	24.743***	−3.127
	(4.09)	(3.25)	(−1.56)
控制变量	是	是	是
时间固定效应	是	是	是
行业固定效应	是	是	是
N	288	148	140
R^2	0.774	0.770	0.682

第三节　人工智能对中国出口贸易利得的影响：企业层面

与前两节基于国家、行业层面的研究不同，本节采用中国企业层面的数据考察人工智能对出口贸易利得的影响，并兼顾行业内部的竞争效应，进一步补充了第二节有关行业之间的结论。

一、人工智能影响中国企业 DVAR 的典型事实

（一）数据来源与处理

本节沿用上述做法，采用企业的工业机器人进口数据作为机器人应用的代理变量。图 7-6 分别绘制了企业层面的进口机器人行业加总数据和 IFR 提供的行业安装数据，可以看出，二者基本一致，且 IFR 统计数据偏低。Fan et al.（2021）解释了可能的原因，即 IFR 对工业机器人的定义范围更窄，或国家机器人协会出于战略原因向 IFR 少报告了工业机器人的安装数据。

具体数据处理如下：首先按照工业机器人产品的 HS8 位编码，从 2000—2015 年中国海关数据库进口数据中检索工业机器人的进口记录，剔除其中的加工贸易和转口贸易样本，得到 4840 家企业的 13 918 条观测值；然后使用中国海关数据库进出口数据与《中国工业企业数据库》在企业—年份层面匹配并测算出口 DVAR；最后，将上述两部分数据合并，得到 108 475 家企业的 405 127 条观测值，其中进口工业机器人的企业共计有 2030 家。在匹配和测算过程中，本节所使用的联合国广义经济分类标准（BEC）分类对照表来自联合国统计司提供的资料。

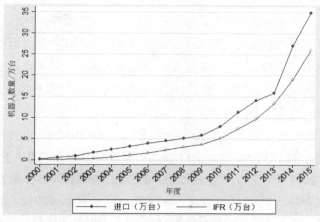

图 7-6　工业机器人使用的变化趋势

（二）出口企业 DVAR 的测度

参照张杰等（2013）、Kee 和 Tang（2016）的做法，使用海关数据和工业企业数据，按照式（7-7）所示的公式，测算了出口企业 DVAR。其中，O、P、M 分别表示一般贸易企业、加工贸易企业和混合贸易企业。

$$DVAR^{\Lambda} = \begin{cases} 1 - \dfrac{imp_o^{m\_adj} + imp_o^{k\_use\_adj}}{Y_o} & \Lambda = O \\[3mm] 1 - \dfrac{imp_p^{m\_adj} + imp_p^{c\_adj} + imp_p^{k\_use\_adj}}{Y_p} & \Lambda = P \\[3mm] \omega_o\left(1 - \dfrac{imp_o^{m\_adj} + imp_o^{k\_use\_adj}}{Y_o}\right) + \omega_p\left(1 - \dfrac{imp_p^{m\_adj} + imp_p^{c\_adj} + imp_p^{k\_use\_adj}}{Y_p}\right) & \Lambda = M \end{cases}$$

$$(7\text{-}7)$$

第一，识别进口中间品和资本品。将海关进口数据中的 HS8 位码统一换算至 1996 年版本的 HS6 位码后，与 BEC 分类标准对接后，识别为中间品、消费品和资本品，分别由上标 m、c、k 标识。其中，加工贸易进口的消费品和中间品，均视为中间品。对于资本品的处理，参照张杰等（2013）的做法，按照 10.96% 的折旧率计算每年的进口资本品折旧总和，使用上标 use 进行标识。

第二，处理贸易代理商的间接进口问题。参照 Ahn 等（2010）的做法，将海关数据库中企业名称包含"进出口""经贸""贸易""科贸""外经"等字样的企业识别为贸易代理商，然后参照高翔等（2018）、毛其淋和许家云（2018）的做法，将 HS6 位码与国民经济行业代码 GB/4754-2003（CIC）进行对接，标识每笔进口所属的两位数行业；最后计算出每个行业中通过贸易代理商进口的比例，并据此对进口金额进行调整，以估算企业实际进口金额，使用上标 adj 进行标识。

第三，识别企业的贸易方式。根据出口数据中的贸易方式和出口金额指标，计算企业的一般贸易和加工贸易的出口金额及占比，从而识别企业的贸易方式。其中，下标 o 表示一般贸易，下标 p 表示加工贸易，ω_o 和 ω_p 分别代表二者的占比，一般贸易出口占比为 1 的企业为一般贸易企业，占比为 0 的为加工贸易企业，介于 0 和 1 之间的为混合贸易企业。

最后，参照 Kee 和 Tang（2016）的做法，剔除了中间品进口额大于中间投入的"过度进口"样本，以及出口 DVAR 测算结果大于 1 或小于 0 的样本。此外，由于 2007 年以后工业企业数据库的中间投入指标缺失，故在稳健性检验中仅使用 2000—2007 年的数据，参照 Koopman et al.（2012）的研究，将国内原材料中的国外要素份额设定为 5%，处理中间品间接进口的问题。由于 2012 年和 2013 年的海关数据中，贸易方式指标缺失较多，严重影响了出口企业 DVAR 测算，因此，本节在出口 DVAR 的测算中未使用这两年的数据。

（三）特征事实

为反映制造业企业出口 DVAR 的整体情况，本章参照 Kee 和 Tang（2016）的做法，将出口 DVAR 按照出口金额进行加权后的测算结果绘制于图 7-7 和图 7-8。初步的统计结果显示，从贸易方式来看，一般贸易企业最高，混合贸易企业次之，加工贸易企业最低，且测算结果亦与 Kee 和 Tang（2016）的结果非常接近；同时，制造业企业出口 DVAR 总体上逐年上升，混合贸易和加工贸易企业上升趋势更为明显，但一般贸易企业则基本维持在相对稳定的水平，表明加工贸易可能是中国出口 DVAR 上升的主要推动力（张杰等，2013）。从企业所有权来看，2000—2015 年外资企业的出口 DVAR 较低，但上升趋势更为明显，表明外资企业对中国出口 DVAR 提升的贡献率正日趋增大。

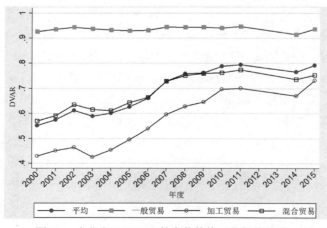

图 7-7　企业出口 DVAR 的变化趋势（分贸易方式）

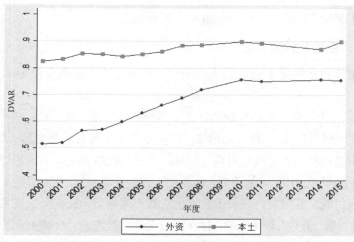

图 7-8　企业出口 DVAR 的变化趋势（分所有权）

图 7-9 绘制了 2000—2015 年使用和未使用工业机器人企业的出口 DVAR 变化率。考虑到 DVAR 较低的企业权重更大，DVAR 的加权平均值远低于算术平均值（黄先海，郭晶，2019），故图 7-9 采用算术平均值加以计算，以避免加权算法掩盖低权重出口企业 DVAR 的变化。可以发现，除了样本量不足的初始年份，工业机器人使用企业的出口 DVAR 变化率均高于未使用工业机器人的企业，这表明使用工业机器人可能为企业出口 DVAR 的提升带来有益的影响。但是，工业机器人应用是否有助于企业提升出口 DVAR，并不能完全由图 7-9 中的变化率高低来反映，还需要采用更加科学和严谨的计量方法加以证实。

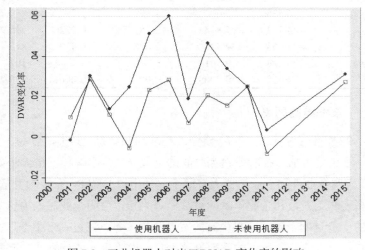

图 7-9　工业机器人对出口 DVAR 变化率的影响

二、人工智能影响中国企业 DVAR 的实证检验

（一）变量与模型设定

为检验企业使用工业机器人对出口 DVAR 的影响，本节设定如下基准模型：

$$DVAR_{it} = \alpha + \beta \cdot Rob_{it} + \sum \gamma \cdot Control_{it} + \xi_i + \mu_t + \varepsilon_{it} \qquad （7\text{-}8）$$

其中：被解释变量（DVAR）为出口国内附加值率；核心解释变量（Rob）为企业累积进口机器人金额的对数。同时，参考李胜旗和毛其淋（2017）、闫志俊和于津平（2019）等的研究，选取如下控制变量：① 员工工资（Wage），以企业应付职工薪酬与在职员工之比的对数形式衡量，反映企业技术水平和劳动成本；② 职工人数（Lab），以在职员工的对数衡量，反映企业的规模和雇佣情况；③ 企业进出口（Imp 和 Exp），以企业当年进出口额的对数衡量，反映企业的贸易规模；④ 企业年龄（Age），以观测年度与企业成立时间之差表示，反映企业经验和创新动力等无形特征；⑤ 行业竞争程度（HHI），以销售额占比为权重计算的赫芬达尔指数衡量。ξ_i 和 μ_t 为个体和时间固定效应；ε_{it} 为随机扰动项，包含其他未被观测到的影响因素。上述变量的统计性描述如表 7-21 所示。

表 7-21　描述性统计

变量名称	观测值	均值	标准差	最小值	最大值
DVAR	405 127	0.818	0.235	0	1
Rob	405 127	0.147	0.997	0	14.584
Wage	336 505	3.009	0.805	−0.105	8.321
Lab	402 536	5.602	1.129	1.792	9.758
Imp	404 724	7.835	2.752	0.222	15.260
Exp	404 658	9.526	2.078	0.479	15.498
Age	400 214	9.561	7.795	1	102
HHI	374 522	0.0009	0.0016	0.0001	0.2037

（二）基准回归结果

表 7-22 汇报了基于式（7-7）模型的基准回归结果。其中，第（1）～（4）列显示，不论是否加入控制变量和时间固定效应，核心解释变量 Rob 始终显著为正，表明企业使用工业机器人有助于提升出口 DVAR。在控制变量方面，员工工资、职工人数和企业年龄的系数显著为正，说明企业在人力资本和规模经济的优势有助于企业获得更高的贸易利得，并可通过"干中学"将优势进一步扩大。行业竞争程度的系数显著为负，说明企业所处行业的垄断程度越低，其获得的国内附加值越高。企业进出口的系数显著为负，可能的原因

是，理性企业在扩张阶段会根据边际收益由高到低的原则，逐渐扩大其贸易规模，尽管提升了自身收益，但也拉低了出口 DVAR 的整体水平。由于扩张期的企业往往更倾向于使用工业机器人（Koch 等，2019；Cheng 等，2019），工业机器人同样可能反过来促进企业自身规模和贸易规模的扩张，因此，控制贸易规模也有助于缓解内生性。

表 7-22　基准回归结果

变量	（1）	（2）	（3）	（4）
Rob	0.0170***	0.0095***	0.0036***	0.0061***
	(17.26)	(11.27)	(3.88)	(7.33)
Wage		0.0519***		0.0184***
		(42.25)		(24.34)
Lab		0.0607***		0.0288***
		(41.14)		(31.93)
Imp		−0.0387***		−0.0351***
		(−114.51)		(−117.18)
Exp		−0.0050***		−0.0079***
		(−14.12)		(−22.23)
Age		0.0009***		0.0001**
		(2.61)		(2.29)
HHI		−4.475***		−1.795***
		(−8.24)		(−4.25)
企业固定效应	是	是	是	是
年份固定效应	否	否	是	是
N	409 939	339 160	409 939	339 160
R²	0.0031	0.2211	0.1230	0.2601

注：括号内为个体层面聚类稳健标准误计算的 *t* 值，***、**、*分别表示在 1%、5%、10% 水平上显著。本章下同。

（三）稳健性检验

1. 更换核心解释变量

为了更加直观地反映企业出口 DVAR 在使用工业机器人前后的平均变化水平，本节将核心解释变量替换为虚拟变量 *Rob_D*，该变量仅在企业使用工业机器人后取值为 1，其余均为 0，结果见表 7-23 第（1）列。同时，本章参照 Bonfiglioli 等（2020）的做法，使用企业工业机器人密集度（*Rob_int*），即企业机器人资本存量（加 1）与总资产之比的对数来衡量工业机器人使用情况，结果见表 7-23 第（2）列。两列结果均表明，基准结论不会因核心解释变量的不同而改变。

表 7-23　更换变量与样本

变量	核心解释变量的其他衡量		被解释变量的其他衡量		调整样本范围
	(1)	(2)	(3)	(4)	(5)
Rob			0.0050***	0.0055***	0.0098***
			(3.03)	(5.94)	(11.14)
Rob_D	0.0404***				
	(7.06)				
Rob_int		0.0031***			
		(4.58)			
控制变量	是	是	是	是	是
企业固定效应	是	是	是	是	是
年份固定效应	是	是	是	是	是
N	304 124	313 608	165 195	316 628	577 536
R^2	0.2471	0.2513	0.2173	0.2244	0.1751

2. 更换被解释变量

考虑到企业使用的国内中间品原材料中通常有 5%～10%的份额间接来自国外要素（Koopman et al.，2012），且工业企业数据库中 2007 年以后的中间投入指标缺失，因此，本章在稳健性检验中使用 2000—2007 年的样本，并与现有文献保持一致，将国内原材料的进口成分设定为 5%，调整了出口 DVAR 的测算方式，结果见表 7-23 第（3）列。此外，本节还参照 Upward et al.（2013）、吕越等（2018）的做法，采用式（7-9）的方法测算了出口 DVAR，其中各上下标含义与式（7-8）完全相同，结果见表 7-23 第（4）列。第（3）～（4）列的结果均表明，使用其他方式测度出口 DVAR 并不改变本章的主要结论。

$$DVAR = 1 - \frac{imp_p^{m\_adj} + exp_o\left(imp_o^{m\_adj} / (Y - exp_p)\right)}{exp} \tag{7-9}$$

3. 调整样本范围

部分出口企业因未匹配上进口数据而无法测算其出口 DVAR，但鉴于进口数据和出口数据源于同一数据库，同一企业在进口和出口数据中名称相异的可能性较小，故此类样本企业进口额为零的可能性更大，即出口 DVAR 为 1。表 7-23 第（5）列在考虑这部分样本的情况下进行回归，结果依然稳健。

4. 更换估计方法

由于样本中的出口 DVAR 均介于 0 和 1 之间，数据截留可能导致结果有偏或不一致，故参照高翔等（2018）、吕越等（2018）的做法，使用随机效应的面板 Tobit 模型进行估计，结果见表 7-24 第（1）列。似然比检验的结果表明使用随机效应的面板 Tobit 是合理的。同时，考虑到被解释变量可能存在的自相关现象，本节参照张杰等（2013）的做法，在基准模型基础上，加入了 *DVAR* 和 *Rob* 的一期滞后值，将其调整为动态模型，并以 *DVAR* 和 *Rob* 最高二阶的滞后值作为 GMM 式工具变量，使用系统 GMM 进行估计，自相关检验结果显示接受"扰动项无自相关"的原假设，结果见表 7-24 第（2）列。第（1）～（2）列的结果表明，在处理了数据截留和自相关问题后，本节的核心结论依然成立。

表 7-24　更换估计方法与工具变量法

变量	面板 Tobit	系统 GMM	两步法	2SLS	
	(1)	(2)	(3)	(4)	(5)
Rob	0.0028***	0.0032***	0.0056***		0.1742***
	(6.97)	(2.72)	(5.57)		(4.31)
IMR			−0.0041		
			(−1.12)		
Suit				0.0042***	
				(6.55)	
K_int				−0.0226***	
				(−4.06)	
控制变量	是	是	是	是	是
企业固定效应		是	是	是	是
年份固定效应		是	是	是	是
LR/AR2	1.4e+05	1.55			
Hansen J				2.030	
K-P F				28.347	
N	339 160	227 333	313 608	254 335	254 335
R²		0.2515			

5. 内生性处理

本节样本包含了使用和未使用工业机器人的出口企业，且控制了贸易规模，较好克服了出口企业中使用工业机器人的样本选择偏差问题；基准模型中控制了个体固定效应，在一定程度上缓解了遗漏变量引起的内生性问题。在此基础上，本节还采用如下方法处理潜在的内生性。

一方面，由于本节样本为出口企业，考虑到并非所有企业都进行出口活动，且其中一部分是进口过工业机器人的企业，为排除此类选择性偏差对估计结果产生的影响，本节使用 Heckman 两步法，在第一阶段纳入工业机器人资本的情况下，使用面板 Probit 模型估计全样本出口的逆米尔斯比率 *IMR*，再带入第二阶段进行估计。表 7-24 第（3）列的结果与基准回归一致，且 *IMR* 系数不显著，表明本节基准回归中不存在严重的样本选择偏差，结论可靠。另一方面，本节使用工具变量法处理其他遗漏变量和逆向因果导致的内生性问题。第一个工具变量，参考 Bonfiglioli et al.（2020）的做法，选取行业对工业机器人的适应性指标，以行业内工业机器人资本存量总额与该行业资产总额之比的对数（*Suit*）衡量；第二个工具变量，选取行业内的资本密集度指标，以行业内固定资本总额与从业总人数之比的对数（*K_int*）衡量。前者取值越高，表明行业对工业机器人的适应程度越高，越有助于工业机器人的普及；后者取值越低，表明行业内劳动力要素越密集，越容易被工业机器人替代。两个工具变量均为行业层面指标，故可视作外生。两阶段最小二乘法的估计结果见表 7-24 第（4）～（5）列。在第一阶段，*Suit* 系数显著为正，*K_int* 系数显著为负，与预期相符；同时，过度识别检验的结果表明不能在 10% 显著性水平上拒绝"工具变量均外生"的原假设；Kleibergen-Paap rk Wald F 统计量高于临界水平，表明不存在"弱工具变量"。第二阶段回归结果，则全部与基准回归保持一致。

（四）异质性分组检验

鉴于平均效应可能掩盖不同类型企业间存在的显著异质性，本节首先依据企业的贸易方式和所有制进行分组，得到各组的估计系数，以判断工业机器人对异质性企业出口 DVAR 的差异化效应，然后使用分组变量与模型进行交互，通过分组变量与核心解释变量交互项的 *t* 值检验差异的显著性。

从贸易方式异质性来看，不同贸易方式的出口企业 DVAR 水平和趋势差异明显，故使用工业机器人的效应也可能各不相同，因此，表 7-25 第（1）～（3）列分别对三类企业样本进行了估计。结果显示，工业机器人对一般贸易企业和混合贸易企业的出口 DVAR 均有显著的正向影响，但对加工贸易企业的效应却不显著，可能是因为使用工业机器人与否不会改变加工贸易企业"两端在外"的生产模式。而混合贸易企业系数高于一般贸易企业，可能的解释是，混合贸易企业往往同时使用国内中间品和进口中间品，对两类中间品的价格变化更为敏感，也更容易通过调整使用比例而获益；而一般贸易企业的出口 DVAR 原本就较高，并以使用国内中间品为主，提升空间相对有限；此外，混合贸易企业还可能从其加工贸易业务中获取相关市场和产品信息，为自己的产品进入市场创造有利条件。

表 7-25　异质性分组检验

变量	混合 （1）	加工 （2）	一般 （3）	本土 （4）	外资 （5）
Rob	0.0088***	0.0013	0.0044***	0.0001	0.0066***
	(6.66)	(0.77)	(3.93)	(0.04)	(5.76)
控制变量	是	是	是	是	是
企业固定效应	是	是	是	是	是
年份固定效应	是	是	是	是	是
N	132 186	73 043	133 931	82 497	182 673
R²	0.3051	0.4122	0.1386	0.1297	0.2952
Rob×分组变量		−0.0075***	−0.0043**		0.0065***
		(−3.55)	(−2.50)		(3.45)
控制变量		是			是
企业固定效应		是			是
年份固定效应		是			是
N		339 160			265 170
R²		0.3216			0.2778

从企业所有制异质性来看，在工业机器人进口的初始记录中，约有 40%的观测值以外商投资的方式进口（由于部分年份的贸易方式指标缺失，实际比例可能更高），其占工业机器人进口总金额之比在某些年份可达 70%以上，而在使用工业机器人的企业样本中，外资企业占比达 75%以上，不同所有制的出口企业 DVAR 水平和趋势亦差异明显，故使用工业机器人的效应可能有所差异。本节参考聂辉华等（2012）的建议，将外商资本占比大于 25%的企业视为外资企业，其余则视为本土企业，进行了分组检验。表 7-25 第（4）~（5）列的结果显示，本土企业使用工业机器人对出口 DVAR 的提升效果不显著，而外资企业则显著为正。可能的解释是，外资企业中从事混合贸易的占比较高，在使用工业机器人后，能够更加有效利用中国完善的供应链，加之其在技术水平、贸易渠道方面的优势，从而在国际市场中占据有利地位；且外资企业的出口 DVAR 在整体上低于本土企业，拥有更大的提升空间。该结果也表明，使用工业机器人有助于加速外资企业的本土化，有助于制造业企业整体 DVAR 的提升。

（五）影响机制检验

根据第二章的理论分析，进口中间品占比和成本加成是影响企业出口 DVAR 的重要因素，这与 Kee 和 Tang（2016）的研究结论一致。一方面，成本加成的提升有助于出口 DVAR 的提升（李胜旗，毛其淋，2017；高翔等，

2018）；另一方面，本国中间品的相对价格降低，能够减少企业对进口中间品的使用（诸竹君等，2018；毛其淋，许家云，2019；闫志俊，于津平，2019），提升企业出口 DVAR。同时，使用工业机器人能够通过影响企业进口中间品占比和成本加成的途径提升出口 DVAR。基于此，本节分别以进口中间品与中间投入之比（*ln_imp_rate*）、成本加成（*ln_mark*）作为中介变量，进行中介效应检验。

鉴于 2007 年以后工业企业数据库中间投入指标缺失，故此处仅使用 2000—2007 年的样本。表 7-26 第（1）列首先报告了使用 2000—2007 年样本的基准模型结果；第（2）和（4）列中的结果表明，企业使用工业机器人降低了生产过程中使用进口中间品的占比，并提升了企业的成本加成。第（3）列和第（5）列分别在第（1）列的基础上，加入了 *ln_imp_rate* 和 *ln_mark*，而第（6）列将两个变量同时加入。其中 *ln_imp_rate* 系数均显著为负，*ln_mark* 系数均显著为正，与 Kee 和 Tang（2016）的结论一致，与第（1）列结果相比，第（6）列核心解释变量的估计系数和 *t* 检验值均明显下降。由此可见，降低进口中间品占比和提高成本加成是工业机器人提升企业出口 DVAR 的重要途径。

表 7-26　影响机制检验

变量	DVAR (1)	ln_imp_rate (2)	DVAR (3)	ln_mark (4)	DVAR (5)	DVAR (6)
Rob	0.0058***	−0.0280***	0.0043***	0.0041**	0.0053***	0.0038**
	(4.72)	(−2.78)	(2.66)	(2.31)	(3.17)	(2.42)
ln_imp_rate			−0.0396***			−0.0440***
			(−51.00)			(−50.31)
ln_mark					0.0383***	0.0779***
					(12.65)	(25.51)
控制变量	是	是	是	是	是	是
年份固定效应	是	是	是	是	是	是
企业固定效应	是	是	是	是	是	是
N	193 906	152 688	152 688	156 324	156 324	147 999
R²	0.2117	0.6430	0.2814	0.0169	0.2234	0.2946

三、人工智能影响中国企业 DVAR 的行业拓展

（一）同行业其他企业使用工业机器人带来的同业竞争效应

前文分析了企业使用工业机器人对自身出口 DVAR 的影响，然而，企业的出口 DVAR 还可能受到行业层面工业机器人应用的影响。换言之，企业使用工业机器人会在行业内产生同业竞争效应。鉴于此，本节在基准回归的基

础上，进一步将行业层面的工业机器人使用情况纳入分析框架。借鉴毛其淋和许家云（2018）、吕越等（2020）的思路，以企业产出占行业产出之比 Y_i/Y_j 为权重，将企业工业机器人密集度加权至行业层面（不含企业自身），以行业工业机器人密集度 Rob_ind（取对数）衡量行业内其他企业使用工业机器人的情况，如式（7-10）所示：

$$Rob\_ind_{ijt} = \ln \sum_{s \in j, s \neq i} \left((Y_{st} / Y_{jt}) \times (1 + asset\_rob_{st}) / asset\_total_{st} \right) \quad （7\text{-}10）$$

表 7-27 第（1）列的估计结果显示，Rob_ind 的系数显著为负，表明同行业其他企业使用工业机器人对企业出口 DVAR 产生了负向影响（Acemoglu et al.，2020；Bonfiglioli et al.，2020）。究其原因，随着行业内工业机器人应用的不断增加，行业整体产出的提升可能会使出口价格降低，对生产要素需求的提升可能会使中间品价格上升，两者共同作用降低了行业内的平均成本加成。第（2）～（3）列的结果进一步支持了该推断，同行业其他企业使用工业机器人并不会对企业进口中间品占比带来明显影响，但是会显著降低企业的成本加成，同时解释了企业使用工业机器人的边际效应递减的原因，即行业内工业机器人的应用存在"拥挤效应"（Graetz，Michaels，2018）。

表 7-27　同行业其他企业使用工业机器人的竞争效应

样本范围 变量	所有企业			未使用工业机器人的企业		
	DVAR (1)	ln_mark (2)	ln_imp_rate (3)	DVAR (4)	ln_mark (5)	ln_imp_rate (6)
Rob_ind	−0.0050*** (−2.98)	−0.0063*** (−3.10)	−0.0082 (−0.70)	−0.0053*** (−3.05)	−0.0070*** (−3.43)	−0.0067 (−0.56)
控制变量	是	是	是	是	是	是
年份固定效应	是	是	是	是	是	是
企业固定效应	是	是	是	是	是	是
N	196 887	156 324	155 531	190 350	152 675	151 737
R^2	0.2120	0.0172	0.6339	0.2089	0.0168	0.6473

（二）企业异质性与同业竞争效应

随着工业机器人应用规模的不断扩大，企业不可避免地会受到同行业内其他企业使用工业机器人带来的竞争效应的影响。但是，不同的企业受竞争效应的影响是否有所不同？

为了回答这一问题，表 7-28 第（1）～（3）列分别引入了企业全要素生产率（TFP）、出口质量（Qua）、出口技术复杂度（Esi）三个异质性指标与 Rob_ind 的交互项。其中，全要素生产率使用 LP 法测算，企业层面的出口质量和出口技术复杂度，分别参照施炳展（2014）、盛斌和毛其淋（2017）的做法进行测算。第（1）～（3）列的结果显示，交互项的系数均显著为正，表明企业的生产率、出口质量和技术复杂度越低，受行业内工业机器人应用的竞争效应影响越大。可能的解释是，尽管工业机器人能够优化企业内的要素配置，但其本质仍是一种替代技术，而拥有较低生产率、出口质量和技术复杂度的企业，其产品的可替代性往往较高，因而受行业内工业机器人竞争效应的影响相对较大。

表 7-28　企业异质性与同业竞争效应

变量	固定效应回归			面板分位数回归		
	DVAR（1）	DVAR（2）	DVAR（3）	q25（4）	q50（5）	q75（6）
Rob_ind	−0.0069*** (−9.22)	−0.0041*** (−6.15)	−0.0062*** (−8.03)	−0.0054*** (−4.37)	−0.0027*** (−5.82)	−0.0005*** (−3.43)
TFP×Rob_ind	0.0038*** (6.45)					
Qua×Rob_ind		0.0198*** (5.24)				
Esi×Rob_ind			0.0052*** (5.64)			
控制变量	是	是	是	是	是	是
年份固定效应	是	是	是	是	是	是
企业固定效应	是	是	是	是	是	是
N	312 324	339 151	339 150	339 160	339 160	339 160
R^2	0.2980	0.2605	0.2605			

此外，企业受竞争效应冲击的程度还可能因其出口 DVAR 的不同而异，故表 7-28 第（4）～（6）列使用面板分位数回归，分别报告了 Rob_ind 对出口 DVAR 的 25%、50% 和 75% 分位数的影响。结果显示，Rob_ind 的系数绝对值随分位数的增加而不断减小，即出口 DVAR 越高的企业，受行业内应用工业机器人的竞争效应影响程度越小，可能的原因是，出口 DVAR 更高的企业，往往生产的是难以被替代的关键零配件（张杰，2013），在产业链中更有话语权，这也与（1）～（3）列的结果相吻合。

（三）竞争效应与行业出口 DVAR 变动

上文的分析表明，行业内其他企业使用工业机器人，会在行业内产生竞争效应，但该竞争效应对行业层面的出口 DVAR 究竟会产生怎样的影响？本节按照式（7-11）测算了行业出口 DVAR，并参考 Griliches 和 Regev（1995）、黄先海和郭晶（2019）、毛其淋和许家云（2019）等的做法，将行业出口 DVAR 进行式（7-12）所示的恒等变形：

$$DVAR_{jt} = \sum_{i \in \Omega_j} weight_{it} \cdot DVAR_{it} \qquad (7\text{-}11)$$

$$\Delta DVAR_{jt} = \underbrace{\sum_{i \in SU} \overline{weight_i} \cdot \Delta DVAR_{it}}_{\text{企业内效应}} + \underbrace{\sum_{i \in SU} \Delta weight_{it} \cdot \left(\overline{DVAR_i} - \overline{DVAR_j}\right)}_{\text{企业间效应}}$$

$$+ \underbrace{\sum_{i \in EN} weight_{it}\left(DVAR_{it} - \overline{DVAR_j}\right)}_{\text{进入效应}} - \underbrace{\sum_{i \in EX} weight_{it-1}\left(DVAR_{it-1} - \overline{DVAR_j}\right)}_{\text{退出效应}}$$

$$(7\text{-}12)$$

其中：$weight$ 代表企业出口额占行业出口额之比，行业的平均出口 DVAR 由企业出口 DVAR 以 $weight$ 为权重加权而来。式（7-12）中，SU 表示持续出口的企业集合，EN 表示新进入出口市场的企业集合，EX 表示退出出口市场的企业集合，上画线表示取变量相邻两期的均值。行业平均出口 DVAR 的变动由四部分构成：保持出口份额不变的情况下，持续出口企业 DVAR 的变动，即企业内效应；保持出口 DVAR 水平不变的情况下，持续出口企业出口份额的变动，即企业间效应；新进入出口市场的企业带来的进入效应；退出出口市场的企业带来的退出效应。前两者为集约边际，后两者为扩展边际。

表 7-29 报告了 2000—2015 年行业出口 DVAR 变动的分解结果。行业出口 DVAR 的平均增长幅度为 0.0092，其中，集约边际对行业 DVAR 变动的贡献为正，且贡献度较高；而扩展边际对行业 DVAR 变动的贡献为负，且相对较小，与黄先海和郭晶（2019）的结论一致。

表 7-29　行业出口 DVAR 变动的分解

总变动	企业内	企业间	进入	退出	集约边际	扩展边际	再配置
(1)	(2)	(3)	(4)	(5)	(6)=(2)+(3)	(7)=(4)+(5)	(8)=(3)+(4)+(5)
0.0094	0.0121	−0.0011	−0.0001	−0.0015	0.0110	−0.0016	−0.0027
	(128.72)	(−11.70)	(−1.06)	(−15.96)	(117.02)	(−17.02)	(−28.72)

基于上述分解结果，本节建立如下模型，考察了行业层面工业机器人密集度与出口 DVAR 变动及其分解效应之间的关系。

$$\Theta_{jt} = \alpha + \beta \cdot Rob\_ind_{jt} + \sum \gamma \cdot Control_{jt} + \xi_j + \mu_t + \varepsilon_{jt} \qquad (7\text{-}13)$$

其中：Θ 为被解释变量，在各列中的含义不同。上文中的 Rob_ind 未将企业自身使用的工业机器人计入，含义为同行业其他企业使用工业机器人的密集度。而此处的 Rob_ind 包含行业内所有使用工业机器人的企业，含义为行业内的工业机器人密集度。控制变量借鉴毛其淋和许家云（2019）等的做法，包括行业层面的赫芬达尔指数、进出口以及资产规模。

表 7-30 第（1）列以行业出口 DVAR 总体变动为被解释变量，结果显著为正，表明工业机器人对行业出口 DVAR 有显著的提升作用。第（2）列的结果显示，工业机器人能够显著提升持续出口企业的平均出口 DVAR。在企业使用工业机器人会产生竞争效应的情况下，工业机器人对行业出口 DVAR 的企业内效应依然为正，可能的解释是，一方面，持续出口企业往往生产率较高、其产品的可替代性相对较低，对竞争效应的抵御能力更强；另一方面，当未使用工业机器人的企业受到行业内工业机器人应用带来的冲击时，企业同样会选择引入工业机器人，降低受到的负面影响。第（3）列的结果显示，工业机器人能够通过企业间的出口份额再配置，对行业出口 DVAR 带来有益的影响。可能的解释是，企业将工业机器人带来的成本优势转化为价格优势，优于单纯的价格竞争，因此，从整个行业的利益出发，工业机器人带来的同业竞争效应是良性的。第（4）～（5）列的结果再次验证了上述结论，表明工业机器人应用主要通过集约边际效应和再配置效应，对行业出口 DVAR 的变动产生有益的影响。

表 7-30　工业机器人应用与行业出口 DVAR 变动

变　　量	总变动 (1)	企业内 (2)	企业间 (3)	集约边际 (4)	再配置 (5)
Rob_ind	0.0039*** (2.79)	0.0015** (1.98)	0.0019** (2.11)	0.0034*** (2.86)	0.0020** (2.10)
控制变量	是	是	是	是	是
行业固定效应	是	是	是	是	是
年份固定效应	是	是	是	是	是
N	2435	2435	2435	2435	2435
R^2	0.0343	0.0710	0.0172	0.0423	0.0188

第四节　本 章 小 结

本章分别从国家、行业和企业层面，首先考察了人工智能对中国在 GVCs 中分工位置的影响，进而考察了人工智能对出口贸易利得的影响与作用机制，并进一步讨论了相应的溢出效应。

在国家层面，本章采用 2000—2014 年跨国跨行业的工业机器人安装和 GVCs 分工位置数据，考察了以工业机器人为代表的人工智能对 GVCs 分工位置的影响及其作用渠道，并重点考察了这一影响能否对其他国家其他行业的 GVCs 分工位置带来溢出效应。结果表明：人工智能有利于相关国家和相关行业在 GVCs 体系中分工位置的攀升，即存在"独善其身"的促进效应，且这一促进作用因国家特征、行业特征和 GVCs 类型不同而存在异质性，对技术接受程度较高的国家、自动化高的行业、竞争激烈的行业和生产类价值链的提升作用更为明显。与已有研究不同，本章发现人工智能不仅通过提高行业生产率和创造新劳动，而且通过提升产品质量共同促进 GVCs 分工位置的攀升，位于质量平均水准两端和质量方差波动较小的行业更倾向发挥人工智能的质量效应。人工智能对 GVC 分工位置的影响存在"兼济天下"的促进效应，其中横向溢出效应的存在主要是缓解产品重合度引发同业侵蚀性竞争所致；纵向溢出效应中，上游行业使用人工智能对下游行业产生的负面前向溢出效应，主要归咎于供给的中间品性价比降低，而下游行业使用工业机器人对上游行业不存在后向溢出效应。

在行业层面，本章采用 IFR 和 WIOD 提供的行业层面数据，首先检验了工业机器人对中国各行业出口增加值规模与比率的影响，进而考察了上游行业机器人对下游行业出口增加值的溢出效应，以及上述影响究竟来自成本竞争还是质量竞争。估计结果表明，在工业机器人应用初期，得益于生产率提高效应，机器人显著扩大了出口增加值规模，但对 DVAR 无益；随着工业机器人的普及，机器人应用的成本降低效应和质量提升效应逐渐显现，在控制出口增加值规模的同时，有助于提高 DVAR。与此同时，上游行业的工业机器人投入还对下游行业的出口增加值产生了"涟漪效应"，但是这种正向促进作用在现阶段仍然依赖于成本降低型竞争，而非产品质量提升型竞争，因此并未带来 DVAR 的明显提升；同时，上下游行业之间的市场集中程度仍然偏高，也严重阻碍了"涟漪效应"的进一步发挥。因此，通过引入人工智能来重塑中国的出口竞争新优势，还有很长的路要走。

在企业层面，在构建理论模型的基础上，采用 2000—2015 年中国海关数据库和工业企业数据库的微观匹配数据，实证考察了工业机器人应用如何影响企业的出口 DVAR。估计结果表明，企业使用工业机器人有助于出口 DVAR 的提升，且对非加工贸易企业和外资企业出口国内附加值率的提升效果更为显著；影响机制检验表明，降低进口中间品占比和提高成本加成是工业机器人提升出口国内附加值的可能途径；同行业内其他企业使用工业机器人则会产生同业竞争效应，对企业（特别是生产率、出口产品质量、出口技术复杂度较低的企业）带来更为明显的个体负面效应，但是放眼整个行业，工业机器人应用可以通过集约边际效应和再配置效应，提升整个行业的出口国内附加值率。

第八章 人工智能对出口企业绿色减排的影响

在追求出口高质量发展的过程中，出口企业还应承担起绿色减排的社会责任。作为微观经济活动的主体，出口企业不仅是工业机器人的使用者，还是污染的主要排放者，而工业机器人的应用既有可能通过提高生产速率增加污染排放，又有可能通过增加清洁设备的使用减少污染排放。但对于出口企业最终的污染排放究竟是增还是减，目前尚无确定答案。为此，本章从微观出口企业出发，考察工业机器人应用如何从源头上影响出口企业的污染排放，从而为人工智能能否促进绿色减排和出口高质量发展提供事实依据。

第一节 数据与实证设计

一、数据来源

本章的数据来源主要有三个方面：中国工业企业数据库、中国企业污染数据库和中国海关进出口数据库，选取的时间跨度为2000—2013年。考虑到中国目前的污染源主要来自"废气"（Fan et al., 2021；赵阳等，2021），故本章选择二氧化硫（SO_2）的排放数量和排放强度作为被解释变量；核心解释变量为出口企业工业机器人的应用情况，与前几章的做法相一致，以工业机器人进口存量数量作为出口企业应用工业机器人的代理变量，即若企业进口产品种类包含了HS6编码的工业机器人产品，则视为该企业进口并应用了工业机器人，数据来自中国海关数据库。

为了使上述研究成为可能，本节将工业企业数据库、污染数据库与海关数据库进行合并，其具体匹配过程如下：首先，匹配工业企业数据库、海关出口数据库和企业污染数据库。按照企业名称和法人代码两种方式进行匹配，最终取三种匹配结果的并集。其次，以工业机器人HS6编码作为筛选条件，从海关进口数据中检索出工业机器人进口记录，共计6622家企业，68 957条观测值；最后，将工业机器人进口数据与第一步得到的工业企业污染数据进行匹配，得到企业一年份层面的观测值共计93 685条。其中，使用过工业机器人的出口企业有1925家，共9640个观测值，未使用过工业机器人的出口企业其进口记录赋值为0。

二、模型构建

除本章关注的核心解释变量外，企业规模、企业成立年限、资本劳动比、资产负债率、出口规模等因素均会对企业污染产生影响，故构建以下基准模型：

$$\ln SO_{2_{it}}(\ln SI_{it}) = \beta_0 + \beta_1 Robot_{it-1} + \gamma Control_{it-1} + \delta_t + \eta_i + \varepsilon_{it} \quad (8\text{-}1)$$

其中：i 代表企业；t 代表年份。被解释变量企业污染从绝对指标和相对指标角度综合考察，其中绝对指标以企业 SO_2 排放量的对数值（$\ln SO_2$）表示；相对指标以企业 SO_2 排放强度对数值（$\ln SI$）表示，通过 SO_2 排放量除以工业企业数据库中企业工业总产值得到。核心解释变量 $Robot$ 代表 HS6 编码统计的、企业工业机器人进口存量的对数值。$Control$ 代表企业控制变量集，包括企业年龄（Age），由企业成立年限的对数值表示；企业规模（$Size$），由企业总资产的对数值表示；企业资本密集度（KL），由资产总额与就业人数的比值衡量；资产负债率（Lev），以负债总额与资产总额的比值衡量；出口规模（Exp），以出口交货值的对数值来反映；δ_t 是年份固定效应，控制随时间变化的因素；η_i 是企业固定效应，控制企业层面不随时间变化的企业特征向量；ε_{it} 为随机扰动项。经由 Hausman 检验，本章选择固定效应模型。

表 8-1 汇报了变量的描述性统计结果。Pearson 相关系数检验和 VIF 检验均表明，解释变量之间不存在严重的多重共线性问题。

表 8-1　变量描述性描述

变　　量	均　　值	标　准　差	最　小　值	最　大　值
（A）全部出口企业样本				
$\ln SO_2$	9.697	2.230	0	18.500
$\ln SI$	−2.222	2.280	−16.933	12.148
$Robot$	0	0	0	0
$Size$	11.565	1.510	0	18.261
Age	2.390	0.736	0	7.606
KL	3.214	2.909	0	8.011
Lev	0.696	0.888	0.029	9.058
Exp	7.374	4.822	0	17.178
（B）应用工业机器人的出口企业样本				
$\ln SO_2$	9.017	3.056	0	18.198
$\ln SI$	−4.590	3.212	−17.117	3.202
$Robot$	2.018	1.208	0.693	5.684
$Size$	13.286	1.600	0	19.059
Age	2.529	0.635	0	7.606
KL	3.274	3.185	0	8.011
Lev	0.600	0.762	0.029	9.058
Exp	9.875	4.789	0	17.804

续表

变　量	均　值	标　准　差	最　小　值	最　大　值
（C）未应用工业机器人的出口企业样本				
$\ln SO_2$	9.644	2.313	0	18.500
$\ln SI$	−2.410	2.453	−17.117	12.148
Robot	0.205	0.722	0	5.684
Size	11.741	1.606	0	19.059
Age	2.404	0.728	0	7.606
KL	3.220	2.939	0	8.011
Lev	0.686	0.876	0.029	9.058
Exp	7.628	4.878	0	17.804

第二节　人工智能影响出口企业污染排放的实证结果

一、基准回归结果

在利用计量模型考察变量间因果关系的过程中，回归系数及其 t 值往往会受到固定效应的影响。为确保研究结论的可靠性，本章考察了不同固定效应对研究结论的影响。表 8-2 给出了相应的回归结果，第（1）～（4）列考察的是逐步增加固定效应对企业污染排放绝对指标（$\ln SO_2$）的影响，第（5）～（8）列考察的则是不同固定效应对企业污染排放强度（$\ln SI$）的影响。可以看出，不管是否控制时间和企业固定效应，企业使用工业机器人显著降低污染排放这一结论非常稳健。具体来说，在控制其他变量和双向固定效应的条件下，企业应用工业机器人每增加 1%，其 SO_2 排放量降低 0.156%，SO_2 排放强度降低 0.250%。在下文的估计中，将继续沿用第（4）列和第（8）列的基准估计模型。

表 8-2　基准回归结果

变量	$\ln SO_2$				$\ln SI$			
	(1)	(2)	(3)	(4)	(5)	(6)	(7)	(8)
Robot	−0.737***	−0.730***	−0.223***	−0.156***	−0.845***	−0.809***	−0.377***	−0.250***
	(0.019)	(0.019)	(0.030)	(0.030)	(0.021)	(0.020)	(0.033)	(0.032)
Size	0.519***	0.551***	0.121***	0.228***	−0.285***	−0.159***	−0.580***	−0.374***
	(0.007)	(0.007)	(0.014)	(0.015)	(0.007)	(0.007)	(0.017)	(0.018)
Age	0.107***	0.089***	−0.033***	0.101***	0.207***	0.092***	−0.169***	0.049**
	(0.013)	(0.013)	(0.016)	(0.017)	(0.014)	(0.013)	(0.019)	(0.020)
KL	0.072***	−0.025**	0.012***	−0.004	0.077***	−0.497***	0.005**	−0.308***
	(0.003)	(0.012)	(0.002)	(0.011)	(0.003)	(0.013)	(0.003)	(0.013)
Lev	0.185***	0.205***	0.030***	0.063***	−0.048***	0.013	−0.229***	−0.131***
	(0.012)	(0.013)	(0.008)	(0.008)	(0.012)	(0.013)	(0.009)	(0.009)

续表

变量	$\ln SO_2$				$\ln SI$			
	(1)	(2)	(3)	(4)	(5)	(6)	(7)	(8)
Exp	−0.034***	−0.030***	−0.000	0.007***	−0.029***	−0.040***	0.007***	0.003
	(0.002)	(0.002)	(0.002)	(0.002)	(0.002)	(0.002)	(0.002)	(0.002)
企业固定效应	否	否	是	是	否	否	是	是
时间固定效应	否	是	否	是	否	是	否	是
N	61 546	61 546	57 602	57 602	57 413	57 413	53 469	53 469
R^2	0.127	0.143	0.839	0.840	0.124	0.195	0.830	0.839

注：括号内为稳健标准误，***、**、*分别表示在1%、5%、10%水平上显著。本章下同。

二、稳健性检验

虽然表 8-2 的估计结果较为稳健地显示出口企业使用工业机器人显著降低了 SO_2 排放，但是仍然无法完全排除企业自选择、测量误差、模型设定偏误和其他政策影响等因素对基准结论的干扰。考虑到研究结果的可靠性，接下来对本章的基准结果进行一系列的稳健性检验。

（一）内生性问题

使用面板固定效应虽然能在一定程度上减少因遗漏变量造成的内生性问题，但仍无法解决由变量间的双向因果关系引致的内生性问题。例如，减排能力强的出口企业，越有意愿通过进口工业机器人来辅助生产流程绿色化（Rodrigue et al.，2024），越具备应用工业机器人的基础条件。为尽可能减少双向因果关系对估计结果的影响，本章选用四种方式控制内生性问题。

1. 工具变量法

考虑到各企业进口工业机器人与其污染排放之间可能存在逆向因果关系，即污染排放越少、生产越清洁的企业，越有可能进口工业机器人来夯实其竞争优势。为了解决内生性问题，本章分别选取两个工具变量法进一步加强结论的可信度。

一是借鉴 Kugler et al.（2020）、Acemoglu 和 Restrepo（2020b）的思想，选择同一时期美国同行业工业机器人使用量的对数值（*Robot_US*）作为工具变量。这是因为，中国和美国均是全球领先的人工智能应用大国，二者工业机器人发展状况存在一定的关联性，但中国企业出口产品范围受美国工业机器人应用的影响较弱，与原残差项基本不存在相关性，故满足工具变量的相关性和排他性标准。本章采用 2SLS 方法进行估计。表 8-3 第（1）列和第（3）列给出了第一阶段的回归结果，*Robot_US* 和 *Robot* 存在显著正相关关系，且 Kleibergen-Paap rk F 值远大于临界值 16.38，可以排除弱工具变量的问题。第（2）列和第（4）列依次给出了 *Robot* 对被解释变量 lnSO_2 和 ln*SI* 影响的第二阶段回归结果。利用工具变量法矫正内生性问题后，*Robot* 对两个被解释变量的影响方向依然与基准回归结果保持一致，证实了基准结论的稳健性。

表 8-3　工具变量法

变量	Robot (1)	lnSO_2 (2)	Robot (3)	ln*SI* (4)	Robot (5)	lnSO_2 (6)	Robot (7)	ln*SI* (8)
Robot_US	0.019*** (0.003)		0.017*** (0.003)					
Suit					1.009*** (0.194)		1.016*** (0.201)	
Robot		−2.107*** (0.652)		−2.700*** (0.802)		−1.426** (0.580)		−1.372** (0.664)
企业固定效应	是	是	是	是	是	是	是	是
时间固定效应	是	是	是	是	是	是	是	是
Kleibergen-Paap rk Wald F	35.596		28.635		27.011		25.449	
N	39 696	39 696	37 489	37 489	57 602	57 602	53 469	53 469

二是借鉴 Bonfiglioli（2020）的做法，选取企业所在行业的工业机器人适应度指标（*Suit*）作为第二个工具变量，其构造公式与式（5-2）保持一致。行业工业机器人适应度反映了企业应用工业机器人的适宜程度，该指标越高的行业，相对来说越适合采用智能化技术，因此行业工业机器人适应度与企业工业机器人应用之间存在较强的相关性；与此同时，被解释变量属于企业层面，工具变量为行业层面且已经发生，故二者的直接关联相对较弱，满足外生性条件。表 8-3 第（5）列和第（7）列为第一阶段回归结果，工具变量 *Suit* 的回归系数在 1%的水平上显著为正，并同样拒绝了弱工具变量假设；在第二阶段中，第（6）列和第（8）列的回归结果表明，*Robot* 依然显著降低了企业 SO_2 排放，进一步证明了上述结论的稳健性。

2. 异方差工具变量法

为进一步确保工具变量满足外生性条件，本章使用 Lewbel（2012）提出的异方差工具变量法再次检验。表 8-4 中第（1）～（2）列为异方差工具变量的估计结果，*Robot* 对 lnSO_2 和 ln*SI* 的影响系数均在 1%的水平上显著为负，再次证实了基准结果的稳健性。

3. 组内差分

本章借鉴 Jayaraman 和 Milbourn（2012）的做法，将解释变量和被解释变量与其企业均值进行差分，以消除一部分不随时间变化的遗漏变量所导致的内生性问题。通过差分变换，我们可以认为在一定期间内企业应用工业机器人是稳定的，这一方法可以削弱内生性对本章结论的影响。具体结果如表 8-4 第（3）～（6）列所示，$\Delta Robot$ 对 $\Delta \ln SO_2$ 和 $\Delta \ln SI$ 的影响系数在 1% 的水平上显著为负，再次证实了基准结果的稳健性。

表 8-4　其他内生性处理

变量	Lewbel(2012)异方差工具变量		组内差分：OLS		组内差分：IV		处理效应模型	
	$\ln SO_2$	$\ln SI$	$\Delta \ln SO_2$	$\Delta \ln SI$	$\Delta \ln SO_2$	$\Delta \ln SI$	$\ln SO_2$	$\ln SI$
	(1)	(2)	(3)	(4)	(5)	(6)	(7)	(8)
Robot	−0.347***	−0.468***						
	(0.103)	(0.107)						
ΔRobot			−0.156***	−0.250***	−1.263**	−1.379**		
			(0.030)	(0.032)	(0.501)	(0.650)		
Robot_dummy							−7.276***	−7.656***
							(0.167)	(0.179)
控制变量	是	是	是	是	是	是	是	是
企业固定效应	是	是	是	是	是	是	是	是
时间固定效应	是	是	是	是	是	是	是	是
Kleibergen-Paap rk Wald F	13.201	13.290			33.199	29.085		
N	61 546	57 413	57 602	53 469	57 602	53 469	61 546	57 413
R^2	0.013	0.132	0.126	0.236	−0.063	−0.026	—	—

4. 处理效应模型

传统的 OLS 回归忽略了企业进口与应用工业机器人的主观能动性，存在内生性问题，可能导致基准模型估计存在偏误，因此本章将核心解释变量重新定义为企业是否使用工业机器人（Robot_dummy），并采用处理效应模型来解决潜在的内生性问题。在使用处理效应模型进行实证检验时，需要寻求企业是否应用工业机器人的工具变量，本章继续沿用前文选择的 Robot_US 作为 Robot_dummy 的工具变量。表 8-4 第（7）～（8）列的估计结果显示，在使用处理效应模型后，估计结果依然与基准回归结果保持一致。

（二）核心变量替代

囿于企业层面的工业机器人应用数量不可直接获得，故代理变量的选取会存在一定误差。为此，本章采用两种方法对其进行替代：一是将核心解释变量定义为工业机器人使用密度（Density），用工业机器人进口存量与企业就业人数的比值表示，结果见表 8-5 第（1）～（4）列；二是采用企业工业机器人进口流量构造核心解释变量进行替代，用 Robot_Flow 表示，结果见

表 8-5 第（5）～（8）列。可以看出，所有估计结果的符号与显著性均和基准估计结果保持一致，证实了本章核心解释变量选取的可靠性。

表 8-5　核心变量替代

变量	机器人使用密度：OLS		机器人使用密度：IV		机器人使用流量：OLS		机器人使用流量：IV	
	$\ln SO_2$	$\ln SI$	$\ln SO_2$	$\ln SI$	$\ln SO_2$	$\ln SI$	$\ln SO_2$	$\ln SI$
	(1)	(2)	(3)	(4)	(5)	(6)	(7)	(8)
Density	−0.137***	−0.279***	−0.231***	−0.400***				
	(0.052)	(0.057)	(0.068)	(0.076)				
Robot_Flow					−0.054*	−0.106***	−1.810**	−1.749*
					(0.031)	(0.033)	(0.919)	(1.014)
控制变量	是	是	是	是	是	是	是	是
企业固定效应	是	是	是	是	是	是	是	是
时间固定效应	是	是	是	是	是	是	是	是
Kleibergen-Paaprk Wald F			8126.646	7224.553			16.567	18.549
N	57 602	53 469	57 602	53 469	57 602	53 469	57 602	53 469
R^2	0.840	0.839	0.009	0.036	0.840	0.839	−0.149	−0.081

（三）排除其他事件干扰

首先，在 2000—2013 年这样一个较长的样本期内，企业的污染排放不仅会受到人工智能的影响，还会遭遇其他外部冲击。例如，2008 年全球金融危机爆发。故本章将 2008 年剔除后，对样本重新回归。表 8-6 第（1）～（4）列的估计结果显示，在考虑上述外生因素的干扰后，工业机器人对企业污染的影响与基准回归结果保持一致，验证了本章基准结论的稳健性。

其次，随着国家对数字经济的高度重视，ICT 技术获得了长足发展。ICT 技术的普及与完善不仅会促进企业应用工业机器人，还会对企业生产产生干扰。为了控制 ICT 技术的普及对企业污染排放的影响，本章在基准模型的基础上增加了各省长途光缆密度（*Cable*）、互联网普及率（*Internet*）、移动基站数量（*Mobile*）等控制变量。从表 8-6 第（5）～（8）列的估计结果可以看出，*Robot* 对 $\ln SO_2$ 和 $\ln SI$ 的影响与基准回归保持一致，印证了本章结论的稳健性。

最后，外资进入可以通过投资、生产率水平等渠道影响东道国污染排放，同时国有企业体制改革也会对企业生产方式产生较大的冲击。为了排除外资进入和国企改革的影响，本章将行业国有企业数目占比（*Soeratio*）和外资企业数目占比（*Foreignratio*）作为控制变量纳入基准方程进行估计，表 8-6 第（9）～（12）列的结果显示，在控制了贸易自由化和外资自由化的影响后，本章的基准结论保持不变。

表8-6　排除金融危机、ICT技术和企业制度改革

变量	金融危机: OLS		金融危机: IV		ICT技术: OLS		ICT技术: IV		国有、外资企业改革: OLS		国有、外资企业改革: IV	
	$lnSO_2$	$lnSI$	$lnSO_2$	$lnSI$	$lnSO_2$	$lnSI$	$lnSO_2$	$lnSI$	$lnSO_2$	$lnSI$	$lnSO_2$	$lnSI$
	(1)	(2)	(3)	(4)	(5)	(6)	(7)	(8)	(9)	(10)	(11)	(12)
Robot	-0.164***	-0.260***	-1.547***	-1.941***	-0.154***	-0.249***	-1.253**	-1.372**	-0.152***	-0.279***	-1.268***	-1.544***
	(0.030)	(0.033)	(0.510)	(0.580)	(0.030)	(0.032)	(0.503)	(0.654)	(0.037)	(0.041)	(0.444)	(0.491)
Cable					0.003	0.003	-0.001	-0.001				
					(0.007)	(0.007)	(0.007)	(0.008)				
Internet					0.119***	0.131***	0.091***	0.101**				
					(0.032)	(0.037)	(0.035)	(0.041)				
Mobile					-0.036	-0.076**	-0.032	-0.074***				
					(0.027)	(0.033)	(0.028)	(0.034)				
Soeratio									-0.161	-0.091	-0.050	0.061
									(0.108)	(0.121)	(0.121)	(0.140)
Fdiratio									-0.401***	-0.270**	-0.293***	-0.125
									(0.096)	(0.108)	(0.109)	(0.127)
控制变量	是	是	是	是	是	是	是	是	是	是	是	是
企业固定效应	是	是	是	是	是	是	是	是	是	是	是	是
时间固定效应	是	是	是	是	是	是	是	是	是	是	是	是
Kleibergen-Paap rk Wald F			32.471	27.902			40.684	33.639			42.173	33.099
N	52 972	48 832	52 972	48 832	57 602	53 469	57 602	53 469	43 499	40 296	43 499	40 296
R²	0.841	0.840	-0.107	-0.109	0.840	0.839	-0.062	-0.025	0.842	0.841	-0.055	-0.029

（四）改变样本范围

首先，在样本期内观察到的工业机器人可能由中国工业机器人制造商以中间投入或研发为目的而进口，并非用于最终产品的生产。为解决上述问题，本章参照 Fan et al.（2021）的做法，通过搜索企业名称中是否包含"机器人"来识别工业机器人制造商，若包含就将其认定为工业机器人制造商。将工业机器人制造商剔除后重新对基准模型进行回归，结果如表 8-7 第（1）～（2）列所示，估计结果与基准回归结果相比并无显著差异。

表 8-7　改变样本范围

变量	剔除机器人制造商		排除引进时间不超过 1 年		排除机器人主导行业	
	$\ln SO_2$	$\ln SI$	$\ln SO_2$	$\ln SI$	$\ln SO_2$	$\ln SI$
	(1)	(2)	(3)	(4)	(5)	(6)
Robot	−0.157***	−0.253***	−0.160***	−0.266***	−0.139***	−0.241***
	(0.030)	(0.032)	(0.039)	(0.042)	(0.033)	(0.036)
控制变量	是	是	是	是	是	是
企业固定效应	是	是	是	是	是	是
时间固定效应	是	是	是	是	是	是
N	57 509	53 383	55 853	51 850	54 387	50 485
R^2	0.840	0.839	0.839	0.836	0.842	0.836

其次，企业应用工业机器人后的贸易效应显现往往需要一定时间来调整，如生产线调整、员工技术培训等，故本章将工业机器人引进时间小于等于 1 年的企业样本剔除，结果见表 8-7 第（3）～（4）列。可以发现，Robot 的系数估计值依然显著为负，与基准回归结果非常相似。

最后，为了避免上述特定行业的高额进口对实证结果产生主导作用，本章剔除了工业机器人使用最多的汽车制造业，并重新进行估计。表 8-7 第（1）～（4）列的估计结果显示，在排除特定行业可能的主导影响后，基准回归结果依然显著成立。

第三节　人工智能影响出口企业污染排放的机制考察

一、机制模型设定

上文通过丰富的识别检验与一系列稳健性分析回答了出口企业使用工业机器人是否影响污染排放的问题。本节则在此基础上考察出口企业使用工业机器人影响污染排放的具体传导机制，即回答工业机器人使用如何影响出口企业污染的问题。为尽可能减少内生性问题，本节采用 Liu 和 Lu（2015）的内生中介效应检验模型，选取美国同行业工业机器人安装量的对数值

（*Robot_US*）作为内生中介模型的工具变量，更为严谨地考察工业机器人减少出口企业污染的多种作用渠道。

二、机制考察结果

（一）研发创新

本节使用出口企业申请专利数的对数值（*Patent*）衡量研发创新，数据经与专利数据库匹配后得到。表 8-8 第（1）～（3）列的估计结果显示，*Robot* 在 1% 的水平上显著为正，表明工业机器人的应用能够显著促进出口企业加强研发；同时，*Patent* 也在 1% 的水平上显著减少了出口企业 SO_2 的排放数量与排放密度。可能的原因在于，工业机器人是企业数字化转型的组成部分，是工业互联网的设备层之一。工业机器人的应用可以有效改善或改变生产流程，以适应自动化生产组织，从而提高生产效率，减少出口企业的污染排放。

表 8-8　作用机制考察

变量	研发创新			治污能力			污染产品范围		
	Patent	ln*SO₂*	ln*SI*	*Remove*	ln*SO₂*	ln*SI*	*Scope*	ln*SO₂*	ln*SI*
	(1)	(2)	(3)	(4)	(5)	(6)	(7)	(8)	(9)
Robot	0.600***			6.550***			−0.392**		
	(0.134)			(1.102)			(0.169)		
Patent		−2.109**	−2.985***						
		(0.893)	(1.128)						
Remove					−0.462***	−0.522***			
					(0.136)	(0.145)			
Scope								3.682*	3.965**
								(1.891)	(1.882)
控制变量	是	是	是	是	是	是	是	是	是
企业固定效应	是	是	是	是	是	是	是	是	是
时间固定效应	是	是	是	是	是	是	是	是	是
Kleibergen-Paap rk Wald F	48.140	19.736	16.476	46.927	45.088	45.291	46.927	5.463	6.337
N	17 974	11 422	10 592	62 452	39 696	37 489	62 452	39 696	37 489
R^2	−0.321	−0.449	−0.750	−1.712	−0.359	−0.417	−0.052	−4.314	−4.211

（二）治污能力

本节之所以选择这一作用机制，是因为通常来说，对于那些减排设施利用率原本达到极限的出口企业而言，其可以更多地从工业机器人应用中受益，这是因为，产能利用率达到极限的出口企业，其减排设施数量已然很高，无法清除生产过程中产生的额外污染排放，此时安装工业机器人可以提高生产效率，并减少污染排放。为了检验这一作用渠道，本节使用 SO_2 去除量的对数值（*Remove*）来衡量出口企业的治污能力。表 8-8 第（4）～（6）列的结果显示，*Robot* 在 1% 的水平上显著为正，*Remove* 分别在 10% 和 1% 的水平上显著为负，这一结果证实了我们的猜想，即工业机器人应用可以通过提高排污设施的效率，减少出口企业层面的污染排放。

（三）污染产品范围

从理论上讲，随着工业机器人的应用，出口企业有可能调整产品范围，减少污染产品的占比。为了验证这一猜想，本节首先计算出每个行业的污染密集度，然后根据 CIC-HS 匹配规则与海关数据库产品库进行匹配，识别出出口企业产品的污染类型，最后计算出污染产品种类在出口企业总产品中的占比（*Scope*），以此来衡量污染产品范围。表 8-8 第（7）～（9）列的估计结果显示，*Robot* 在 1% 的水平上显著为负，表明工业机器人的应用显著减少了污染产品在出口企业总产品中的占比，并分别在 10% 和 5% 的水平上有效降低了出口企业 SO_2 的排放数量与排放密度。

第四节　人工智能影响出口企业污染排放的长期效应

观察第二节和第三节的估计结果，我们很容易形成一个疑问：既然工业机器人可以通过增加研发创新、提高治污能力和减少污染产品范围等渠道，有效降低出口企业 SO_2 的排放数量与排放密度，那么为什么不是所有的出口企业均将工业机器人应用到生产中去呢？

从理论上讲，企业作为追求利润最大化的"理性人"，其是否采用工业机器人，在很大程度上要取决于企业利润总额是否会由此增加。企业在采用工业机器人初期，一方面，企业在工业机器人应用后，劳动力成本究竟是增还是减，学界依然争论不休，从本书第二章的拓展结果来看，中国大多数企业在应用工业机器人的短期内，其劳动力数量及其实际工资水平反而出现了上升；另一方面，在工业机器人应用初期，企业需要大量购置工业机器人，尤其是进口机器人的价格目前仍然居高不下，会直接影响固定成本。根据 2000—2015 年中国海关进口数据库的统计，喷涂机器人、焊接机器人和搬运机器人等单一功能的普通工业机器人，其进口均价多在 9 万美元/台；多功能工业机器人约为 26 万美元/台，而激光焊接机器人等功能更多、精度更高的机器人，其进口均价往往超过 30 万美元/台，因此企业在前期购置工业机器人硬件时，花费往往不菲。因此，企业在采用工业机器人初期，其边际成本有可能提高，利润有可能下降，在一定程度上阻碍了相当一部分企业对工业机器人的应用与普及。

但是，随着工业机器人的不断应用，其购置机器人硬件的固定成本将得以分摊；最重要的是，根据前几章的实证检验结果，工业机器人在提高生产效率、节约边际成本、提升产品质量的优势将不断显现，并不断提高利润所得，实现工业机器人的应用初衷。

为了证实这一点，本章引入出口企业利润总额的对数值（*Profit*），并以 *Robot_F** 表示出口企业 T+*** 期工业机器人使用存量对数值，*Profit_F* 表示出口企业 T+*** 期企业利润总额的对数值，以观察出口企业在应用工业机器人后的利润长期变化。表 8-9 的估计结果显示，在 T 年当期，*Robot* 在 1% 的水平上显著为负，说明工业机器人使用当年，显著降低了出口企业利润，影响了出口企业应用工业机器人的决策，而这一结果在很大程度上归咎于工业机器人高昂的购置成本；但是从 T+1 期开始，*Robot* 的系数不仅从负转正，而且对出口企业利润的影响系数不断提升，从 T+1 期的 1.212，到 T+2 期的 1.273，……，再到 T+8 期的 1.436，表明随着工业机器人的前期固定成本被分摊，其对出口企业利润的提升作用将不断显现。

表 8-9　长期效应分析

变量	T 期 Profit (1)	T+1 期 Profit_F1 (2)	T+2 期 Profit_F2 (3)	T+3 期 Profit_F3 (4)	T+4 期 Profit_F4 (5)	T+5 期 Profit_F5 (6)	T+6 期 Profit_F6 (7)	T+7 期 Profit_F7 (8)	T+8 期 Profit_F8 (9)
Robot	−0.136*** (0.023)								
Robot_F1		1.212*** (0.038)							
Robot_F2			1.273*** (0.032)						
Robot_F3				1.244*** (0.030)					
Robot_F4					1.217*** (0.029)				
Robot_F5						1.245*** (0.029)			
Robot_F6							1.312*** (0.030)		
Robot_F7								1.353*** (0.031)	
Robot_F8									1.436*** (0.033)
控制变量	是	是	是	是	是	是	是	是	是
企业固定效应	是	是	是	是	是	是	是	是	是
时间固定效应	是	是	是	是	是	是	是	是	是
N	89 066	89 077	89 077	89 077	89 077	89 077	89 077	89 077	89 077
R^2	0.525	0.600	0.644	0.685	0.697	0.696	0.696	0.692	0.674

第五节　本 章 小 结

　　本章采用中国工业企业数据库、海关数据库和企业污染数据库的匹配数据，考察了工业机器人应用对出口企业污染排放的影响、作用机制及其长期效应，实证结果表明，首先，工业机器人应用显著降低了出口企业以 SO_2 为代表的污染排放数量与排放密度，在采用工具变量、替换核心变量、排除外部干扰等一系列检验后，该结论依然稳健；其次，工业机器人应用的污染减排效应，主要通过提高出口企业研发创新、提升治污能力和降低污染产品范围来实现；最后，尽管工业机器人应用初期，囿于工业机器人本身高昂的进口价格与购置成本，出口企业的利润出现了下降的情形，但是随着工业机器人的成本分摊和优势显现，从长期看出口企业利润将由负转正，并获得长期的持续性增加。这也意味着，如何缓解初期的工业机器人购置成本问题，将成为出口企业是否采用工业机器人发挥减排效应、促进出口高质量发展的关键点之一。

第九章　人工智能促进出口高质量发展的
总体判断与配套支撑

为了达到承上启下的目的，本章主要内容有二：一是，在第四章～第八章检验人工智能对多维度出口高质量指标影响的基础上，采用熵权-TOPSIS 方法测算中国企业出口高质量发展综合指数，并对人工智能是否促进出口高质量发展作出总体判断；二是，人工智能对出口高质量发展的促进作用，需要一系列软件配套和硬件配套的支撑。本章一方面从软件配套入手，分别考察企业所在地的数字经济发展、适宜性技术和技能性员工对人工智能促进出口高质量发展的保障作用；另一方面从硬件配套入手，重点强调国内机器人生产在促进出口高质量发展方面的重要作用。

第一节　人工智能影响出口高质量发展的总体判断

一、出口高质量发展综合指数的构建

根据《指导意见》，本书第四章～第八章从出口规模、出口质量、出口范围、出口利得和出口减排五个方面反映了出口高质量发展的不同维度。为了反映人工智能对出口高质量发展的总体影响，本节进一步从上述 5 个一级指标出发，选取 9 个二级指标（见表9-1），与前文所采用的被解释变量保持一致。

表 9-1　出口高质量发展综合指数构建体系

一　级　指　标	二　级　指　标
出口数量	出口总额
	出口收入占比
	出口 ROA（资产收益率）
出口质量	出口产品质量
出口范围	出口产品范围
	核心产品集中度
出口利得	出口国内附加值 DVAR
出口减排	出口企业 SO_2 排放量
	出口企业 SO_2 排放率

在此基础上，本文使用熵权-TOPSIS 法构建中国企业层面的出口高质量

发展综合指数（*Index*），其具体做法是：首先，该方法利用熵权法计算各指标评价的权重，即根据已有数据的变异程度为各个指标客观赋权，提高多指标综合评价的可信度；然后，通过 TOPSIS 法寻找"理想解"的距离情况，计算得到最终接近程度；最后，在 0～100 的范围内将得分标准化。由于该方法根据各项指标值的变异程度来确定指标权数，因此是一种客观赋权法，避免了人为因素带来的偏差。

图 9-1 描绘了 2000—2015 年样本期内中国企业出口高质量发展综合指数的动态变化。本文将企业出口高质量发展综合指数按照出口额占比进行加权，然后分别进行加总和均值处理，得到各年份中国企业高质量发展总指数、使用工业机器人企业的高质量发展平均指数和未使用工业机器人企业的高质量发展平均指数。从图 9-1 可以看出，一方面，中国企业的出口高质量发展水平在样本期内虽有波动，但总体呈上升趋势，体现出中国正在努力迈向"质量强国"和"贸易强国"。另一方面，对比使用工业机器人和未使用工业机器人的出口企业，可以发现使用工业机器人的企业，其出口高质量发展水平在样本期内明显高于未使用工业机器人的出口企业，初步表明人工智能对出口高质量发展具有一定的促进作用。同时，使用工业机器人的企业，其出口高质量发展水平与全样本出口企业高质量发展总体水平的变化趋势保持一致，进一步彰显了人工智能对出口高质量发展的引领作用。

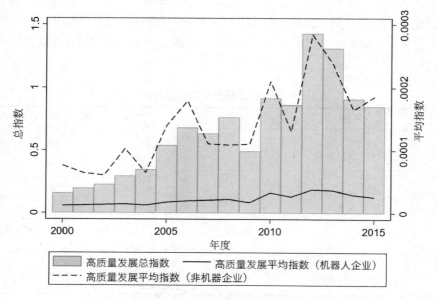

图 9-1　中国企业出口高质量发展综合指数变化

二、人工智能对出口高质量发展的影响

（一）变量选择

在本节中，被解释变量为企业层面的出口高质量发展综合指数（*Index*），核心解释变量延续前文的做法，采用以 HS8 位码统计的工业机器人进口流量。同时，参考符大海和鲁成浩（2021）、李坤望等（2015）的做法，本节选取的控制变量集包括企业规模（*Size*），以企业资产总额的对数值表示；企业年龄（*Age*），以企业存续年限表示；企业资产负债率（*Lev*），以总负债除以总资产表示；企业资本密集度（*KL*），采用固定资产净值与员工人数比值的对数值衡量。表 9-2 汇报了变量的描述性统计结果。Pearson 相关系数检验和 VIF 检验，均表明解释变量之间不存在严重的多重共线性问题。

表 9-2　描述性统计

变量	观测值	均值	标准差	最小值	最大值
Index	363 630	12.00	9.664	0	100
Robot	363 630	0.0861	0.481	0	13.99
Size	363 630	9.434	4.032	0	20.16
Age	361 966	10.30	8.515	0	161
Lev	363 630	0.547	0.880	0	43.59
KL	363 630	3.583	1.738	0	15.69

在此基础上，设定本节模型如下：

$$Index_{it} = \beta_0 + \beta_1 Robot_{it} + \delta Control_{it} + \psi_i + \mu_t + \varepsilon_{it} \tag{9-1}$$

其中：下标 t 表示年份；i 表示企业；*Control* 表示控制变量；ψ_i 为企业固定效应；μ_t 为时间固定效应；ε_{it} 为随机扰动项。

（二）总体判断

本节采用面板数据的双向固定效应模型对式（9-1）进行基准回归，结果见表 9-3。其中，第（1）列仅加入工业机器人使用流量（*Robot*），第（2）列和第（3）列在纳入所有控制变量的同时，还分别控制了时间固定效应和企业固定效应，第（4）列则同时控制了时间固定效应和企业固定效应。估计结果显示，第（1）～（4）列的估计系数均在 1% 的水平上显著为正，表明工业机器人的应用显著促进了出口高质量发展。其中，在控制所有变量和固定效应的情形下，企业当年应用工业机器人的数量每增加 1%，则该企业的出口高质量发展指数显著提高 16.7%。

为了证实上述估计结果的可信性，表 9-3 的第（5）～（6）列将核心解释变量更换为工业机器人进口存量和进口金额，第（7）列则将被解释

变量采用熵权法计算,其估计结果依然支持人工智能促进出口高质量发展
的结论。

表 9-3 总体估计结果

变量		机器人进口流量			机器人进口存量	机器人进口金额	熵值法测算
	(1)	(2)	(3)	(4)	(5)	(6)	(7)
Robot	0.193***	0.164***	0.186***	0.167***	0.066***	0.027***	0.001***
	(4.82)	(3.24)	(4.72)	(4.42)	(4.19)	(4.11)	(4.33)
Size		−0.023**	0.030***	−0.207***	−0.207***	−0.207***	−0.002***
		(−1.96)	(6.57)	(−22.47)	(−22.53)	(−22.46)	(−19.48)
Age		−0.582***	−0.847***	−0.486***	−0.485***	−0.486***	−0.004***
		(−51.06)	(−52.18)	(−31.67)	(−31.68)	(−31.68)	(−30.69)
Lev		1.035***	0.970***	0.669***	0.663***	0.007	−0.000
		(30.03)	(32.71)	(22.84)	(22.88)	(0.52)	(−1.13)
KL		−0.029**	−0.004	0.007	0.006	0.669***	0.006***
		(−1.98)	(−0.41)	(0.52)	(0.41)	(22.84)	(22.15)
时间固定效应	是	是	否	是	是	是	是
个体固定效应	是	否	是	是	是	是	是
N	363 630	361 966	363 630	363 630	361 717	361 717	361 717
R²	0.669	0.342	0.365	0.376	0.713	0.713	0.684

注:括号内数值为 t 统计值;所有回归系数的标准误均在企业层面进行聚类处理;***、**和*分别
表示参数的估计值在 1%、5%和 10%的统计水平上显著。本章下同。

第二节 人工智能促进出口高质量发展的软件配套

从软件配套的角度而言,人工智能要发挥对出口高质量发展的促进作
用,至少需要三方面的配套保障措施:当地数字经济的快速发展、适宜性技
术的共同助力和技能性工人的人力支持。

一、地区数字经济发展的配套作用

(一)地区数字经济的测度

目前,数字经济发展水平的测度尚无统一标准,主流测度方式主要有二:
一是狭义口径的数字产业化(Ahmad,Schreyer,2016),二是从广义口径测
算数字经济指数。根据已有研究,数字经济具有 ICT 技术的渗透性、替代性、
协同性(蔡跃洲,牛新星,2021;Quiros,Reinsdorf,2018),故本节借鉴许
宪春和张美慧(2020)的做法,选择从数字化设施、数字化交易和数字化载
体三个维度对出口企业所在省份的数字经济发展水平进行估算。如表 9-4 所

示，首先，选定三大维度对应的行业；其次，计算三个维度的增加值调整系数，并将之与各省第二产业或第三产业增加值相乘，得到三个维度的数字经济增加值；最后，加总求和估算得出各省的数字经济增加值，以此来表征出口企业所在省份的数字经济综合发展指数（*Digital*）。

表 9-4　数字经济估算方法

步　骤	数字化设施	数字化交易	数字化载体
选定对应行业	（1）信息传输、软件和信息技术服务业（2）计算机、通信和其他电子设备制造业	（1）电子类批发业（2）零售家用电器电子产品	文化、体育和娱乐业
计算调整系数	两类行业增加值之和/第二产业增加值	两类行业主营业务收入/第三产业主营业务总收入	该行业增加值/第三产业增加值
计算增加值	乘以所在省（区、市）的第二产业增加值	乘以所在省（区、市）的第三产业增加值	乘以所在省（区、市）的第三产业增加值

在此基础上，使用高斯核密度函数对中国省（区、市）级数字经济发展水平进行动态分析。核密度估计用连续的密度曲线描述了随机变量的分布特征，因此更加直观地展示了各地区数字经济发展的分布位置和延展性等特征，具体计算过程见式（9-2）和式（9-3）。

$$f(x) = \frac{1}{Nh}\sum_{i=1}^{N} K\left(\frac{X_i - \overline{X}}{h}\right) \qquad (9\text{-}2)$$

$$K(x) = \frac{1}{\sqrt{2\pi}}\exp\left(-\frac{x^2}{2}\right) \qquad (9\text{-}3)$$

其中：式（9-2）为核密度函数；N 为观测数；h 为设定带宽；式（9-3）为高斯核密度函数表达式。

本章使用 MATLAB 软件进行测算，并将测算结果绘制成图 9-2。从图 9-2 可以看出，数字经济的波峰随时间逐渐向右推移，说明中国数字经济整体水平逐年上升。但是，所有年份的核密度曲线都存在明显的多峰现象，且各峰值之间的差距逐渐增大，表明中国各省份的数字经济发展趋于不平衡，存在极端化现象，某些省份的数字经济发展水平显著高于平均水平。

（二）地区数字经济的保障功能

人工智能对出口高质量发展的促进作用，离不开数字经济的发展。这是因为，数字经济的快速发展正在为整个人工智能发展创造良好的发展条件和技术环境。具体来说，数字经济的发展除了在需求侧催生巨大的扩大内需、升级消费和引导生产作用，还在供给侧生成广泛的有效供给、结构优化和高质量发展效应。尤其是对于出口企业而言，数字经济可以推动各类资源要素快捷流动，帮助出口企业重构组织模式，实现跨界发展，打破时空限制，延伸产业链、供应链、服务链、信用链、资本链、价值链，畅通国内外经济循环。

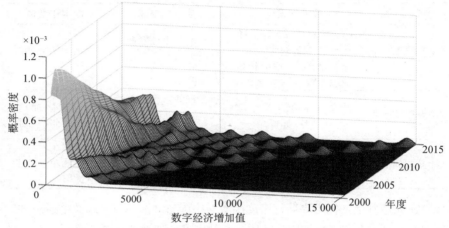

图 9-2　数字经济水平的 Kerel 核密度图

为了证实当地数字经济发展对人工智能促进出口高质量发展的配套作用，本节在基准回归中加入当地数字经济发展（*Digital*）和企业采用工业机器人与数字经济的交互项（*Digital*×*Robot*），回归模型如下：

$$Index_{it} = \beta_0 + \beta_1 Robot_{it} + \beta_2 Robot_{it} \times Digital_{jt} + \beta Digital_{jt}$$
$$+ \delta Control_{it} + \psi_i + \mu_t + \varepsilon_{ijt}$$
（9-4）

其中：下标 *j* 表示出口企业所在的省份，其他变量符号与式（9-1）相同。

表 9-5 第（1）～（3）列的估计结果表明，无论核心解释变量采用工业机器人进口流量、进口存量还是进口金额，出口企业所在省份的数字经济发展与工业机器人的交乘项（*Robot*×*Digital*）均显著为正，表明当地数字经济的发展对人工智能的出口高质量发展效应产生了显著的助推作用，证实了当地数字经济发展作为软件配套的重要性。究其原因，数字经济发展能够跨越贸易信息壁垒，降低搜索和匹配成本（孙浦阳等，2017）；打破传统贸易过程中的时间与空间限制，通过互联网平台避免跨国商务谈判的人力物力消耗，降低沟通成本（盛丹等，2011）；还能够通过主页建设、数字营销等渠道有效降低目的国的额外销售成本（Coviello et al.，2017），从而为人工智能助力出口高质量发展保驾护航。

表 9-5　数字经济发展的调节作用

变量	机器人进口流量 (1)	机器人进口存量 (2)	机器人进口金额 (3)
Robot	0.014	0.0002	0.007
	(0.24)	(0.02)	(0.31)
Robot×Digital	0.185*	0.040**	0.403*
	(1.75)	(2.09)	(1.81)
Digital	0.739***	0.734***	−3.545***
	(4.46)	(4.42)	(−12.55)
控制变量	是	是	是
个体固定效应	是	是	是
时间固定效应	是	是	是
N	339 919	339 919	339 705
R²	0.717	0.717	0.701

二、适宜性技术的配套作用

尽管人工智能对出口高质量发展的促进作用得以证实，但是不容忽视的是，在现实经济生活中，技术进步是一个"优胜劣汰，适者生存"的过程，只有在引进技术或者开发新技术时与相应的要素禀赋相匹配，具有适宜性技术环境，方可实现技术进步的收益最大化。尤其是在当今工业互联互通时代，处于核心地位的人工智能技术不可能"单打独斗"，其对出口高质量发展的促进作用依赖于一定的技术条件，需要与以数字化为代表的适宜性技术相互关联，相互配合，相辅相成。例如，课题组在青岛乾程科技等企业调研时，企业负责人曾明确指出，随着工业机器人的规模性应用，以及计算机视觉、机器学习和新的传感能力给机器人安装成本带来的"福音"，工业机器人的市场价格不断下降，甚至国产的单一搬运功能机器人售价仅为 5 万元。但是，该企业在个别岗位上并未采取"机器换人"，其原因在于：一方面，机器人的功能发挥需要工业互联网平台等一系列适应性技术的配套；另一方面，配套和集成一台机器人的成本依然居高不下，且往往需要有进口工业软件的配套。由此可见，人工智能对出口规模的促进效应往往依赖于一定的软件配套，离开了相应的适宜性技术，"单打独斗"的人工智能无法构筑出口竞争优势。企业只有充分把握人工智能与适宜性技术之间的依存关系，才能全面发挥人工智能的贸易增益作用。

（一）适宜性技术的调节作用

在"两化融合"的工业互联网时代，数字化技术作为新一代适宜性技术，已经初登舞台。本节参考张晴和于津平（2021）、刘斌和赵晓斐（2020）等的做法，运用投入产出方法测算行业数字化投入水平，将数字化投入水平作为适宜性技术的代理变量，具体分为绝对指标（*diginput*）和相对指标（*digratio*）两种。其中，绝对指标用于刻画行业对数字化要素的投入情况，用行业对数字化部门的直接消耗系数来衡量；相对指标用于刻画数字投入在所有投入要素中的相对作用，用行业完全消耗的数字化投入与总投入的比值表示。

表 9-6 将适宜性技术的绝对指标与相对指标分别与核心解释变量 *Robot* 相乘，以检验行业适宜性技术的外部调节作用。估计结果显示，无论采用适宜性技术的绝对指标还是相对指标，其交互项系数（*Robot×diginput* 或 *Robot×digratio*）均显著为正，说明行业适宜性技术的发展水平越高，人工智能对出口高质的发展的促进作用就越易实现。可能的原因是，在完善的市场中，更加适宜的数字化技术与工业机器人相互配合可以实现更高的生产率（孔宪丽等，2015），更加有利于扩大企业出口规模。

表 9-6 　适宜性技术的调节作用

变量	绝对指标 (1)	相对指标 (2)
Robot×diginput	3.188** (2.520)	
Diginput	−2.985*** (−3.98)	
Robot×digratio		1.091** −2.32
Digratio		−0.403*** (−3.15)
Robot	0.129*** (3.530)	0.106** (2.440)
控制变量	是	是
个体固定效应	是	是
时间固定效应	是	是
N	361 717	359 216
R^2	0.713	0.713

（二）企业适应能力的异质性

适宜性技术能否与工业机器人产生良好的配合，不仅取决于行业的适宜性技术水平，还取决于企业自身对适宜性技术的适应能力，即企业对技术的消化吸收能力决定了技术选择的可行域。基于此，本节选择从企业是否进口适宜性技术产品和企业适应年限长度两方面描述企业的适应能力，以考察企业适应能力如何影响适宜性技术的调节作用。

一方面，本节以企业进口数字产品量作为适应能力的代理变量之一，并参照刘佳琪和孙浦阳（2021）对数字产品的划分标准，首先使用 Python 爬取相关关键词的商品名称，得到相关数字化产品的 HS10 编码，然后将转码后的数字化产品编码与海关数据库匹配，最终获得数字化产品的进口信息。根据企业是否进口适宜性产品，出口企业可以划分为两类：进口适宜性产品企业和未进口适宜性产品企业。表 9-7 的分组检验结果显示，无论是采用绝对指标还是相对指标，交互项系数只在进口适宜性产品的组别中显著为正，说明行业适宜性技术只对适应能力强的企业产生正向调节作用，换言之，企业适应能力越强，越有助于发挥适宜性技术对工业机器人贸易效应的正向调节作用。

表 9-7　是否进口适宜性技术产品

变量	进口 (1)	未进口 (2)	变量	进口 (3)	未进口 (4)
（A）绝对指标			（B）相对指标		
Robot×diginput	2.429*	37.567	Robot×digratio	0.986**	6.365
	(1.910)	(1.470)		(2.070)	(0.890)
diginput	−1.711**	−6.140***	digratio	0.024	−0.911***
	(−1.980)	(−3.400)		(0.150)	(−3.670)
Robot	0.139***	0.455	Robot	0.111**	0.496
	(3.730)	(1.470)		(2.530)	(1.540)
控制变量	是	是	控制变量	是	是
个体固定效应	是	是	个体固定效应	是	是
时间固定效应	是	是	时间固定效应	是	是
N	254 660	88 297	N	252 892	87 661
R^2	0.716	0.760	R^2	0.716	0.760

另一方面，本节还采用适应年限来反映企业的适应能力，其中企业适应年限定义为企业首次进口工业机器人与首次进口适应性产品的时间间隔，适应年限越短，适应能力越强。根据适应年限的中位数，我们将企业划分为适应年限长和适应年限短两组。表 9-8 的分组结果显示，在适应年限短的组别中，无论是采用绝对指标还是相对指标，行业适宜性技术水平均能正向调节企业出口规模。究其原因，适应能力强的企业，其对新技术的消化吸收速度更快，企业应用工业机器人后能够更加迅速地调整生产模式，减少"机器换人"的过渡成本，有利于改善企业的出口规模。

由此可见，适宜性技术不仅正向调节了工业机器人应用对企业出口高质量发展的影响，而且只对适应能力强的企业具有显著的促进作用。人工智能对于出口高质量发展的效应发挥，往往依赖于一定的配套性技术，这也表明完善与工业机器人有关的配套基础设施，推进数字化产业的发展，是人工智能助力贸易高质量发展的必不可少的一环。

表 9-8　出口企业适应年限的长短

变量	长 (1)	短 (2)	变量	长 (3)	短 (4)
（A）绝对指标			（B）相对指标		
Robot×diginput	4.269***	3.109	*Robot×digratio*	0.244	1.706**
	(3.120)	(1.530)		(0.490)	(2.410)
diginput	−4.029***	1.382	*digratio*	−1.139***	0.439**
	(−3.95)	(0.900)		(−6.69)	(2.080)
Robot	−0.030	0.216***	*Robot*	0.001	0.154**
	(−0.800)	(3.450)		(0.030)	(2.370)
控制变量	是	是	控制变量	是	是
个体固定效应	是	是	个体固定效应	是	是
时间固定效应	是	是	时间固定效应	是	是
N	213 411	139 048	N	211 410	138 606
R²	0.750	0.730	R²	0.751	0.730

三、技能性员工的配套作用

人工智能在促进出口高质量发展的过程中，创造出了更多的工作岗位，并对员工的技能性提出了更高的要求。具体来说，在出口企业应用工业机器人时，需要更多的员工对工业机器人进行编程和维护保养，据统计，仅仅是工业机器人系统操作员，就可以创造出 500 万新岗位。[①]

为了检验技能性员工对人工智能促进出口高质量发展的配套作用，本节采用当地信息传输，计算机服务和软件业从业人员数（*Emp*）来反映出口企业所在地市的技能性员工供给情况，数据来自《中国城市统计年鉴》，并在基准回归式（9-1）的基础上加入该调节变量和工业机器人应用流量的交互项（*Robot×Emp*），回归模型如下：

$$Index_{it} = \beta_0 + \beta_1 Robot_{it} + \beta_2 Robot_{it} \times Emp_{jt} + \beta Emp_{jt} + \delta Control_{it} + \psi_i + \mu_t + \varepsilon_{ijt} \tag{9-5}$$

其中：所有变量符号与式（9-4）相同。

表 9-9 第（1）～（3）列的估计结果表明，无论核心解释变量采用工业机器人流量、存量还是金额，出口企业所在省份的 ICT 行业从业人员和机器人

---

① 贾丽. 机器人工程技术人员缺口达 500 万人，门槛高难度大供给不易[N]. 证券日报，2022-09-26.

的交乘项（*Robot×Emp*）均对人工智能的出口高质量发展效应产生了显著的助推作用，证实了技能性员工作为软件配套的重要性。

表 9-9　技能性员工的配套作用

变　　量	机器人进口流量 (1)	机器人进口存量 (2)	机器人进口金额 (3)
Robot	0.069	0.007	0.041***
	(1.63)	(0.93)	(3.17)
Robot × Emp	1.608***	0.296***	0.348***
	(2.97)	(3.20)	(3.77)
Emp	3.363***	3.348***	−0.641**
	(14.90)	(14.96)	(−2.34)
控制变量	是	是	是
个体固定效应	是	是	是
时间固定效应	是	是	是
N	316 413	316 413	316 166
R^2	0.724	0.724	0.703

注：囿于《中国城市统计年鉴》个别年份的数据缺失，此表的样本区间为 2003—2015 年。

第三节　人工智能促进出口高质量发展的硬件配套

如前所述，人工智能在生产中的运用主要是通过工业机器人实现的。工业机器人既是工业产品，又是集机械、电子、传感器、人工智能等多学科技术于一体的智能装备，是制造业高质量发展必需的"生产资料"。这也意味着，在人工智能促进出口高质量发展的过程中，首当其冲的是中国出口企业能够获取价格适宜、功能强大的工业机器人，并以此作为智能化生产过程中所需的硬件设备。

一、国产机器人配套难题的严峻性

从现实情况来看，中国企业目前所采用的工业机器人主要以进口为主，且进口价格居高不下。在人工智能应用早期，根据前文对 2000—2015 年中国海关进出口数据库中工业机器人价格的计算，单一功能工业机器人（如喷涂机器人、焊接机器人和搬运机器人）的进口均价约为 9 万美元/台；多功能工业机器人约为 26 万美元/台，而更多功能、更高精度机器人（如激光焊接机器人）的进口均价超过 30 万美元/台。即使在人工智能不断普及的今天，情况依然不容乐观。2020 年，中国工业机器人出口金额约为 2.24 亿美元，进口金额约为 9.83 亿美元，2021 年进口金额更是达到历史峰值（21.96 亿美元），工业机器人主要依赖进口的格局并未发生改变。与此同时，尽管 2020 年中国工业机器人出口均价约为 0.32 万美元/台，进口均价约为 1.66 万美元/台，但是中国出口产品多为中低端产品，90%的国产机器人企业都处在机器人产业链的下游环节，高端产品对外依存度依然较大。

　　由此可见，中国出口企业在生产中主要采用的人工智能——工业机器人（特别是高端激光机器人和多功能机器人），面临着硬件配套不尽如人意的尴尬局面。如果高度依赖进口，那么正如现实情况所折射出的，机器人进口价格高昂，大约是国产出口价格的 5 倍以上，对出口企业而言是一笔不菲的生产成本支出。从第九章的研究结果也可以看出，高昂的进口价格在一定程度上阻碍了工业机器人在出口企业中的应用，导致人工智能对出口高质量发展的促进作用大打折扣。如果转而高度依赖国产机器人，情况同样不理想：其一，中国出口的机器人产品多为中低端产品，高端产品仍然严重依赖进口。据 IFR 统计，虽然 2020 年中国的机器人安装量增长了 20%，出货量为 168 400 台，是有记录以来单个国家的最高数值，但是中国机器人制造商国内市场份额仅为 27%（45 000 台）[①]，中国工业机器人行业在汽车制造、3C 电子等高端应用领域的需求，主要还是依赖"四大家族"等海外公司的产品。其二，尽管国产机器人的单价看似不高，但是全程集成费用居高不下。以国产自动化搬运机器人为例，其系统集成及整体方案的价格动辄上百万元，这对于从事服装、纺织、玩具、皮革、家具等传统劳动密集型产业的中小出口企业而言难以承受。其三，如表 9-10 所示，中国超过 66%的工业机器人企业，其出口持续时间甚至不足 1 年；仅有不足 5.2%的企业出口持续时间可以达到 5 年及以上。换言之，能够提供国产机器人的中国企业，其较短的出口持续时间，是其生存状况堪忧的一个真实写照，也是其难以为出口企业持续提供国产机器人产品的一个隐忧。

表 9-10　国产机器人企业生存函数的估计：总体估计

生存时间/年	观测数	退出数	丢失数	生存率	标准差	95%的置信区间	
1	15 574	9462	844	0.3924	0.0039	0.3848	0.4001
2	5268	2447	229	0.2102	0.0034	0.2035	0.2169
3	2592	1027	108	0.1269	0.0029	0.1213	0.1326
4	1457	529	119	0.0808	0.0024	0.0761	0.0857
5	809	225	75	0.0583	0.0022	0.0542	0.0627

　　资料来源：中国工业企业数据库和中国海关数据库，并由作者统计得出。

　　注：K-M 生存分析，限于篇幅仅展示前 5 期，其余年限留存备索。

---

① 数据来源：IFR 发布的《2021 年全球工业机器人报告》。

从根源上讲，中国国产机器人起步时间晚，自主创新基础弱，而在其起步阶段，又不得不面临激烈的进口竞争，这是造成国产机器人企业难以提供配套高端机器人产品的重要原因。

（一）起步时间晚

中国国产机器人生产企业起步较晚，在以"四大家族"为首的龙头集团早早占据全球绝大部分市场份额的情形下，难以与之抗衡。据统计，目前德国库卡（Kuka）、瑞士 ABB、日本发那科（Fanuc）和安川电机（Yaskawa）四大厂商牢牢占据着工业机器人领域的第一梯队，其营业收入不断增长；"四大家族"在全球市场的占有率约为 50%[①]，在中国市场的占有率达 36.64%[②]。这种市场状况，会导致部分出口企业形成"路径依赖"，习惯使用国外品牌，特别是使用量大、对设备品质要求最高的汽车制造和 3C 电子行业。若中国国产机器人企业长期失去市场和应用机会，会阻碍技术积累，与国外的技术差距进一步拉大，国产机器人生产企业更加举步维艰。

（二）自主创新弱

企业技术创新是决定企业竞争力的重要因素，反映企业在产品开发和创新方面的有效性（Lumpkin，Dess，1996）。企业的技术创新能力越强，越能在激烈的竞争中占据一席之地；只有不断创新的企业，才能获得更多的生存空间。但从目前国产机器人企业来看，有喜有忧。

所谓"喜"，是指中国工业机器人产业作为实现智能制造、推动制造业转型升级的有力抓手，已进入爬坡过坎的关键期。如表 9-11 所示，部分国产企业，如埃斯顿、华数机器人、广州数控等，已经在运动控制器、伺服电机、伺服驱动器等机器人关键零部件上取得了自有技术。

所谓"忧"，是指高端供给缺乏、部分核心零部件依赖进口，是中国工业机器人产业发展面临的一个主要问题。根据《中国机器人产业发展报告（2021年）》，目前中国工业机器人核心零部件市场主要被日本、欧美企业占据，如精密减速机、伺服电机等；在软件方面，国产品牌在稳定性、响应速度、易用性等方面，均与国外先进产品存在一定差距。

[①] 前瞻产业研究院. 中国工业机器人行业产销需求预测与转型升级分析报告[EB/OL].（2019-07-15）[2023-06-08]. https://www.qianzhan.com/analyst/detail/220/190715-46aaff62.html.

[②] 2020 年发那科仍位居第一，市场份额约为 14%；第二位为日本企业爱普生，其市场份额约为 9.5%；随后是 ABB（8.93%）、安川（7.71%）和库卡（5.99%）。

表 9-11　　国产机器人企业的零配件技术

国产企业	运动控制器	伺服电机	伺服驱动器	减速器	机器人本体	系统集成
埃斯顿	自有技术	自有技术	自有技术	半进口/半国产	自有技术	自有技术
汇川技术	自有技术	自有技术	自有技术	半进口/半国产	自有技术	无
埃夫特	自有技术	进口	自有技术	半进口/半国产	自有技术	自有技术
新松机器人	半自主/半国产	半自主/半国产	进口	半进口/半国产	自有技术	自有技术
华数机器人	自有技术	自有技术	自有技术	半进口/半国产	自有技术	自有技术
拓斯达	进口/刚突破	进口/刚突破	进口/刚突破	半进口/半国产	自有技术	自有技术
新时达	半自主/半国产	进口	自有技术	半进口/半国产	自有技术	自有技术
固高科技	自有技术	无	自有技术	半进口/半国产	无	无
广州数控	自有技术	自有技术	自有技术	半进口/半国产	自有技术	自有技术

（三）进口竞争强

　　中国国产机器人生产企业面临着严峻的进口竞争压力。根据赵伟康和綦建红（2021）的研究结果，进口竞争对本土低效率机器人出口企业造成的负向规模效应超过了正向的激励效应，阻碍了全要素生产率的增长（简泽等，2014），不利于国产机器人企业的生存。但是值得注意的是，激烈的进口竞争对多样化程度高的企业影响并不显著，体现出各类机器人产品之间的互补性，多种机器人产品之间构建了稳定的销售渠道，以抗击企业面临的激烈竞争，分散产品经营的风险。同时，当机器人产品为企业的边缘产品，在所有产品范围中核心程度较低时，进口竞争的加剧使企业的生存概率进一步降低。换言之，产品多样化程度低、且机器人产品核心地位低的国产企业，更容易遭受进口竞争的冲击。

（四）供需不适配

　　课题组在山东和安徽等省的调研结果还发现，企业"卖不掉"和"买不起"的问题并存。国产机器人企业十几年以来的崛起，冲击了"四大家族"的垄断地位，拉低了产品价格。但是，在国产价格和进口价格趋近的同时，中国制造业出口企业往往会优先选用"四大家族"的机器人产品，导致国产机器人企业的产品面临"卖不掉"的境地。对于部分中小微出口企业而言，由于国产工业机器人往往以系统集成而不是单台出售，中小微出口企业若想升级出口生产线，就需要投入巨额资金，不得不面临"买不起"的境地。

二、国产机器人配套作用的模拟结果

　　尽管中国国产机器人在提供硬件配套方面面临一系列难题，但是愈加清晰的发展蓝图是，中国国产机器人必须全产业链创新发展，不断拓展应用场景，逐渐以更多价格适宜、功能强大的国产机器人来替代进口机器人。

为了进一步量化模拟在人工智能促进出口高质量发展过程中，国产机器人配套所发挥的重要作用，本章采用面板数据的双向固定效应模型进行情境模拟，并同时控制时间固定效应和企业固定效应。其中，被解释变量为企业层面的出口高质量发展综合指数（Index），来自本章第一节的测算结果；核心解释变量分别采用以 HS8 位码统计的国产机器人流量、存量和金额来模拟国产机器人应用场景不断拓展、逐渐替代价格高昂进口机器人的场景。同时，参考符大海和鲁成浩（2021）、李坤望等（2015）的做法，选取企业规模（Size）、企业年龄（Age）、企业资产负债率（Lev）和企业资本密集度（KL）作为控制变量。

根据课题组在山东、安徽等省的调研结果，出口大企业更偏爱进口机器人，导致国产机器人"卖不了"；而中小微出口企业囿于经济实力约束，对集成成本较高的国产机器人有可能"买不起"。为此，本章还按照企业规模的中位数，将样本出口企业分为大企业和中小企业进行分组模拟，观察如果国产机器人能够做到价格适宜、功能齐全，并越来越多地替代进口机器人，应用场景的增加将对这两组企业的出口高质量发展指数带来何种差异化影响。

为了形象展示国产机器人应用场景的增多对出口高质量发展的影响，本书使用 MATLAB 建立回归方程，选定实证估计系数，将国产机器人的流量、存量、金额的取值范围标准化为 0～30，模拟出估计结果，如图 9-3 所示。

在图 9-3 的（a）、（b）和（c）中，横轴分别为国产机器人流量、存量和金额，纵轴均为出口高质量发展指数，而方块线、圆圈线、三角形和菱形线分别反映基本情境模拟、无控制变量模拟、大企业样本模拟、中小企业样本模的四种结果。从图 9-3 中可以发现，无论核心解释变量是国产机器人流量、存量还是金额，基准情境与无控制变量情境的结果差异不大，均表现为显著的正向影响。在企业规模异质性分析中，中小出口企业在更多应用国产机器人后，其曲线均位于大企业和基准情境之上，且曲线更为陡峭，这表明相较于大规模出口企业，中小企业如果能够采用价格更低、功能更齐全的国产机器人，将对出口高质量发展带来更加明显的促进效果。

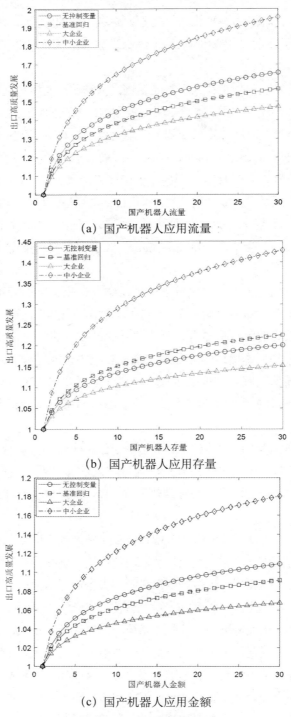

（a）国产机器人应用流量

（b）国产机器人应用存量

（c）国产机器人应用金额

图9-3　加大国产机器人配套的效果模拟

第四节　本章小结

首先，本章采用熵权-TOPSIS方法测算了中国企业出口高质量发展综合指数，然后据此对人工智能如何影响出口高质量发展作出总体判断。研究结果表明，中国企业的出口高质量发展水平在样本期内虽有波动，但总体呈上升趋势，体现出中国正在努力迈向"质量强国"和"贸易强国"。同时，以工业机器人为代表的人工智能应用显著促进了出口高质量发展。在本章样本中，在控制所有变量和固定效应的情形下，出口企业当年应用工业机器人的数量每增加1%，则该企业的出口高质量发展指数显著提高16.7%。

其次，从软件配套入手，分别考察企业所在地的数字经济发展、适宜性技术和技能性员工对人工智能促进出口高质量发展的调节作用。研究结果表明，人工智能显著促进了中国企业的出口高质量发展，与前面五个细分维度的检验结果保持一致；出口企业所在省（区、市）的数字经济发展水平越高，进口的数字技术产品越多，可供给的技能性员工越多，人工智能对中国企业出口高质量发展的促进作用就越明显，彰显人工智能技术不能"单打独斗"，进行相关软件配套的重要性。

最后，从硬件配套入手，通过在山东、安徽等省的调研，指出中国国产机器人企业在提供硬件配套方面所面临的严峻难题及其成因。在此基础上，本章采用数值模拟的方法，模拟了国产工业机器人应用增加对于出口高质量发展综合指数的动态影响，强调了中国要有能力自主提供价格适宜、功能强大的国产工业机器人，这一点对于中小出口企业而言尤为重要。

第十章　人工智能助力出口高质量发展的结论与建议

第一节　全书主要结论

本书以推进中国出口高质量发展为主题，以重塑贸易新竞争优势为目标，考察了方兴未艾的人工智能对中国出口高质量发展各个维度的影响及其作用机制，主要结论总结如下。

其一，以最低工资制度为例，本书讨论了中国劳动力市场的变化是中国企业加快应用人工智能的现实原因之一。研究发现，最低工资政策增加了企业用工成本，加强了政策遵从力度，显著促进了工业机器人在中国企业的普及与应用；同时，最低工资对工业机器人应用的促进作用，在大规模企业、平均工资较低的企业、自动化程度高和劳动密集型的行业中更为显著，且对南方城市的促进作用高于北方城市，对超大特大城市的促进作用高于其他城市；换言之，这些地区和企业更容易成为工业机器人应用的主战场，是人工智能推进出口高质量发展的良好观测样本。

其二，在出口高质量发展的重要基础——出口规模增长方面，工业机器人应用对企业出口规模具有显著的正向效应，且在外资企业、加工贸易企业和资本密集型企业中更为显著；工业机器人应用可以通过提高生产率和降低生产成本（特别是可变成本）实现企业出口规模的增长。

其三，在出口高质量发展的直接体现——出口产品质量方面，本书通过观察行业质量阶梯，发现以工业机器人为代表的人工智能，通过增加中间品使用、提高生产率和改变资本密集度等渠道，缩短了行业质量阶梯，提升了行业产品质量。但是，侵蚀性竞争在工业机器人影响行业质量阶梯的过程中发挥了负向的调节作用，即随着侵蚀性竞争的加剧，工业机器人的提质效应不断减弱；同时，由于侵蚀性竞争的存在，工业机器人的使用会导致高质量产品更多地出口至地理距离更近的邻近地区，这一现象在接近质量前沿的国家更加突出，最终可能产生高质量产品在区域上的产销集中现象。观察出口企业的产品质量，则可以发现工业机器人的使用显著提升了中国企业的出口产品质量，且这一提升作用主要是通过提升全要素生产率和降低企业边际成本的途径来实现的。在此基础上，基于动态视角的拓展研究进一步发现，工业机器人的使用将会带来贸易拓展效应，但新建贸易关系的产品质量相对较低；还会带来市场份额的重新分配，低质量的产品将从中高质量产品的手中抢夺份额，引发激烈的竞争效应；而率先使用工业机器人的先行企业获得的提升效果远高于平均水平，存在明显的先发优势。

其四，在出口高质量发展的资源配置——出口产品范围方面，工业机器人应用显著促进了多产品企业出口产品范围的扩大，且这种促进作用在劳动密集型产品出口企业、资源集中型企业和非国有企业中尤为突出；与已有研究不同，本书还发现工业机器人应用对出口产品范围的调整，不仅是通过生产率提高效应和成本节约效应实现了效率提升，而且通过绿色减排效应和产品质量效应实现了质量提升，后者在长质量阶梯企业中十分明显；工业机器人应用的新增产品范围既来自旧产品，也来自同行业的新产品，面对如此激烈的同业竞争，工业机器人应用企业更加偏好质量竞争策略，进一步推动了出口产品范围的扩大。

其五，在出口高质量发展的贸易利得——出口的国内附加值方面，首先，从国家层面看，以工业机器人为代表的人工智能有利于各国各行业全球价值链分工位置的攀升，既存在"独善其身"的促进效应，也存在"兼济天下"的溢出效应，为人工智能提高出口贸易利得奠定了基础。其次，从行业层面看，在工业机器人应用初期，得益于生产率提高效应，人工智能显著扩大了出口增加值规模，但对出口国内附加值率无益；随着工业机器人的普及，其成本降低效应和质量提升效应逐渐显现，出口国内附加值率不断提高。同时，上游行业的工业机器人投入还对下游行业的出口增加值产生了"涟漪效应"，但是这种正向促进作用在现阶段仍然依赖于成本降低型竞争，而非产品质量提升型竞争。最后，在企业层面，企业使用工业机器人通过降低进口中间品占比和提高成本加成，有助于出口国内附加值率的提升，且对非加工贸易企业和外资企业而言，提升效果更为显著；尽管同行业内其他企业使用工业机器人会产生同业竞争效应，对部分低竞争力企业带来明显的个体负面效应，但是放眼整个行业，工业机器人应用可以通过集约边际效应和再配置效应，提升整个行业的出口国内附加值率。

其六，在出口高质量发展的可持续性——出口企业绿色减排方面，工业机器人应用通过提高出口企业研发创新、提升治污能力和降低污染产品范围等渠道，显著降低了企业以 SO_2 为代表的污染排放数量与排放密度，有利于高质量出口的可持续发展。值得强调的是，尽管工业机器人应用初期，囿于工业机器人本身高昂的进口价格与购置成本，出口企业利润出现了下降的情形，但是随着工业机器人的成本分摊和优势显现，从长期看出口企业利润将由负转正，并获得长期的持续性增加。这也意味着，如何缓解初期的工业机器人购置成本问题，将成为出口企业是否采用工业机器人发挥减排效应、促进出口高质量发展的关键点之一。

其七，在出口高质量发展总体判断方面，本书采用熵权-TOPSIS 法，将出口规模增长、出口产品质量、出口产品范围、出口国内附加值和出口企业绿色减排构建为出口高质量发展综合指数，实证结果依然表明人工智能对出口高质量发展具有显著的助力作用。

其八，人工智能助力出口高质量发展需要一系列配套保障。在软件配套方面，出口企业所在省（区、市）的数字经济发展水平越高，进口的数字技术产品越多，可供给的技能性员工越多，人工智能对中国企业出口高质量发展的促进作用就越明显，彰显了人工智能技术不能"单打独斗"、进行相关软件配套的重要性。在硬件配套方面，人工智能在生产中的运用主要是通过工业机器人实现的，故在人工智能促进出口高质量发展的过程中，首当其冲的是中国企业能够提供价格适宜、功能强大的国产工业机器人，这一点对于中小出口企业而言尤为重要。

第二节　政策建议与启示

上述研究结论表明，在新一轮科技革命方兴未艾之际，中国应抓住这一重大机遇，将人工智能更多地运用于更多行业和出口企业，这不仅是应对劳动力成本不断攀升的有效举措，更是推动出口高质量发展的重要动力。因此，为了有序推进中国企业智能化，培育贸易竞争新优势，实现贸易高质量发展目标，本书从政府和企业层面出发，提出如下政策建议与启示。

一、政府层面的政策启示

在未来的国际竞争中，随着工业 4.0 观念普及和人工智能迅猛发展，全球范围内自动化和智能化进程不断加速，工业机器人正在向越来越多的应用领域渗透，高效率、大规模的智能化生产将成为主流。毫无疑问的是，中国应加快人工智能的普及进程，逐步实现贸易从量变到质变的飞跃，这是各级政府出台政策的基本出发点。

（一）"早应用，早受益"

本书第五章和第六章的研究结论表明，人工智能既提升了出口产品质量和扩大了出口产品范围，又带来了"侵蚀性竞争"和"拥挤效应"。尽管如此，企业引入工业机器人依然是"占优决策"，鼓励出口企业更早将工业机器人引入生产，可能会在"拥挤效应"出现之前，从技术更新中获取更大的收益。因此，各级政府需高度重视人工智能之于出口高质量发展的重要意义，尽早普及与推广，尽早获取更可观的贸易收益。考虑到出口企业初期购置和配套工业机器人费用不菲，且部分出口企业对人工智能设备应用方式存在盲区，各级政府可以考虑建立健全激励人工智能设备应用的政策体系，以保障企业顺利高效地应用人工智能技术，实现出口高质量发展。

其一，提供支持工业机器人应用的奖补。为充分发挥财政资金的引导作用，激励出口企业购置安装工业机器人的积极性，本书建议对当年购置机器人的企业，按照购买数量阶梯式给予相应购置金额15%～20%的奖励补贴，减轻出口企业使用工业机器人设备的成本，推动工业机器人在生产中的规模性使用。

其二，扩大人工智能应用的金融信贷支持。对于中小微出口企业符合条件的关键机器人设备等融资租赁项目，按照不超过5%的贴息或担保费用补助予以支持，降低中小微企业准入门槛，让其"用得起"和"用得好"人工智能；对于具有全局性、战略性，且获得项目贷款的人工智能类重大项目，按照不超过中国人民银行公布的同期中长期贷款市场报价利率（LPR）予以贴息，以减轻出口企业的资金压力，促进出口企业加快项目落地。

其三，强化人工智能应用企业的税收支持。出口企业在规定的期限内，新购进工业机器人设备单价不超过500万元的，给予当年一次性税前扣除优惠，认定为高新技术企业的，给予企业所得税15%的优惠税率，亏损结转年限按规定由5年延长至10年。

其四，提升人工智能应用的理论与实践支持。鼓励人工智能技术领先的国内外知名高校在战略性新兴产业集聚区组建国际一流的人工智能产业技术研究院，加强研究院专家对产业集聚区内出口企业的指导交流，为产业集聚区内出口企业提供高效、合理的人工智能技术应用方式，提高出口企业的生产效率。

（二）"注调控，保溢出"

首先，针对第五章和第六章发现的同一行业内人工智能应用所产生的竞争效应，政府可以出台适当的政策调控，避免市场份额再配置过程中所产生的行业内垄断和过度竞争问题，处理好垄断与竞争的关系，缓解"拥挤效应"带来的边际效应递减。一方面，虽然促进市场充分竞争是实现帕累托改进的重要途径，但是这个过程尽量不要影响那些率先使用人工智能的、出口大企业的生产效率。已有研究发现，允许企业市场份额保持在相当水平可以发挥规模经济，即企业的垄断行为在一定程度上会增进"效率"，实现帕累托改进（王贵东，2017）；另一方面，本着兼顾公平与效率的原则，需要警惕和限制以头部超级明星企业为代表的垄断企业势力的过度扩张，发挥各种规制垄断势力的产业政策的作用，如《中华人民共和国反垄断法》和《公平竞争审查制度》等。

其次，第五章第二节研究发现，人工智能的应用还会带来市场份额的重新分配，低质量的产品将从中高质量产品的手中抢夺份额，引发激烈的竞争效应。对于各级政府而言，这一发现喜忧参半。一方面，推动产品质量升级，最终实现质的稳步提升与量的合理增长，是中国出口高质量发展亟须解决的重大问题。从这个意义上讲，各级政府鼓励应用人工智能，有利于发挥其对低质量企业的普惠包容性，缩小出口产品质量差距，加快整体质量阶梯的缩短，实现整体出口产品质量升级。另一方面，各级政府也要发挥监管职能，防止出口低质量企业投机性地进入出口市场，拉低总体出口质量水平，并将资源更大程度地配置给高质量发展企业。

最后，根据第七章的研究结论，人工智能具有明显的溢出效应或者"涟漪效应"，一个行业引入工业机器人，往往会带动上下游行业同时受益；一个率先应用人工智能的出口大企业，也往往会带动上下游出口企业同时受益。基于此，各级政府应注重发挥出口大企业对产业链上下游出口企业的引领带动作用。例如，依托率先应用人工智能的出口大企业组建技术联盟，与上下游出口企业协同创新，开放资源，开展供应链配套对接等。但是，溢出效应发挥与否往往取决于各行业的竞争程度。从根本上而言，只有加快建立全国统一大市场，打破地方保护和市场分割，打破行业垄断的藩篱，促进商品要素资源在更大范围内畅通流动，才能真正实现行业之间的相互受益。

（三）"重配套，重协同"

在软件配套方面，一方面，各地应以数据要素为核心，支持各地区数字经济的发展，提高劳动、资本和技术的资源配置效率。根据第九章的研究结论，各地数字经济的发展能够正向调节人工智能对出口高质量发展的促进作用，而数据要素是数字经济深化发展的核心引擎，因此要加快数据要素市场化流通，激活数据要素的潜能，建立健全数据要素市场规则，探索建立数据要素流通规则，培育发展数据交易平台。同时，推动数据要素融入劳动、资本、技术等传统生产要素，带动单一要素产生倍增效应，提升传统要素间的资源配置效率，驱动出口的高质量发展。另一方面，有关部门应完善与人工智能有关的适宜性技术配套，推进数字化产业的发展。第九章的研究结论还表明，人工智能的贸易效应发挥不仅依赖于一定的技术条件（特别是适宜性技术），而且依赖于一定的人员条件，这是因为，人工智能技术创造出的新工作岗位对技能要求往往较高，劳动力技能水平与新岗位的要求不匹配将限制人工智能的作用发挥。因此，各地政府应完善劳动力市场的培训与培养体系，确保出口企业中的劳动力和资本达到最优配置。支持高等院校开设数字经济、人工智能等相关专业，择优开展重点专业建设，给予高校资金、政策支持；鼓励技工院校与企业开展合作办学，定向培养出口企业的所需技能劳动力人才，按规定对定向培养生给予一定补助；大力引进国内外"高、精、尖"人工智能技术领军人才和科研团队携技术项目来各省地市创新创业，为出口企业提供相配套的人工智能技术及其应用条件。

在硬件配套方面，根据第八章和第九章的研究结论，现阶段中国的工业机器人主要依赖进口，且价格十分高昂，这对于从事服装、纺织、玩具、皮革、家具等传统劳动密集型产业的中小企业而言难以承受。其一，中国政府应明确工业机器人产业发展规划。通过落实产业振兴和技术改造、智能制造、工业强基等专项政策，积极培育一批机器人龙头企业，大力支持创新能力强、技术先进的机器人项目，将工业机器人产业打造成为实现智能制造、推动出口转型升级的有力抓手。其二，坚持机器人全产业链发展，加快完善机器人协同创新体系。为了促进国产企业在关键技术领域突破创新，政府应推动"政产学研用"和"海外并购"精准配合，综合施策，先解决工业机器人核心零部件"有没有"问题，再一步解决"优不优"问题，最后解决"自主不自主"的核心问题，形成机器人产、销、用"通路"，推动机器人产业迈向中高端。其三，在产业发展方面，采取必要措施避免低水平重复建设和恶性竞争。目前国产机器人行业已进入快速发展期，但同时出现了部分企业无序扩张、集中低端的局面。政府可通过产品质量要求、研发创新能力、销售和售后服务等条件规范行业秩序，鼓励关联度高、核心度低的生产企业进行内部产品转换，也鼓励不同的生产企业优势互补、资源共享，避免低水平重复建设。同时，充分发挥机器人行业组织的作用，通过行业组织建立有利于机器人研发、创新和有序竞争的行业规则，共同促进国产工业机器人产业发展，为人工智能促进出口高质量发展提供硬件配套。

二、企业层面的对策建议

从本质上说，以工业机器人为代表的人工智能，是一种具有替代技术特征的高价值固定资产。由于不同出口企业的规模实力、技术水平、市场势力和行业特征各有千秋，并非所有的出口企业都适合使用人工智能技术，且使用效果也不尽相同，因此出口企业应审时度势，制定适合自己的人工智能推广计划。

首先，"用还是不用"。无论是从第四～八章的异质性检验的结果来看，还是从课题组实地调研的结果来看，当前许多未使用人工智能的出口企业依旧能够凭借"量大利薄"的粗放型模式在国际市场生存，甚至拥有一定的优势。一方面，并非所有的出口企业都适合使用人工智能技术，不能"一刀切"；另一方面，随着人口老龄化和科技进步趋势的加强，现在不适合不等于未来不适合。因此，出口企业（特别是传统出口企业）应当在准确自我定位的前提下，敢于打破传统的生产模式，抓住当前人工智能普及的机遇期，努力在贸易拓展、产品竞争和先发优势等方面，尽早收获更多的智能化收益。

其次，"早用还是晚用"。根据第五章的研究结论，率先使用人工智能的出口企业往往可以获得一定的先发优势。因此，有条件的中国出口企业，特别是外资企业、加工贸易企业、资源分散型出口企业和资本密集型出口企业，应当尽快启动智能化改造进程，使之成为先应用、先受益的示范性企业。课题组在全国首个"互联网+"中小企业示范区——山东省青岛市即墨区调研的时候，发现即墨区云集了一大批服装行业的中小企业，人工智能的应用程度差异巨大。其中，以酷特科技为代表的出口企业，由于率先使用人工智能与虚拟现实（VR）相结合的技术，在大规模出口定制方面遥遥领先，不仅降低了出口成本，而且提高了出口货物产品质量和周转速度，为服装行业其他出口企业的智能化改造提供了一个范本，是"先应用、先受益"的一个典型例子。

最后，"怎么用、用什么"。课题组在调研的过程中发现，许多中小微出口企业深感人工智能技术昂贵，安装和集成成本高，有"买不起"的现实困境。正如第九章研究结论所表明的，人工智能对出口高质量发展的促进效应，首当其冲的是需要硬件配套。以工业机器人为例，国产工业机器人企业能够提供价格适中、功能强大的国产工业机器人。尽管中国的工业机器人安装数量和速度非常迅速，但是安装密度仍然相对落后，工业机器人主要依靠进口，价格高昂是造成安装密度低于新加坡、韩国等邻国的主要原因。固然，解决这个问题的关键在于，国产机器人企业必须强化自主创新意识，加大在机器人研发、技术人才培养等环节的研发投入力度，力争完成从依赖进口到自主生产转变，并以项目为抓手，打造具有竞争优势的差异化产品。同时，国产机器人企业应致力于发展多样化产品，减少与行业巨头的直接竞争；与同行业和上下游关联企业加强资源共享，提高企业内部产品的关联度，发展技术共享的关联产品，为直面进口竞争、为出口企业提供硬件配套奠定良好的竞争基础。但是，对于应用（特别是初次应用）机器人的出口企业来说，如何选择合适的机器人也是解决问题的关键点之一。一方面，机器人并非越贵越好。出口企业应当根据应用场合、有效负载、自由度、最大动作范围、重复精度、工作速度、本体重量、转动惯量、防护等级等一系列参数，来选择适合出口企业的工业机器人；另一方面，机器人并非进口优于国产。正如第九章所展示的，埃夫特、埃斯顿、新时达、广州数控、华数机器人、拓斯达、新松、钱江等国产品牌生产的机器人价格更优，也基本能满足中小微出口企业的需求；最重要的是，还有利于解决"卖不掉"和"买不起"的供需失配问题。

第三节　不足之处与研究展望

纵观全书，写作内容尚存在诸多不足，而这些不足之处也为未来研究提供了一些可供突破的空间。

一、人工智能不限于工业机器人

人工智能作为人类科学与技术文明的"巅峰之作"和"最后的发明"（Barrat，2013），被誉为21世纪三大尖端技术之一，是新一轮科技革命和产业变革的重要驱动力。与此同时，人工智能也是一个复杂且宽泛的范畴。中国信息通信研究院将其定义为"用机器模拟、实现或延伸人类的感知、思考、行动等智力与行为能力的科学与技术"。人工智能的发展日新月异，短短几十年，已经涌现出了机器学习、知识图谱、自然语言处理、人机交互、计算机视觉、生物特征识别和VR/AR等一系列人工智能技术。尽管人工智能在生产中的应用主要是通过工业机器人来实现的，但是我们必须认识到，工业机器人只是人工智能其中的一个分支。本书实证部分的人工智能数据，都是采用工业机器人数据作为代理变量，不能全面反映人工智能的普及与发展，这是本书的一大不足。

从未来的研究来看，可以考虑以人工智能专利数据作为整体人工智能技术水平的代理变量。具体来说，借鉴Raj和Seamans（2019）、薛澜等（2019）、尹志锋等（2023）的研究，将人工智能专利限定为专家系统、机器人、计算机视觉、机器学习、自然语言处理五大领域，这五大领域在人工智能技术中应用较为频繁，且更易嵌入生产、分配、交换和消费等经济活动环节。在此基础上，依据细分领域分别设置关键词，再基于人工智能关键词，从专利数据库进行搜索和识别企业申请的人工智能专利，从技术视角更为全面、精确地测度企业的整体人工智能技术水平。

二、人工智能不限于制造业应用

本书主要从企业层面出发，考察人工智能应用对出口企业高质量发展的影响及其作用机制。企业层面的数据主要来自2000—2015年的中国工业企业数据库和中国海关数据库的匹配数据，其中，中国工业企业数据库的样本范围为"全部国有及规模以上非国有工业企业"。这里的"工业"统计口径包括"国民经济行业分类"中的"采掘业""制造业""电力、燃气及水的生产和供应业"三个门类，尤以制造业为主（占90%以上）。这也反映了本书的第二个不足：一方面，本书追踪的企业数据区间多为2000—2015年，事实上，中国自2013年起已成为世界上应用安装工业机器人最多、增速最快的国家，因此现有的样本区间并不能反映2016年以来最新的发展状况；另一方面，本书考察的绝大部分场景都是人工智能对制造业出口企业的影响，仅在第五章和第七章从国家层面与行业层面出发，分别考察人工智能对行业质量阶梯和出口贸易利得的影响时，采用IFR和WIOD数据库，涉及教育、公共事业等少数服务业部门的工业机器人，在样本行业中的占比仅有20%左右，不能全面反映工业机器人在服务业出口高质量发展中的作用。

除了关注服务业，我们还应关注服务机器人的崛起。服务机器人是机器人家族中的一个年轻成员，但是不能否认的是，服务机器人的应用范围很广，主要从事维护保养、修理、运输、清洗、保安、救援、监护等工作。一方面，随着商业化的推进，全球商用服务机器人行业将迎来快速增长，预计2026年市场将超过300亿元人民币。2019—2022年，中国服务机器人相关企业数量增长296%，已经超过10万家；另一方面，中国商用服务机器人行业的出口近年来成为中国出口的新增长点，很多中国企业不仅喊出了"像出口冰箱一样出口服务机器人！"的口号，而且在行动上已经将其出口至加拿大、美国、西班牙、英国、意大利、匈牙利、波兰、新加坡、韩国等国家。

因此，未来对人工智能的研究不能仅仅局限于制造业，而应将服务业纳入研究视野，以最新的数据关注人工智能（包括服务机器人在内）对服务业出口高质量发展的影响。

三、人工智能不限于弱人工智能

人工智能按照智能程度划分，可分为弱人工智能（ANI）、强人工智能（AGI）和超级人工智能（ASI）。其中，ANI是指能够模拟出人类相应能力的程序，但不具备人类一样的理解力（意识、思维、自我意识等），工业机器人、

AlphaGo、智能语音机器人是弱人工智能的最好实例；AGI 是指有真正思维和意识的人工智能系统，Chat Generative Pre-trained Transformer（ChatGPT）的出现意味着自然语言处理领域的强人工智能技术已取得重要进展；ASI 是指在几乎所有领域都比最强的人类大脑聪明很多的智能。

　　显然，本书的研究还停留在弱人工智能阶段，这是本书的第三个不足之处。事实上，2022 年以来，ChatGPT 颠覆性创新技术的出现标志着人工智能发展已开始实质性迈入强人工智能阶段，有可能实现像"真正的人类"一样处理复杂的场景任务，也有可能对出口高质量发展带来史无前例的机遇和挑战。一方面，ChatGPT 等生成式人工智能，有可能大大提升工作效率，提高贸易便利化程度，为出口企业创造竞争优势；有可能通过终端设备的广泛连接、海量数据的存储积累、算力规模的指数级增长，引发产业组织形态变迁和产业结构转型调整；还有可能加快工业智能化转型，提高新产业新业态的集聚水平。另一方面，ChatGPT 等生成式人工智能，也有可能带来数据来源合规性、数据使用偏见性、生成虚假信息、知识产权争议、跨境数据流动等一系列问题，其对出口高质量发展的积极影响与负面效应，均值得深入探讨。

参 考 文 献

[1] 柏培文，张云. 数字经济、人口红利下降与中低技能劳动者权益[J]. 经济研究，2021（5）：91-108.

[2] 包群，叶宁华，王艳灵. 外资竞争、产业关联与中国本土企业的市场存活[J]. 经济研究，2015（7）：102-115.

[3] 蔡跃洲，陈楠. 新技术革命下人工智能与高质量增长、高质量就业[J]. 数量经济技术经济研究，2019（5）：3-22.

[4] 蔡跃洲，牛新星. 中国数字经济增加值规模测算及结构分析[J]. 中国社会科学，2021（11）：4-30.

[5] 蔡震坤，綦建红. 工业机器人的应用是否提升了企业出口产品质量——来自中国企业数据的证据[J]. 国际贸易问题，2021（10）：17-33.

[6] 陈东，秦子洋. 人工智能与包容性增长——来自全球工业机器人使用的证据[J]. 经济研究，2022（4）：85-102.

[7] 陈昊，闫雪凌，朱博楷. 机器人使用影响污染排放的机制和实证研究[J]. 中国经济问题，2021（5）：126-138.

[8] 陈彦斌，林晨，陈小亮. 人工智能、老龄化与经济增长[J]. 经济研究，2019（7）：47-63.

[9] 陈媛媛，张竞，周亚虹. 工业机器人与劳动力的空间配置[J]. 经济研究，2022（1）：172-188.

[10] 陈勇兵，李燕，周世民. 中国企业出口持续时间及其决定因素[J]. 经济研究，2012（7）：48-61.

[11] 陈永伟，胡伟民. 价格扭曲、要素错配和效率损失：理论和应用[J]. 经济学（季刊），2011（3）：1401-1422.

[12] 程文. 人工智能、索洛悖论与高质量发展：通用目的技术扩散的视角[J]. 经济研究，2021（10）：22-38.

[13] 戴翔，刘梦. 人才何以成为红利——源于价值链攀升的证据[J]. 中国工业经济，2018（4）：98-116.

[14] 段文奇，刘晨阳. 贸易便利化、企业异质性与多产品企业出口[J]. 国际贸易问题，2020（5）：72-88.

[15] 樊海潮，郭光远. 出口价格、出口质量与生产率间的关系：中国的

证据[J]. 世界经济，2015（2）：58-85.

[16] 符大海，鲁成浩. 服务业开放促进贸易方式转型——企业层面的理论和中国经验[J]. 中国工业经济，2021（7）：156-174.

[17] 符淼. 地理距离和技术外溢效应——对技术和经济集聚现象的空间计量学解释[J]. 经济学（季刊），2009（3）：1549-1566.

[18] 高翔，刘啟仁，黄建忠. 要素市场扭曲与中国企业出口国内附加值率：事实与机制[J]. 世界经济，2018（10）：26-50.

[19] 郭峰，王靖一，王芳，等. 测度中国数字普惠金融发展：指数编制与空间特征[J]. 经济学（季刊），2020（4）：1401-1418.

[20] 郭凯明. 人工智能发展、产业结构转型升级与劳动收入份额变动[J]. 管理世界，2019（7）：60-77.

[21] 郭凯明，王钰冰. 人工智能技术方向、时间配置结构转型与人类劳动变革远景[J]. 中国工业经济，2022（12）：33-51.

[22] 韩超，桑瑞聪. 环境规制约束下的企业产品转换与产品质量提升[J]. 中国工业经济，2018（2）：43-62.

[23] 韩峰，庄宗武. 国内大市场、人工智能应用与制造业出口国内附加值[J]. 世界经济研究，2022（5）：33-47.

[24] 何小钢，刘叩明. 机器人、工作任务与就业极化效应——来自中国工业企业的证据[J]. 数量经济技术经济研究，2023（4）：52-71.

[25] 何小钢，朱国悦，冯大威. 工业机器人应用与劳动收入份额——来自中国工业企业的证据[J]. 中国工业经济，2023（5）：98-116.

[26] 何宇，陈珍珍，张建华. 人工智能技术应用与全球价值链竞争[J]. 中国工业经济，2021（10）：117-135.

[27] 侯欣裕，陈璐瑶，孙浦阳. 市场重合、侵蚀性竞争与出口质量[J]. 世界经济，2020（3）：93-116.

[28] 胡翠，林发勤，唐宜红. 基于"贸易引致学习"的出口获益研究[J]. 经济研究，2015（3）：172-186.

[29] 胡馨月，黄先海，李晓钟. 产品创新、工艺创新与中国多产品企业出口动态：理论框架与计量检验[J]. 国际贸易问题，2017（12）：24-35.

[30] 黄亮雄，林子月，王贤彬. 工业机器人应用与全球价值链重构——基于出口产品议价能力的视角[J]. 中国工业经济，2023（2）：74-92.

[31] 黄群慧，余泳泽，张松林. 互联网发展与制造业生产率提升：内在机制与中国经验[J]. 中国工业经济，2019（8）：5-23.

[32] 黄先海，郭晶. 中国出口国内增加值提升的来源：基于微观数据的

结构分解[J]. 国际贸易问题，2019（10）：37-52.

[33] 黄先海，徐圣. 中国劳动收入比重下降成因分析——基于劳动节约型技术进步的视角[J]. 经济研究，2009（7）：34-44.

[34] 黄益平，黄卓. 中国的数字金融发展：现在与未来[J]. 经济学（季刊），2018（4）：1489-1502.

[35] 贾根良. 第三次工业革命与工业智能化[J]. 中国社会科学，2016（6）：87-106.

[36] 简泽，张涛，伏玉林. 进口自由化、竞争与本土企业的全要素生产率——基于中国加入 WTO 的一个自然实验[J]. 经济研究，2014（8）：120-132.

[37] 蒋灵多，陈勇兵. 出口企业的产品异质性与出口持续时间[J]. 世界经济，2015（7）：3-26.

[38] 蒋灵多，陆毅. 最低工资标准能否抑制新僵尸企业的形成[J]. 中国工业经济，2017（11）：118-136.

[39] 金祥义，戴金平. 有效信息披露与企业出口表现[J]. 世界经济，2019（5）：99-122.

[40] 金祥义，张文菲. 人工智能与企业出口扩张：贸易革命的技术烙印[J]. 国际贸易问题，2022（9）：70-87.

[41] 金祥义，张文菲. 人工智能发展与出口持续时间：稳出口效应存在吗？[J]. 世界经济研究，2023（4）：3-17.

[42] 孔高文，刘莎莎，孔东民. 机器人与就业——基于行业与地区异质性的探索性分析[J]. 中国工业经济，2020（8）：80-98.

[43] 孔宪丽，米美玲，高铁梅. 技术进步适宜性与创新驱动工业结构调整——基于技术进步偏向性视角的实证研究[J]. 中国工业经济，2015（11）：62-77.

[44] 李坤望，邵文波，王永进. 信息化密度、信息基础设施与企业出口绩效——基于企业异质性的理论与实证分析[J]. 管理世界，2015（4）：52-65.

[45] 李磊，王小霞，包群. 机器人的就业效应：机制与中国经验[J]. 管理世界，2021（9）：104-118.

[46] 李胜旗，毛其淋. 制造业上游垄断与企业出口国内附加值——来自中国的经验证据[J]. 中国工业经济，2017（3）：101-119.

[47] 廖冠民，陈燕. 劳动保护、劳动密集度与经营弹性：基于 2008 年《劳动合同法》的实证检验[J]. 经济科学，2014（2）：91-103.

[48] 林晨，陈小亮，陈伟泽，等. 人工智能、经济增长与居民消费改善：资本结构优化的视角[J]. 中国工业经济，2020（2）：61-79.

[49] 刘斌，王乃嘉．制造业投入服务化与企业出口的二元边际——基于中国微观企业数据的经验研究[J]．中国工业经济，2016（9）：59-74．

[50] 刘斌，顾聪．互联网是否驱动了双边价值链关联[J]．中国工业经济，2019（11）：98-116．

[51] 刘斌，赵晓斐．制造业投入服务化、服务贸易壁垒与全球价值链分工[J]．经济研究，2020（7）：159-174．

[52] 刘斌，潘彤．人工智能对制造业价值链分工的影响效应研究[J]．数量经济技术经济研究，2020（10）：24-44．

[53] 刘灿雷，王永进．出口扩张与企业间工资差距：影响与机制[J]．世界经济，2019（12）：99-120．

[54] 刘冲，张辉，吴群锋．进口竞争与企业产品专业化——基于中国多产品企业的研究[J]．国际贸易问题，2020（3）：22-39．

[55] 刘慧，綦建红．"邻居"对中国企业出口生存的影响有多大——基于信息溢出的视角[J]．财贸经济，2018（8）：96-125．

[56] 刘慧，綦建红．FTA网络的企业创新效应：从被动嵌入到主动利用[J]．世界经济，2021（3）：3-31．

[57] 刘佳琪，孙浦阳．数字产品进口如何有效促进企业创新——基于中国微观企业的经验分析[J]．国际贸易问题，2021（8）：38-53．

[58] 刘伟丽，陈勇．中国制造业的产业质量阶梯研究[J]．中国工业经济，2012（11）：58-70．

[59] 刘玉海，廖赛男，张丽．税收激励与企业出口国内附加值率[J]．中国工业经济，2020（9）：99-117．

[60] 刘子兰，刘辉，杨汝岱．最低工资制度对企业社会保险参保积极性的影响——基于中国工业企业数据库的分析[J]．经济学（季刊），2020（4）：1267-1290．

[61] 龙小宁，方菲菲，Chandra Piyush．美国对华反倾销的出口产品种类溢出效应探究[J]．世界经济，2018（5）：76-98．

[62] 陆菁，潘修扬，刘悦．劳动力成本、倒逼创新与多产品企业出口动态——质量选择还是效率选择[J]．国际贸易问题，2018（10）：67-83．

[63] 陆旸，蔡昉．从人口红利到改革红利：基于中国潜在增长率的模拟[J]．世界经济，2016（1）：3-23．

[64] 吕越，盛斌，吕云龙．中国的市场分割会导致企业出口国内附加值率下降吗[J]．中国工业经济，2018（5）：5-23．

[65] 吕越，尉亚宁．全球价值链下的企业贸易网络和出口国内附加

值[J]. 世界经济，2020（12）：50-75.

[66] 吕越，谷玮，包群. 人工智能与中国企业参与全球价值链分工[J]. 中国工业经济，2020（5）：80-98.

[67] 吕越，谷玮，尉亚宁. 人工智能与全球价值链网络深化[J]. 数量经济技术经济研究，2023（1）：128-151.

[68] 马述忠，吴国杰. 中间品进口、贸易类型与企业出口产品质量——基于中国企业微观数据的研究[J]. 数量经济技术经济研究，2016（11）：77-93.

[69] 马双，赖漫桐. 劳动力成本外生上涨与FDI进入：基于最低工资视角[J]. 中国工业经济，2020（6）：81-99.

[70] 毛其淋，许家云. 政府补贴、异质性与企业风险承担[J]. 经济学（季刊），2016（3）：1533-1562.

[71] 毛其淋，许家云. 外资进入如何影响了本土企业出口国内附加值？[J]. 经济学（季刊），2018（3）：1453-1488.

[72] 毛其淋，许家云. 贸易自由化与中国企业出口的国内附加值[J]. 世界经济，2019（1）：3-25.

[73] 毛其淋，盛斌. 劳动力成本对中国加工贸易规模及转型升级的影响[J]. 金融研究，2021（10）：59-77.

[74] 毛其淋，石步超. 工业机器人如何影响企业出口模式[J]. 国际贸易问题，2022（12）：38-53.

[75] 毛日昇，陈瑶雯. 汇率变动、产品再配置与行业出口质量[J]. 经济研究，2021（2）：123-140.

[76] 倪骁然，朱玉杰. 劳动保护、劳动密集度与企业创新——来自2008年《劳动合同法》实施的证据[J]. 管理世界，2016（7）：154-167.

[77] 聂辉华，江艇，杨汝岱. 中国工业企业数据库的使用现状和潜在问题[J]. 经济研究，2012（8）：142-158.

[78] 彭国华，夏帆. 中国多产品出口企业的二元边际及核心产品研究[J]. 世界经济，2013（2）：42-63.

[79] 綦建红，张志彤. 机器人应用与出口产品范围调整：效率与质量能否兼得[J]. 世界经济，2022（9）：3-31.

[80] 钱学峰，王胜，陈勇兵. 中国的多产品出口企业及其产品范围：事实与解释[J]. 管理世界，2013（1）：9-27.

[81] 邱光前，马双. 最低工资标准提高对企业出口结构的影响[J]. 世界经济文汇，2019（1）：17-39.

[82] 邵朝对, 苏丹妮. 产业集聚与企业出口国内附加值: GVC 升级的本地化路径[J]. 管理世界, 2019 (8): 9-29.

[83] 盛斌, 毛其淋. 进口贸易自由化是否影响了中国制造业出口技术复杂度[J]. 世界经济, 2017 (12): 52-75.

[84] 盛来运, 郑鑫, 周平, 等. 我国经济发展南北差距扩大的原因分析[J]. 管理世界, 2018 (9): 16-24.

[85] 施炳展, 王有鑫, 李坤望. 中国出口产品品质测度及其决定因素[J]. 世界经济, 2013 (9): 69-93.

[86] 施炳展. 中国企业出口产品质量异质性: 测度与事实[J]. 经济学 (季刊), 2013 (4): 263-284.

[87] 施炳展. 互联网与国际贸易——基于双边双向网址链接数据的经验分析[J]. 经济研究, 2016 (5): 172-187.

[88] 苏杭, 郑磊, 牟逸飞. 要素禀赋与中国制造业产业升级——基于 WIOD 和中国工业企业数据库的分析[J]. 管理世界, 2017 (4): 70-79.

[89] 苏丹妮, 盛斌, 邵朝对. 产业集聚与企业出口产品质量升级[J]. 中国工业经济, 2018 (11): 117-135.

[90] 孙楚仁, 张卡, 章韬. 最低工资一定会减少企业的出口吗[J]. 世界经济, 2013 (8): 100-124.

[91] 孙浦阳, 侯欣裕, 盛斌. 服务业开放、管理效率与企业出口[J]. 经济研究, 2018 (7): 136-151.

[92] 孙浦阳, 张龑. 外商投资开放政策、出口加工区与企业出口生存——基于产业关联视角的探究[J]. 经济学 (季刊), 2019 (2): 701-720.

[93] 孙天阳, 许和连, 王海成. 产品关联、市场邻近与企业出口扩展边际[J]. 中国工业经济, 2018 (5): 24-42.

[94] 孙伟增, 郭冬梅. 信息基础设施建设对企业劳动力需求的影响: 需求规模、结构变化及影响路径[J]. 中国工业经济, 2021 (11): 78-96.

[95] 孙早, 陈玉洁. 机器人角色、生产分割与生产方式转换[J]. 中国工业经济, 2023 (4): 5-23.

[96] 孙早, 侯玉琳. 工业智能化如何重塑劳动力就业结构[J]. 中国工业经济, 2019 (5): 61-79.

[97] 唐松, 伍旭川, 祝佳. 数字金融与企业技术创新——结构特征、机制识别与金融监管下的效应差异[J]. 管理世界, 2020 (5): 52-66.

[98] 唐宜红, 张鹏杨. 中国企业嵌入全球生产链的位置及变动机制研究[J]. 管理世界, 2018 (5): 28-46.

[99] 唐宜红, 张鹏杨. 全球价值链嵌入对贸易保护的抑制效应: 基于经济波动视角的研究[J]. 中国社会科学, 2020 (7): 61-80, 205.

[100] 田利辉, 张伟. 政治关联影响我国上市公司长期绩效的三大效应[J]. 经济研究, 2013 (11): 71-86.

[101] 田巍, 余淼杰. 中间品贸易自由化和企业研发: 基于中国数据的经验分析[J]. 世界经济, 2014 (6): 90-112.

[102] 铁瑛, 张明志, 陈榕景. 人口结构转型、人口红利演进与出口增长——来自中国城市层面的经验证据[J]. 经济研究, 2019 (5): 164-180.

[103] 王欢欢, 樊海潮, 唐立鑫. 最低工资、法律制度变化和企业对外直接投资[J]. 管理世界, 2019 (11): 38-51.

[104] 王林辉, 董直庆, 赵景. 人工智能技术对劳动就业存在涟漪效应吗?——来自中国行业层面的经验证据[J]. 经济研究工作论文, 2019.

[105] 王林辉, 胡晟明, 董直庆. 人工智能技术、任务属性与职业可替代风险: 来自微观层面的经验证据[J]. 管理世界, 2022 (7): 60-78.

[106] 王孝松, 吕越, 赵春明. 贸易壁垒与全球价值链嵌入——以中国遭遇反倾销为例[J]. 中国社会科学, 2017 (1): 108-124.

[107] 王雅琦, 张文魁, 洪圣杰. 出口产品质量与中间品供给[J]. 管理世界, 2018 (8): 30-40.

[108] 王永进, 施炳展. 上游垄断与中国企业产品质量升级[J]. 经济研究, 2014 (4): 116-129.

[109] 王永钦, 董雯. 机器人的兴起如何影响中国劳动力市场?——来自制造业上市公司的证据[J]. 经济研究, 2020 (10): 159-175.

[110] 魏方. 中国出口质量的空间分布、阶梯动态与结构分解[J]. 国际贸易问题, 2019 (1): 54-66.

[111] 魏浩, 王超男. 外国知识产权保护、产品组合调整与中国出口高质量发展[J]. 中国工业经济, 2023 (6): 81-98.

[112] 魏浩, 张宇鹏. 融资约束与中国企业出口产品结构调整[J]. 世界经济, 2020 (6): 146-170.

[113] 肖兴志, 何文韬, 郭晓丹. 能力积累、扩张行为与企业持续生存时间——基于我国战略性新兴产业的企业生存研究[J]. 管理世界, 2014 (2): 77-89.

[114] 谢康, 廖雪华, 肖静华. 效率与公平不完全相悖: 信息化与工业化融合视角[J]. 经济研究, 2021 (2): 190-205.

[115] 谢申祥, 刘培德, 王孝松. 价格竞争、战略性贸易政策调整与企业

出口模式选择[J]. 经济研究，2018（10）：127-141.

[116] 谢申祥，陆毅，蔡熙乾. 开放经济体系中劳动者的工资议价能力[J]. 中国社会科学，2019（5）：40-59，205，206.

[117] 谢绚丽，沈艳，张皓星，等. 数字金融能促进创业吗？——来自中国的证据[J]. 经济学（季刊），2018（4）：1557-1580.

[118] 许和连，王海成. 简政放权改革会改善企业出口绩效吗？——基于出口退（免）税审批权下放的准自然试验[J]. 经济研究，2018（3）：157-170.

[119] 许家云，佟家栋，毛其淋. 人民币汇率变动、产品排序与多产品企业的出口行为——以中国制造业企业为例[J]. 管理世界，2015（2）：17-31.

[120] 许家云，毛其淋，胡鞍钢. 中间品进口与企业出口产品质量升级：基于中国证据的研究[J]. 世界经济，2017（3）：52-75.

[121] 许健，季康先，刘晓亭，夏炎. 工业机器人应用、性别工资差距与共同富裕[J]. 数量经济技术经济研究，2023（9）：134-156.

[122] 许明，李逸飞. 最低工资政策、成本不完全传递与多产品加成率调整[J]. 经济研究，2020（4）：167-183.

[123] 许年行，李哲. 高管贫困经历与企业慈善捐赠[J]. 经济研究，2016（12）：133-146.

[124] 许宪春，张美慧. 中国数字经济规模测算研究——基于国际比较的视角[J]. 中国工业经济，2020（5）：23-41.

[125] 闫雪凌，朱博楷，马超. 工业机器人使用与制造业就业：来自中国的证据[J]. 统计研究，2020（1）：74-87.

[126] 闫志俊，于津平. 出口企业的空间集聚如何影响出口国内附加值[J]. 世界经济，2019（5）：74-98.

[127] 杨飞，范从来. 产业智能化是否有利于中国益贫式发展？[J]. 经济研究，2020（5）：150-165.

[128] 杨光，侯钰. 工业机器人的使用、技术升级与经济增长[J]. 中国工业经济，2020（10）：138-156.

[129] 易靖韬，蒙双. 多产品出口企业、生产率与产品范围研究[J]. 管理世界，2017（5）：41-50.

[130] 尹志锋，曹爱家，郭家宝，等. 基于专利数据的人工智能就业效应研究——来自中关村企业的微观证据[J]. 中国工业经济，2023（5）：137-154.

[131] 余静文，彭红枫，李濛西. 对外直接投资与出口产品质量升级：来自中国的经验证据[J]. 世界经济，2021（1）：54-80.

[132] 余玲铮，魏下海，孙中伟，等. 工业机器人、工作任务与非常规能力溢价——来自制造业"企业—工人"匹配调查的证据[J]. 管理世界，2021（1）：47-59.

[133] 余淼杰，李乐融. 贸易自由化与进口中间品质量升级——来自中国海关产品层面的证据[J]. 经济学（季刊），2016（2）：1011-1028.

[134] 余泳泽，张先轸. 要素禀赋、适宜性创新模式选择与全要素生产率提升[J]. 管理世界，2015（9）：13-31，187.

[135] 张峰，战相岑，殷西乐，等. 进口竞争、服务型制造与企业绩效[J]. 中国工业经济，2021（5）：133-151.

[136] 张杰，陈志远，刘元春. 中国出口国内附加值的测算与变化机制[J]. 经济研究，2013（10）：124-137.

[137] 张宁，张维洁. 中国用能权交易可以获得经济红利与节能减排的双赢吗？[J]. 经济研究，2019（1）：165-181.

[138] 张鹏杨，徐佳君，刘会政. 产业政策促进全球价值链升级的有效性研究——基于出口加工区的准自然实验[J]. 金融研究，2019（5）：76-95.

[139] 张晴，于津平. 制造业投入数字化与全球价值链中高端跃升——基于投入来源差异的再检验[J]. 财经研究，2021（9）：93-107.

[140] 张三峰，魏下海. 信息与通信技术是否降低了企业能源消耗——来自中国制造业企业调查数据的证据[J]. 中国工业经济，2019（2）：155-173.

[141] 张夏，汪亚楠，施炳展. 事实汇率制度、企业生产率与出口产品质量[J]. 世界经济，2020（1）：170-192.

[142] 张勋，万广华，张佳佳，何宗樾. 数字经济、普惠金融与包容性增长[J]. 经济研究，2019（8）：71-86.

[143] 赵瑞丽，孙楚仁，陈勇兵. 最低工资与企业出口持续时间[J]. 世界经济，2016（7）：97-120.

[144] 赵涛，张智，梁上坤. 数字经济、创业活跃度与高质量发展——来自中国城市的经验证据[J]. 管理世界，2020（10）：65-76.

[145] 赵阳，沈洪涛，刘乾. 中国的边界污染治理——基于环保督查中心试点和微观企业排放的经验证据[J]. 经济研究，2021（7）：113-126.

[146] 郑江淮，郑玉. 新兴经济大国中间产品创新驱动全球价值链攀升——基于中国经验的解释[J]. 中国工业经济，2020（5）：61-79.

[147] 周茂，李雨浓，姚星，陆毅. 人力资本扩张与中国城市制造业出口升级：来自高校扩招的证据[J]. 管理世界，2019（5）：64-77，199.

[148] 周洺竹，綦建红，张志彤. 人工智能对全球价值链分工位置的双

重影响[J]. 财经研究，2022（10）：34-48，93.

[149] 祝树金，汤超. 企业上市对出口产品质量升级的影响——基于中国制造业企业的实证研究[J]. 中国工业经济，2020（2）：117-135.

[150] 诸竹君，黄先海，宋学印，等. 劳动力成本上升、倒逼式创新与中国企业加成率动态[J]. 世界经济，2017（8）：53-77.

[151] 诸竹君，黄先海，余骁. 进口中间品质量、自主创新与企业出口国内增加值率[J]. 中国工业经济，2018（8）：116-134.

[152] ABELIANSKY A, PRETTNER K. Automation and population growth: Theory and cross-country evidence[J]. Journal of Economic Behavior and Organization, 2023, 208: 345-358.

[153] ACEMOGLU D, KOSTER H, OZGEN C. Robots and workers: Evidence from the Netherlands[R]. NBER Working Paper, 2023: No. 31009.

[154] ACEMOGLU D, LELARGE C, RESTREPO P. Competing with robots: Firm-level evidence from France[C]//AEA papers and proceedings. 2014 Broadway, Suite 305, Nashville, TN 37203: American Economic Association, 2020, 110: 383-388.

[155] ACEMOGLU D, RESTREPO P. Low-skill and high-skill automation[J]. Journal of Human Capital, 2018a, 12(2): 204-232.

[156] ACEMOGLU D, RESTREPO P. The race between machine and man: Implications of technology for growth, factor shares and employment[J]. American Economic Review, 2018b, 108(6): 1488-1542.

[157] ACEMOGLU D, RESTREPO P. Artificial intelligence, automation and work[R]. NBER Working Paper, 2018c: 197-236.

[158] ACEMOGLU D, RESTREPO P. Demographics and automation[R]. NBER Working Paper, 2019a: No. 24421.

[159] ACEMOGLU D, RESTREPO P. Automation and new tasks: How technology displaces and reinstates labor[J]. Journal of Economic Perspectives, 2019b, 33(2): 3-30.

[160] ACEMOGLU D. AI's future doesn't have to be dystopian?[J]. Boston Review, 2021.

[161] ACEMOGLU D, RESTREPO P. Robots and jobs: Evidence from US labor markets[J]. Journal of Political Economy, 2020a, 128(6): 2188-2244.

[162] ACEMOGLU D, RESTREPO P. The wrong kind of AI? Artificial intelligence and the future of labour demand[J]. Cambridge Journal of Regions,

Economy and Society, 2020b, 13(1): 25-35.

[163] ACEMOGLU D, RESTREPO P. Empirical research on automation and 'smart' technologies[R]. AEA Papers and Proceedings, 2020c, 110: 383-388.

[164] AGARWAL R, GORT M. Firm and product life cycles and firm survival[J]. American Economic Review, 2002, 92(2): 184-190.

[165] AGHION P, BLUNDELL R, GRIFFITH P, et al. The effects of entry on incumbent innovation and productivity[J]. Review of Economics and Statistics, 2009, 91(1): 20-32.

[166] AGHION P, JONES B F, JONES C I. Artificial intelligence and economic growth[R]. NBER Working Paper, 2017: No. 23928.

[167] AGHION P, BERGEAUD A, GIGOUT T, et al. Spreading knowledge across the world: Innovation spillover through trade expansion[R]. Working Paper, 2019.

[168] AGRAWAL A, MCHALE J, OETTL A. Finding needles in haystacks: Artificial intelligence and recombinant growth[R]. NBER Working Paper, 2018: No. 24541.

[169] AHN J, KHANDELWAL K, WEI S. The role of intermediaries in facilitating trade[J]. Journal of International Economics, 2011, 84(1): 73-85.

[170] AICHELE R, HEILAND I. Where is the value added? Trade liberalization and production networks[J]. Journal of International Economics, 2018(11): 130-144.

[171] ALBORNOZ F, PARDO H, CORCOS G, et al. Sequential exporting[J]. Journal of International Economics, 2012, 88(1): 17-31.

[172] ALBORNOZ F, FANELLI S, HALLAK J. Survival in export markets[J]. Journal of International Economics, 2016, 102(9): 262-281.

[173] ALEXOPOULOS M, COHEN J. The medium is the measure: Technical change and employment, 1909–1949[J]. Review of Economics and Statistics, 2016, 98(4): 792-810.

[174] ALTINOZ B, VASBIEVA D, KALUGINA O. The effect of information and communication technologies and total factor productivity on CO2 emissions in top 10 emerging market economies[J]. Environmental Science and Pollution Research, 2021, 28(45): 63784-63793.

[175] ALGUACIL M, TURCO A, MARTÍNEZ-ZARZOSO I. Robot adoption and export performance: Firm-level evidence from Spain[J]. Economic

Modelling, 2022, 114: 105912.

[176] AMITI M, KHANDELWAL A. Import competition and quality upgrading[J]. Review of Economics and Statistics, 2013, 95(2): 476-490.

[177] ANTRÀS P, CHOR D. Global value chains[R]. NBER Working Paper, 2021: No. 28549.

[178] ANTRÀS P, CHOR D, FALLY T, et al. Measuring the upstreamness of production and trade flows[J]. American Economic Review, 2012, 102(3): 412-416.

[179] ARTUC E, BASTOS P, RIJKERS B. Robots, tasks, and trade[R]. World Bank Policy Research Working Papers, 2018: No. 8674.

[180] AUDRETSCH A. Does entry size matter? The impact of the life cycle and technology on firm survival[J]. Journal of Industrial Economics, 2001, 49(1): 21-43.

[181] AUTOR D, SALOMONS A. Is automation labor-displacing? Productivity growth, employment, and the labor share[J]. Brookings Papers on Economic Activity, 2018, 1: 1-87.

[182] AUTOR D, DORN D, KATZ L, et al. The fall of the labor share and the rise of superstar firms[J]. The Quarterly Journal of Economics, 2020, 135(2): 645-709.

[183] AUTOR D, DORN D, HANSON G, et al. Foreign competition and domestic innovation: Evidence from U.S. patents[J]. American Economic Review, 2020, 2(3): 357-374.

[184] BALDWIN R, HARRIGAN J. Zeros, quality, and space: Trade theory and trade evidence[J]. American Economic Journal: Microeconomics, 2011, 3(2): 60-88.

[185] BALDWIN R, ITO T. Quality competition versus price competition goods: An empirical classification[J]. Journal of Economic Integration, 2011, 26: 110-135.

[186] BARBERO J, RODRIGUEZ-CRESPO E. The effect of broadband on EU trade: A regional spatial approach[J]. The World Economy, 2018, 41: 2895-2913.

[187] BARTON D, WOETZEL J, SEONG J, et al. Artificial intelligence: Implications for China[R]. McKinsey Global Institute Discussion Paper, 2017.

[188] BAS M, STRAUSS-KAHN V. Input-trade liberalization, export prices and quality upgrading[J]. Journal of International Economics, 2015, 95(2): 250-262.

[189] BERNARD A, REDDING S, SCHOTT P. Multiple-product firms and product switching[J]. American Economic Review, 2010, 100(1): 70-97.

[190] BERNARD A, BLANCHARD E, VAN BEVEREN I, et al. Carry-along trade[J]. Review of Economic Studies, 2019, 86(2): 526-563.

[191] BERNARD A, JENSEN J. Why some firms export[J]. Review of Economics and Statistics, 2004, 86(2): 561-569.

[192] BESIDEŠ T, PRUSA T. Ins, outs, and the duration of trade[J]. Canadian Journal of Economics/Revue Canadienne d'Économie, 2006a, 39(1): 266-295.

[193] BESIDEŠ T, PRUSA T. Product differentiation and duration of U.S. import trade[J]. Journal of International Economics, 2006b, 70(2): 339-358.

[194] BESIDEŠ T, PRUSA T. The role of extensive and intensive margins and export growth[J]. Journal of Development Economics, 2011, 96(2): 371-379.

[195] BESSEN J. AI and Jobs: The role of demand[R]. NBER Working Paper, 2018: No. 24235.

[196] BESSEN J, GOOS M, SALOMONS A, et al. Automatic Reaction – What happens to workers at firms that automate?[J]. Review of Economics and Statistics, 2023, forthcoming.

[197] BLANAS S, GANCIA G, LEE S. Who is afraid of machines?[J]. Economic Policy, 2019, 34(100): 627-690.

[198] BLEANEY M, NEAVES A. Declining distance effects in international trade: Some country-level evidence[J]. The World Economy, 2013, 36(8): 1029-1040.

[199] BLOOM N, SCHANKERMAN M, REENEN J. Identifying technology spillovers and product market rivalry[J]. Econometrica, 2013, 81(4): 1347-1393.

[200] BLOOM N, JONES C, VAN REENEN J, et al. Are ideas getting harder to find?[R]. NBER Working Paper, 2017: No. 23782.

[201] BOMBARDINI M, LI B. Trade, pollution and mortality in China[J]. Journal of International Economics, 2020, 125: 103321.

[202] BONFIGLIOLI A, CRINÒ R, FADINGER H, et al. Robot imports and firm-level outcomes[R]. CESifo Working Paper Series, 2020: No. 8741.

[203] BORJAS G, FREEMAN R. From immigrants to robots: The changing locus of substitutes for workers[R]. NBER Working Paper, 2019: No. 25438.

[204] BRANDT L, BIESEBROECK J, WANG L, et al. WTO accession and performance of Chinese manufacturing firms: Corrigendum[J]. American Economic

Review, 2019, 109(4): 1616-1621.

[205] BRODA C, GREENFIELD J, WEINSTEIN D. From groundnuts to globalization: A structural estimate of trade and growth[J]. Research in Economics, 2017, 71(4): 759-783.

[206] BRODA C, WEINSTEIN D. Globalization and the gains from variety[J]. The Quarterly Journal of Economics, 2006, 121(2): 541-585.

[207] BRYNJOLFSSON E, HUI X, LIU M. Does machine translation affect international trade? Evidence from a large digital platform[J]. Management Science, 2019a, 65(12): 5449-5460.

[208] BRYNJOLFSSON E, LI D, RAYMOND L. Generative AI at work[R]. NBER Working Paper, 2023a: No. 31161.

[209] BRYNJOLFSSON E, WANG J, WANG X. Information technology, firm size, and industrial concentration[R]. NBER Working Paper, 2023b: No. 31065.

[210] BRYNJOLFSSON E, ROCK D, SYVERSON C. Artificial Intelligence and the Modern Productivity Paradox: A Clash of Expectations and Statistics, from the Economics of Artificial Intelligence[M]. Chicago: University of Chicago Press, 2019b.

[211] CHATTERJEE A, CARNEIRO R, VICHYANOND J. Multi-product firms and exchange rate fluctuations[J]. Chicago: American Economic Journal: Economic Policy, 2012, 5(2): 77-110.

[212] CHEN C, FREY C, PRESIDENTE G. Automation or globalization? The impacts of robots and Chinese imports on jobs in the United Kingdom[J]. Journal of Economic Behavior and Organization, 2022, 204: 528-542.

[213] CHEN N, JUVENAL L. Quality and the great trade collapse[R]. CEPR Discussion Papers, 2015: No. 10931.

[214] CHEN N, JUVENAL L. Quality, trade, and exchange rate pass-through[J]. Journal of International Economics, 2016, 100(6): 61-80.

[215] CHENG H, JIA R, LI D, et al. The rise of robots in China[J]. Journal of Economic Perspectives, 2019, 33(2): 71-88.

[216] CLARKE G, CULL R, KISUNKO G. External finance and firm survival in the aftermath of the crisis: Evidence from Eastern Europe and Central Asia[J]. Journal of Comparative Economics, 2012, 40(3): 372-392.

[217] COCKBURN I, HENDERSON R, STERN S. The impact of artificial

intelligence on innovation[R]. NBER Working Paper, 2018: No. 24449.

[218] COLOMBELLI A, KRAFFT J, QUATRARO F. Properties of knowledge base and firm survival: Evidence from a sample of French manufacturing firms[J]. Technological Forecasting and Social Change, 2013, 80(8): 1469-1483.

[219] COSTINOT A, VOGEL J, WANG S. An elementary theory of global supply chains[J]. Review of Economic Studies, 2013, 80(1): 109-144.

[220] CRINO R, EPIFANI P. Productivity, quality and export behavior[J]. Economic Journal, 2012, 122(2): 1206-1243.

[221] CZARNITZKI D, FERNÁNDEZ G, RAMMER C. Artificial intelligence and firm-level productivity[J]. Journal of Economic Behavior and Organization, 2023, 211: 188-205.

[222] D'AMATO L, SANGIÁCOMO M, TOBAL M. Export survival and foreign financing[R]. BIS Working Papers, 2020: No. 877.

[223] DAUTH W, FINDEISEN S, SUEDEKUM J, et al. German robots: The impact of industrial robots on workers[R]. CEPR Discussion Paper, 2017: No. 12306.

[224] DAUTH W, SEBASTIAN F, JENS S, et al. The adjustment of labor markets to robots[J]. Journal of the European Economic Association, 2021, 19(6): 3104-3153.

[225] DAUVERGNE P. Is artificial intelligence greening global supply chains? Exposing the political economy of environmental costs[J]. Review of International Political Economy, 2022, 29(3): 696-718.

[226] DE BAKER K, DESTEFANO T. Robotics and the Global Organization of Production, From Robotics, AI and Humanity[M]. 2021, 2: 71-84.

[227] DEKLE R. Robots and industrial labor: Evidence from Japan[J]. Journal of the Japanese and International Economies, 2020, 58: 101-108.

[228] DE LOECKER J, WARZYNSKI F. Markups and firm-level export status[J]. American Economic Review, 2012, 102(6): 2437-2471.

[229] DESTEFANO T, TIMMIS J. Robots and export quality[R]. Policy Research Working Paper Series, 2021.

[230] DHINGRA S. Trading away wide brands for cheap brands[J]. American Economic Review, 2013, 103(6): 2554-2584.

[231] DIXEN J, BRYAN H, LYNN W. The Employment Consequences of Robots: Firm-Level Evidence[M]. Statistics Canada, 2019.

[232] DIPPPEL C, FERRARA A, HEBLICH S. Causal mediation analysis in instrumental-variables regressions[J]. The Stata Journal, 2020, 20(3): 613-626.

[233] DOMINI G, GRAZZI M, MOSCHELLA D, et al. For whom the bell tolls: The firm-level effects of automation on wage and gender inequality[J]. Research Policy, 2022, 51(7): 104533.

[234] DRACA M, MACHIN S, VAN REENEN J. Minimum wages and firm profitability[J]. American Economic Journal: Applied Economics, 2011, 3(1): 129-151.

[235] DRUCKER J, FESER E. Regional industrial dominance, agglomeration economies, and manufacturing plant productivity[R]. US Census Bureau Center for Economic Studies Paper, 2007: No. CES-07-31.

[236] EBENSTEIN A, FAN M, GREENSTONE M, et al. Growth, pollution and life expectancy: China from 1991-2012[J]. American Economic Review: Paper and Proceedings, 2015, 105(5): 226-231.

[237] ECKEL C, IACOVONE L, JAVORCIK B, et al. Multi-product firms at home and away: Cost- versus quality-based competence[J]. Journal of International Economics, 2015, 95(2): 216-232.

[238] ESTEVE-PÉREZ S, REQUENA-SILVENTE F, PALLARDÓ-LOPEZ V. The duration of firm-destination export relationships: Evidence from Spain, 1997-2006[J]. Economic Inquiry, 2012, 51(1): 159-180.

[239] FABER M. Robots and reshoring: Evidence from Mexican labor markets[J]. Journal of International Economics, 2020, 127: 103384.

[240] FALLY T. Production staging: Measurement and facts[J]. University of Colorado Boulder, 2012: 155-168.

[241] FAN H, HU Y, TANG L. Labor costs and the adoption of robots in China[J]. Journal of Economic Behavior and Organization, 2021, 179(11): 16-23.

[242] FAN H, HU Y, TANG L. Labor costs and the adoption of robots in China[J]. Journal of Economic Behavior and Organization, 2021, 186(6): 608-631.

[243] FAN H, PENG Y, WANG H, et al. Greening through finance?[J]. Journal of Development Economics, 2021, 152: 102683.

[244] FAUCEGLIA D. Credit constraints, firm exports and financial development: Evidence from developing countries[J]. The Quarterly Review of Economics and Finance, 2015, 55(2): 53-66.

[245] FEENSTRA R, MA H. Optimal choice of product scope for

multiproduct firms under monopolistic competition[R]. NBER Working Paper, 2007: No. 13703.

[246] FEENSTRA R, ROMALIS J. International prices and endogenous quality[J]. The Quarterly Journal of Economics, 2014, 129(2): 477-527.

[247] FEINBERG R. Exports-at-risk: The effect of multimarket contact in international trade[J]. Southern Economic Journal, 2015, 81(3): 769-781.

[248] FELTEN E, RAJ M, SEAMANS R. Method to link advances in artificial intelligence to occupational abilities[R]. AEA Papers and Proceedings, 2018, 108(5): 54-57.

[249] FENG A, GRAETZ G. Training requirements, automation, and job polarization[J]. Economic Journal, 2020, 130(631): 2249-2271.

[250] FENG L, LI Z, SWENSON D. Trade policy uncertainty and exports: Evidence from China's WTO accession[J]. Journal of International Economics, 2017, 106: 20-36.

[251] FERRAGINA A, MAZZOTTA F. FDI spillovers on firm survival in Italy: Absorptive capacity matters![J]. Journal of Technology Transfer, 2014, 39(6): 859-897.

[252] FIERRO L, CAIANI A, RUSSO A. Automation, job polarisation, and structural change[J]. Journal of Economic Behavior and Organization, 2022, 200: 499-535.

[253] FREUND C, MULABDIC A, RUTA M. Is 3D printing a threat to global trade? The trade effects you didn't hear about[J]. Journal of International Economics, 2022, 138: 103646.

[254] FUGAZZA M, MCLAREN A. Market access, export performance and survival: Evidence from Peruvian firms[J]. Review of International Economics, 2014, 22(3): 599-624.

[255] GAN L, HERNANDEZ M, MA S. The higher costs of doing business in China: Minimum wages and firms' export behavior[J]. Journal of International Economics, 2016, 100: 81-94.

[256] GANS J. AI adoption in a monopoly market[R]. NBER Working Paper, 2022a: No. 29995.

[257] GANS J. AI adoption in a competitive market[R]. NBER Working Paper, 2022b:.No. 29996.

[258] GHODS M, STEHRER R. Non-tariff measures trickling through global

value chains[R]. The Vienna Institute for International Economic Studies, Working Paper, 2016.

[259] GIUNTELLA O, LU Y, WANG T. How do workers and households adjust to robots? Evidence from China[R]. NBER Working Paper, 2022: No. 30707.

[260] GIRMA S, GORG H, STROBL E. The effect of government grants on plant level productivity[J]. Economic Letters, 2007, 94(3): 439-444.

[261] GOLDFARB A, TREFLER D. AI and international trade[R]. NBER Working Paper, 2018: No. 24254.

[262] GOMBER P, KOCH J, SIERING M. Digital finance and FinTech: Current research and future research directions[J]. Journal of Business Economics, 2017, 87(5): 537-580.

[263] GRAETZ G, MICHAELS G. Robots at work[J]. Review of Economics and Statistics, 2018, 100(5): 753-768.

[264] GREENSTONE M, HE G, JIA R, et al. Can technology solve the principal-agent problem? Evidence from China's war on air pollution[R]. NBER Working Paper, 2020: No. 27502.

[265] GREGORY T, SALOMONS A, ZIERAHN U. Acing with or against the machine? Evidence from Europe[J]. Journal of the European Economic Association, 2022, 20(2): 869-906.

[266] GRILICHES Z, REGEV H. Firm productivity in Israeli industry: 1979-1988[J]. Journal of Econometrics, 1995, 65(1): 175-203.

[267] GUERREIRO J, REBELO S, TELES P. Should robots be taxed?[R]. NBER Working Paper, 2017: No. 23806.

[268] GUIMARÃES L, GIL P. Explaining the labor share: Automation vs labor market institutions[J]. Labour Economics, 2022, 75: 102146.

[269] GUO N. Hollowing out of opportunity: Automation technology and intergenerational mobility in the United States[J]. Labour Economics, 2022, 75: 102136.

[270] HALLAK J, SCHOTT P. Estimation cross-country differences in product quality[J]. The Quarterly Journal of Economics, 2011, 126(1): 417-447.

[271] HALLAK J, SIVADASAN J. Product and process productivity: Implications for quality choice and conditional exporter premia[J]. Journal of International Economics, 2013, 91(1): 53-67.

[272] HALLWARD-DRIEMEIER M, NAYYAR G. Have robots grounded

the flying geese? Evidence from greenfield FDI in manufacturing[R]. Policy Research Working Paper Series, 2019: No. 9097.

[273] HALPERN L, KOREN M, SZEIDL A. Imported inputs and productivity[J]. American Economic Review, 2015, 105(12): 3660-3703.

[274] HAU H, HUANG Y, WANG G. Firm response to competitive shocks: Evidence from China's minimum wage policy[J]. The Review of Economic Studies, 2020, 87(6): 2639-2671.

[275] HAUSMANN R, RODRIK D. Economic development as self-discovery[J]. Journal of Development Economics, 2003, 72(2): 603-633.

[276] HELPMAN E, MELITZ M, YEAPLE S. Export versus FDI with heterogeneous firms[J]. American Economic Review, 2004, 94(1): 300-316.

[277] HELPMAN E, ITSKHOK O, MUENDLER M, et al. Trade and inequality: From theory to estimation[J]. Review of Economic Studies, 2017, 84(1): 357-405.

[278] HEMOUS D, OLSEN M. The rise of the machines: Automation, horizontal innovation and income inequality[J]. American Economic Journal: Macroeconomics, 2022, 14(1): 179-223.

[279] HENN C, PAPAGEORGIOU C, SPADAFORE N. Export quality in developing countries[R]. IMF Working Paper, 2013: 13-108.

[280] HESS W, PERSSON M. Exploring the duration of EU imports[J]. Review of World Economics, 2011, 147(4): 665-692.

[281] HIDALGO C, KLINGER B, BARABASI A L, et al. The product space conditions the development of nations[J]. Science, 2007, 317(5837): 482-487.

[282] HONG L, LIU X, ZHAN H. Use of industrial robots and Chinese enterprises' export quality upgrading: Evidence from China[J]. The Journal of International Trade and Economic Development, 2022, 31(6): 860-875.

[283] HSIEH C, KLENOW P. Misallocation and manufacturing TFP in China and India[J]. The Quarterly Journal of Economics, 2009, 124(4): 1403-1448.

[284] HUANG Y. Local crowding-out in China[J]. Journal of Finance, 2020, 75(6): 2855-2898.

[285] HUANG G, HE L, LIN X. Robot adoption and energy performance: Evidence from Chinese industrial firms[J]. Energy Economics, 2022, 107: 105837.

[286] HUANG Y, LOUNGANI P, WANG G. Minimum wages and firm employment: Evidence from China[R]. IMF Working Paper, 2014: No. 14-184.

[287] HUMLUM A. Robot adoption and labor market dynamics[R]. The Rockwool Foundation Research Unit, Working Paper, 2019.

[288] HUNT J, NUNN R. Has U.S. employment really polarized? A critical reappraisal[J]. Labour Economics, 2022, 75: 102117.

[289] INNOCENTI S, GOLIN M. Human capital investment and perceived automation risks: Evidence from 16 countries[J]. Journal of Economic Behavior and Organization, 2022, 195: 27-41.

[290] JÄGER A, MOLL C, SOM O, et al. Analysis of the impact of robotic systems on employment in the European Union[J]. Publications Office of the EU, 2015.

[291] JAYARAMAN S, MILBOURN T T. The role of stock liquidity in executive compensation[J]. The Accounting Review, 2012, 87(2): 537-563.

[292] JOHNSON R. Measuring global value chains[J]. Annual Review of Economics, 2018, 10: 207-236.

[293] JOHNSON R, NOGUERA G. A portrait of trade in value-added over four decades[J]. Review of Economics and Statistics, 2017, 99(5): 896-911.

[294] KANAZAWA K, KAWAGUCHI D, SHIGEOKA H, et al. AI, skill, and productivity: The case of taxi drivers[R]. NBER Working Paper, 2022: No. 30612.

[295] KEE H, TANG H. Domestic value added in exports: Theory and firm evidence from China[J]. American Economic Review, 2016, 106(6): 1402-1436.

[296] KHANDELWAL A. The long and short of quality ladders[J]. Review of Economic Studies, 2010, 77(4): 1450-1476.

[297] KHANDELWAL A, SCHOTT P, WEI S. Trade liberalization and embedded institutional reform: Evidence from Chinese exporters[J]. American Economic Review, 2013, 103(6): 2169-2195.

[298] KOCH M, MANUYLOV I, SMOLKA M. Robots and firms[R]. Cesifo Working Paper, 2019: No. 7608.

[299] KOOPMAN R, WANG Z, WEI S. Estimating domestic content in exports when processing trade is pervasive[J]. Journal of Development Economics, 2012, 99(1): 178-189.

[300] KOOPMAN R, WANG Z, WEI S. Tracing value-added and double counting in gross exports[J]. American Economic Review, 2014, 104(2): 1-37.

[301] KORINEK A, STIGLITZ J. Artificial intelligence and its implications for income distribution and unemployment[R]. NBER Working Paper, 2017: No.

24174.

[302] KORINEK A, STIGLITZ J. Artificial intelligence, globalization, and strategies for economic development[R]. CEPR Discussion Papers, 2021: No. 15772.

[303] KRENZ A, PRETTNER K, STRULIK H. Robots, reshoring, and the lot of low-skilled workers[J]. European Economic Review, 2021, 136: 103744.

[304] KUGLER A D, KUGLER M, RIPANI L, et al. U.S. robots and their impacts in the tropics: Evidence from Colombian labor markets[R]. NBER Working Paper, 2020: No. 28034.

[305] KUGLER M, VERHOOGEN E. Prices, plant size, and product quality[J]. Review of Economic Studies, 2012, 79(1): 307-339.

[306] LAZEAR E, SHAW K, HAYES G, et al. Productivity and wages: What was the productivity-wage link in the digital revolution of the past, and what might occur in the AI revolution of the future?[R]. NBER Working Paper, 2022: No. 30734.

[307] LEWBEL A. Using heteroscedasticity to identify and estimate mismeasured and endogenous regressor models[J]. Journal of Business and Economic Statistics, 2012, 30(1): 67-80.

[308] LI X, HUI C M, LANG W, ZHENG S, et al. Transition from factor-driven to innovation-driven urbanization in China: A study of manufacturing industry automation in Dongguan City[J]. China Economic Review, 2020, 59: 101382.

[309] LIN F, XIAO S, YIN Z. How do industrial robots applications affect the quality upgrade of Chinese export trade?[J]. Telecommunication Policy, 2022, 46(10): 102425.

[310] LIU L, YANG K, FUJII H, et al. Artificial intelligence and energy intensity in China's industrial sector: Effect and transmission channel[J]. Economic Analysis and Policy, 2021, 70: 276-293.

[311] LIU Q, LU Y. Firm investment and exporting: Evidence from China's value-added tax reform[J]. Journal of International Economics, 2015, 97(2): 392-403.

[312] LIU Y, MAO J. How do tax incentives affect investment and productivity? Firm-level evidence from China[J]. American Economic Journal: Economic Policy, 2019, 11(3): 261-291.

[313] LOEBBING J. An elementary theory of directed technical change and wage inequality[J]. Review of Economic Studies, 2022, 89(1): 411-451.

[314] LUMPKIN G, DESS G. Clarifying the entrepreneurial orientation construct and linking it to performance[J]. Academy of Management Review, 1996, 21(1): 135-172.

[315] MANOVA K, YU Z. Multi-product firms and product quality[J]. Journal of International Economics, 2017, 109: 116-137.

[316] MARÍ M, TURCO A, MARTÍNEZ-ZARZOSO I. What is so special about robots and trade?[R]. Center for European, Governance and Economic Development Research Discussion Papers, 2020.

[317] MARTIN J, MEJEAN I. Low-wage country competition and quality content of high-wage country exports[J]. Journal of International Economics, 2014, 93(1): 140-152.

[318] MAYER T, MELITZ M J, OTTAVIANO G I P. Product mix and firm productivity responses to trade competition[R]. CEPR Discussion Papers, 2016: No. 11389.

[319] MELITZ M. The impact of trade on intra-industry reallocation and aggregate industry productivity[J]. Econometrica, 2003, 71(6): 1695-1725.

[320] MELTZER J. The impact of artificial intelligence on international trade[J]. Center for Technology Innovation at Brooking, 2018.

[321] MOLL B, RACHEL L, RESTREPO P. Uneven growth: Automation's impact on income and wealth inequality[J]. Econometrica, 2022, 90(6): 2645-2683.

[322] MONTOBBIO F, STACCIOLI J, VIRGILITO M. Robots and the origin of their labour-saving impact[J]. Technological Forecasting and Social Change, 2022, 174: 121122.

[323] MUSSO P, SCHIAVO S. The impact of financial constraints on firm survival and growth[J]. Documents de Travail de l'OFCE, 2008, 18(2): 135-149.

[324] NDUBUISI G, AVENYO E. Estimating the effects of robotization on exports[R]. MERIT Working Papers, 2018.

[325] NGUYEN Q, HONG D. Artificial intelligence and unemployment: An international evidence[J]. Structural Change and Economic Dynamics, 2022, 63: 40-55.

[326] NITSCH V. Die another day: Duration in German import trade[J]. Review of World Economics, 2009, 145(1): 133-154.

[327] NOCKE V, YEAPLE S. Globalization and multiproduct firms[J]. International Economic Review, 2014, 55(4): 993-1018.

[328] NORDHAUS W. Are we approaching an economic singularity? Information technology and the future of economic growth[R]. NBER Working Paper, 2015: No. 21547.

[329] PULA G, SANTABÁRBARA D. Is China climbing up the quality ladder?[R]. BOFIT Discussion Papers, 2012.

[330] PETRIN L. Estimating production functions using inputs to control for unobservables[J]. Review of Economic Studies, 2003, 70(2): 317-341.

[331] QUIROS G, REINSDORF M. Measuring the digital economy[R]. MF Staff Report, 2018.

[332] RAMMER C, FERNÁNDEZ G, CZARNITZKI D. Artificial intelligence and industrial innovation: Evidence from German firm-level data[J]. Research Policy, 2022, 51(7): 104555.

[333] RAUCH J. Networks versus markets in international trade[J]. Journal of International Economics, 1999, 48(1): 7-35.

[334] RODRIGUE J, SHENG D, TAN Y. Exporting, abatement, and firm-level emissions: Evidence from China's accession to the WTO[J]. Review of Economics and Statistics, 2024, 106(4): 1064-1082.

[335] SCHOTT P. Across-product versus within-product specialization in international trade[J]. The Quarterly Journal of Economics, 2004, 119(2): 647-678.

[336] SENGUL M, DIMITRIADIS S. Multimarket competition[J]. Journal of Organization Design, 2015, 4(3): 18-30.

[337] SHARMA P, CHENG L, LEUNG T Y. Impact of political connections on Chinese export firms' performance – Lessons for other emerging markets[J]. Journal of Business Research, 2020, 106(1): 24-34.

[338] SOUSA C M P. Export performance measurement: An evaluation of the empirical research[J]. Academy of Marketing Science Review, 2004, 9: 1-23.

[339] STAPLETON K, WEBB M. Automation, trade and multinational activity: Micro evidence from Spain[R]. CSAE Working Paper Series, 2020.

[340] STIEBALE J, SÜDEKUM J, WOESSNER N. Robots and the rise of European superstar firms[R]. DICE Discussion Paper, 2020: No. 347.

[341] STIENWENDER C. The roles of import competition and export opportunities for technical change[R]. CEP Discussion Papers, 2015: No. 1334.

[342] STIRBAT L, RECORD R, NGHARDSAYSONE K. The experience of survival: determinants of export survival in Lao PDR[J]. World Development, 2015, 76: 82-94.

[343] STURGEON T J, KAWAKAMI M. Global value chains in the electronics industry: Characteristics, crisis, and upgrading opportunities for firms from developing countries[J]. International Journal of Technological Learning Innovation and Development, 2011, 4(1): 120-147.

[344] TREFLER D, SUN R. AI, trade and creative destruction: A first look[R]. NBER Working Paper, 2022: No. 29980.

[345] UPWARD R, WANG Z, ZHENG J. Weighing China's export basket: The domestic content and technology intensity of Chinese exports[J]. Journal of Comparative Economics, 2013, 41(2): 527-543.

[346] VENTURINI F. Intelligent technologies and productivity spillovers: Evidence from the Fourth Industrial Revolution[J]. Journal of Economic Behavior and Organization, 2021, 194: 220-243.

[347] VERHOOGEN E. Trade, quality upgrading and wage inequality in the Mexican manufacturing sector[J]. The Quarterly Journal of Economics, 2008, 123(2): 489-530.

[348] WAGNER J. Credit constraints and margins of import: First evidence for German manufacturing enterprises[J]. Applied Economics, 2015, 47(5): 415-430.

[349] WANG C, ZHENG M, BAI X, et al. Future of jobs in China under the impact of artificial intelligence[J]. Finance Research Letters, 2023: 103798.

[350] WANG F, MILNER C, SCHEFFEL J. Labor market reform and firm-level employment adjustment: Evidence from the Hukou reform in China[J]. Review of Economics and Statistics, 2021, 149: 102584.

[351] WANG Z, WEI S J, YU X, et al. Characterizing global value chains: Production length and upstreamness[R]. NBER Working Paper, 2017: No. 23261.

[352] XU J, MAO Q, TONG J. The impact of exchange rate movements on multi-product firms' export performance: Evidence from China[J]. China Economic Review, 2016, 39: 46-62.

[353] YANG C. How artificial intelligence technology affects productivity and employment: firm-level evidence from Taiwan[J]. Research Policy, 2022, 51(6): 104536.

[354] ZHOU D, YANG J, LAI M, et al. Input trade liberalization and the export duration of products: Evidence from China[J]. China and World Economy, 2019, 27(6): 1-25.

[355] ŻUKROWSKA K. Artificial intelligence and international trade.// Artificial Intelligence and Its Contexts[J]. Artificial Intelligence and Its Contexts: Security, Business and Governance, 2021: 225-240.

后　记

　　本书写作的初始动力，源于一场海外访问之旅。2018 年秋天，在国家留学基金管理委员会和美国乔治华盛顿大学陈晓阳教授的帮助下，我赴美做一年的访问学者。乔治华盛顿大学在地理位置上毗邻世界银行和国际货币基金组织，我也因此有机会聆听到多场高水平的前沿讲座和学术会议，对包括人工智能在内的许多新话题产生了浓厚的兴趣。其中，人工智能的出现将会对国际贸易理论与政策带来挑战，传统贸易理论所强调的规模经济、知识创造和知识扩散在人工智能时代将会被赋予新的内涵，这样一个划时代的选题，激发了我和研究团队高涨的研究热情。

　　本书的创作源于一支高效合作团队。在写作之初，我们手边仅有国际机器人联合会提供的国家—行业层面的工业机器人数据，如何从国别层面细化到企业层面，如何从出口数量上升到出口质量，我和合作团队经历了无数场头脑风暴，最终形成了完整的写作思路和持续的研究成果。在此，衷心感谢蔡震坤博士、周洺竹博士、赵伟康博士、张志彤博士和付晶晶博士，过去五年的努力表征于这本书，但又是这本书远远不能涵盖的。

　　本书得以顺利出版，源于国家哲学社会科学工作办公室的支持。一方面，国家社科基金后期资助项目（22FJYB004）为本书出版提供了资金支持；另一方面，在项目申请和结项过程中，我们收获了未曾谋面的评审专家的宝贵意见，为本书的完善提供了诸多帮助。

　　本书得以顺利出版，还源于清华大学出版社的支持。从早期申请到后期出版，每一个环节都离不开出版社的支持，尤其感谢责任编辑杜春杰老师，我们相识十余年来互相信任，互相支持，成就了我们之间一本又一本的合作成果。

　　本书出版签约之时，正是 2024 年"两会"召开之际，政府工作报告不仅三次提到"人工智能"，更首次提出了开展"人工智能+"行动，不仅顺应了全球人工智能发展的潮流，更与中国产业升级和出口升级的大势紧密相连。未来的研究，依然充满新意与挑战，我与研究团队一直在路上……

綦建红

2024 年 3 月 18 日